Du même auteur

L'ivresse des sommets
Éditions Jeanne d'Arc, 2005

Des Copains de vingt ans
Co édition Les Copains & La Clé du Chemin, 2007

Les mailles de la rancune
Éditions La Clé du Chemin, 2007

Encore du feu sous la cendre ?
Éditions La Clé du Chemin, 2009

L'aurore, malgré tout

Bernard LHOSTE

Ce roman est une œuvre de fiction. Cependant, toute ressemblance avec des personnages existant ou ayant existé pourrait ne pas être une coïncidence. En revanche, toute homonymie serait le pur fruit du hasard.

ISBN : 978-2-9529712-5-6

Bougernes, 43500 Craponne sur Arzon

1951 -1962

1

– Allez ! Poussez ! Poussez !

Les exhortations, prononcées avec beaucoup de conviction, ne semblaient pas produire l'effet escompté. Rien ne bougeait. Enfin, pas tout à fait : les roues avant de la Traction Citroën moulinaient dans la poudreuse, mais le véhicule, lui, faisait du sur place !

– Allez ! Poussez ! Poussez ! s'énervait Ernest Bladin au volant de la voiture.

– Viens pousser toi-même, puisque tu es si fort, ronchonna Albert Genet. Zut à la fin.

– Dans ce cas, toi, tu prends ma place !

– Tu sais bien que je ne sais pas conduire.

– Alors, tais-toi et pousse. Ça presse derrière !

Un qui ne dispersait pas son énergie en vaines paroles, c'était Charles Cretonoux ; il appuyait de toutes ses forces sur la carrosserie de la berline pour lui faire gagner quelques centimètres. Sur le siège arrière en effet, sa Clémentine s'affolait. Certes, elle n'en était pas à son coup d'essai : ses quatre premiers bébés avaient vu le jour à la maison. Mais, pour celui-ci, le docteur, qui craignait quelques complications, avait conseillé d'aller à la maternité : c'était plus sûr.

Plus sûr ? Tu parles ! À ce train-là, c'était la banquette arrière qui allait tenir lieu de salle d'accouchement, et dans la neige et le froid de surcroît. Le rythme des contractions s'accélérait : même en roulant normalement, arriver à temps au Puy-en-Velay semblait presque mission impossible. Certes, si l'on parvenait à basculer assez vite de l'autre côté du col de la Croix de l'Arbre, il restait encore un espoir de gagner cette course contre la montre. Le chauffeur avait pris tout l'élan qu'il avait pu sur la plaine de Bellevue, mais passé la maison de la Barraque, l'épaisseur de la congère et la pente de la route étaient venues à bout de l'énergie de la pauvre Traction. Stimulée par la poussette des deux hommes, la voiture grignotait maintenant le col, centimètre par centimètre, mais il restait encore un bon kilomètre d'enfer blanc à parcourir.

Dans ces conditions-là, la future maman se rongeait les sangs, saisie par l'angoisse de devoir accoucher dans une position acrobatique, avec à ses côtés son mari et deux voisins, l'un paysan dont l'expérience de sage-femme se limitait aux vêlages dans son étable, l'autre menuisier qui s'y connaissait encore moins dans ce domaine.

Certains maintenant qu'ils ne franchiraient pas la congère par leurs seuls moyens, les trois hommes décidèrent d'aller chercher du secours dans une ferme d'Uveyres qu'ils entrevoyaient à quelques centaines de mètres lorsque la tempête daignait se calmer un peu.

Albert fut donc chargé de s'y rendre ; il y arriva tout essoufflé, la barbe blanchie par la burle. Quelques minutes plus tard, il en ressortait avec une escorte de solides gaillards que suivait leur père, devançant lui-même une paire de bœufs. Les deux massifs quadrupèdes ployaient l'échine sous le joug, leurs muscles se tendaient, le souffle puissant de leurs naseaux se condensait dans la tourmente.

– Allez ! Poussez ! Poussez !

Devant la voiture, les boeufs tiraient, au motif qu'ils ne comprenaient pas le langage de l'injonction d'une part et que, d'autre part, comme tous bovins bien dressés, ils savaient depuis longtemps ce que l'on attendait d'eux quand on leur mettait le joug sur la tête. Derrière, les jeunes hommes de la ferme répondirent de tout le poids de leurs quatre-vingts kilos et de toutes les forces de leur jeunesse. Ainsi stimulée, la Traction voulut bien y mettre elle aussi un peu de bonne volonté et finit d'avaler la congère.

Clémentine perdait les eaux.

– Allez ! Poussez ! Poussez !

Décidément, c'était le refrain du jour ! Deux religieuses bousculaient la pauvre Clémentine à laquelle les contractions arrachaient grimaces de douleur et gémissements. La plus forte - au sens de corpulente s'entend - des deux sages-femmes, un tantinet revêche en prime, ajoutait même quelques couplets au refrain :

– Allez ! que diable ! Un peu d'énergie.

Ou encore :

– Vous n'allez pas pleurnicher là, comme si c'était le premier !

Ou même :

– Mais vous êtes bien douillette, ma pauvre dame !

Sauf que, tu t'en doutes bien, ami lecteur, si la religieuse avait respecté son vœu de chasteté à la lettre - comme c'était fort probable - elle devait avoir forcément une notion plus théorique qu'expérimentale des douleurs de l'enfantement. Et ça ne vous chahute certainement pas le cerveau et les entrailles de la même façon, cette affaire-là !

On en vint à bout quand même. Et, comme il se devait en ces temps où l'échographie ne faisait pas encore fonction de voyante, la première vérification qu'effectua la religieuse la conduisit à observer comment s'organisaient les choses au-dessous du cordon ombilical.

– C'est un garçon ! proclama-t-elle, sûre de son fait.

Clémentine faillit s'évanouir.

Les Cretonoux, Charles et surtout Clémentine, venaient de donner naissance à un cinquième enfant de sexe masculin. Au grand dam des parents qui, convaincus qu'enfin la loi des probabilités la plus élémentaire allait enrichir leur maisonnée d'une petite fille, s'en étaient tenus à choisir des prénoms féminins pour le bébé. Elle s'appellerait Claudette, par égard pour la grand-mère, décédée quatre mois plus tôt, puis Julie, l'oncle Jules ayant été retenu comme futur parrain, et encore Marie, comme sa future marraine. On n'avait pas lésiné sur les moyens : on lui compléterait l'état-civil d'une Agathe, prénom d'une grand-tante célibataire qui avait le bas de laine plutôt convaincant.

Une cellule de crise se mit aussitôt en place entre les deux parents et, totalement dépitée, Clémentine laissa tomber :

– T'as qu'à regarder le calendrier et lui donner le prénom du saint d'aujourd'hui...

– Et si c'est une sainte ?

– Débrouille-toi. Moi, je n'en peux plus.

Ainsi, en ce 2 janvier de l'année 1951 à peine éclose, fut consignée dans les registres l'arrivée sur la planète de Basile Cretonoux. Et on ne s'embarrassa point d'autres prénoms ; ce serait la sanction pour ce garçon nouveau-né qui venait de leur jouer un si vilain tour.

Malgré ce début de carrière en demi-teinte, l'enfant aurait pu se faire sa place au soleil comme quiconque après tout. Mais sa mère eut quelque peine à l'accepter : n'était-il pas l'intrus qui avait pris la place de la fille qu'elle désirait tant ? Elle s'exonéra donc de lui donner le sein. Il dut à sa saine constitution de faire quand même son bonhomme de chemin, sans avoir encore conscience d'un handicap qui allait lui compliquer la vie beaucoup plus que cette privation mammaire et dont l'évidence avait frappé sa mère au bout de quelques mois :

– Mais bon sang, s'était-elle écriée. En plus, il louche !

Ainsi donc, non content d'avoir débarqué là équipé d'attributs virils dont on ne souhaitait pas le voir paré, il ne trouvait rien de mieux que de fourvoyer son regard - l'œil gauche du moins - hors des sentiers battus. Cette fantaisie oculaire débordait largement du cadre de ce que l'on appelle joliment une "coquetterie dans l'œil", petite dissymétrie qui ne manque pas de charme. Lui, comme il devait l'entendre souvent plus tard, sur un ton bien peu amical, il avait carrément "un oeil qui disait merde à l'autre".

En plus, pour faire bonne mesure, on n'avait rien trouvé de mieux que de l'affubler du prénom de Basile. Avait-on idée ? Basile ! Et pourquoi pas Gontrand ou Gédéon ? Des prénoms dignes de la Bible ou des Chansons de Geste. Mais enfin, en plein coeur du XXe siècle !!!

Toutefois, bien plus tard, à l'adolescence, son "petit nom" fit un bond prodigieux dans l'estime que le garçon en avait. Il apprit le grec en effet et comprit alors que, à défaut de sceptre ou de couronne, un sceau royal ornait au moins... sa carte d'identité. Le “basileus” des Grecs - le roi dans notre langue - redora singulièrement le blason de son état civil. Seulement tout le monde n’entend pas la langue de Socrate et peu nombreux furent ceux, qu’il devait croiser sur son chemin, à pouvoir apprécier l’appellation de “Basile” à sa juste valeur.

Les fées ne s’étant pas franchement penchées sur son berceau, le dernier des Cretonoux faisait donc ses premiers pas dans la vie sur un sentier plutôt cahoteux. Heureusement, les quatre grands frères s’attachèrent tout de suite au bambin qui devint leur mascotte. Quant à Charles, il ressentit le besoin de veiller avec plus d’attention encore sur son dernier fils, se doutant bien que le handicap dont il souffrait susciterait inévitablement des vexations, notamment de la part des camarades de classe qui ne sont pas toujours tendres entre eux.

Même la bouderie maternelle s’estompa peu à peu. Clémentine se fit à l’idée qu’elle allait rester encore un moment la seule femme au milieu de six hommes : le père et ses cinq garçons. Les risettes de Basile, même “nuancées” par son regard évasif, eurent raison de ses dernières défenses. De plus, alors que l’enfant commençait à marcher, l’hypothèse d’une nouvelle grossesse reporta sur le bébé à venir les espoirs trop longtemps déçus d’avoir une fillette à la maison. Si le sort devait continuer à s’acharner, Basile ne serait plus qu’un incident de parcours et le suivant endosserait la pleine responsabilité de ce nouveau camouflet.

Sur la table d’accouchement, en cette chaude soirée de septembre 1953, Clémentine transpirait à grosses gouttes, et criait à son aise. La Sœur rubiconde et revêche qui avait dirigé la manœuvre lors de la naissance de Basile n’était pas de service. Son adjointe d'alors assistait une jeune femme, beaucoup plus douce et compréhensive. La future mère voyait là un signe d'espoir : dans ce cocon de douceur féminine, le ciel n'oserait pas faire rappliquer un garçon "avec ses gros sabots". Elle osa même confesser l'anxiété qui la tarabustait :

– J'espère que cette fois ce sera une fille.

Alors, quand le nouveau-né poussa son premier cri, la sage-femme s'écria aussi :

– C'est une fille, Madame Cretonoux. Une fille !

Et la religieuse d'appoint soupira, dans un élan sincère :

– Deo gratias !

Pour les prénoms, les époux Cretonoux avaient estimé que, finalement, encombrer l'état civil de toute une kyrielle, ce n'était pas forcément utile. Basile avait montré le chemin. Les photos de la mémé Claudette ayant pris quelques rides depuis plus de deux ans qu'elle était morte, on s'exonéra de l'obligation de prolonger le deuil en prénommant la petite dernière comme elle. On déclara l'enfant sous le nom de Régine. Ni Charles, ni Clémentine n'avaient jamais fait de latin, et de grec encore moins : ils passèrent innocemment du "basileus" à la "regina", sans se douter un instant que des esprits érudits risquaient de les trouver un tantinet monarchistes.

Un deuxième prénom vint malgré tout faire la dame de compagnie de la nouvelle "reine" : Agathe. La vieille tante de Clémentine évoquait de plus en plus souvent son testament. Sans être de nature spécialement cupide, les Cretonoux n'étaient pas fous non plus. Un cousin de Clémentine avait gentiment plongé le souvenir de la riche tata dans l'eau du baptême de sa dernière fille... en quatrième position.

Que diable ! Avec l'exclusivité d'Agathe à côté de Régine dans les registres, on offrait à la grand-tante bien plus qu'un strapontin dans la mémoire familiale. Si la vieille dame ne perdait pas complètement le quantième avant sa visite au notaire, on était en droit d'en espérer quelques retombées économiques.

Il s'agissait là d'un petit calcul stratégique et pas vraiment de course échevelée à l'héritage. Travailleurs infatigables, Clémentine et Charles n'attendaient pas qu'une quelconque manne tombât du ciel pour élever leur famille. Toutefois, sans vouloir avoir plus que les autres ayants droit, ils ne prendraient pas le risque de se laisser totalement oublier dans le partage du patrimoine de la tante Agathe...

... qui, sereine et "munie des sacrements de l'Église", s'éteignit doucement en même temps que l'année 1953, tandis qu'ailleurs on fêtait la Saint Sylvestre et que l'on s'embrassait sous le gui, pour se souhaiter plein de bonheur.

Quel heur serait celui des héritiers de la fraîche défunte ? Convoqués à l'étude de Maître Gramond quelques jours après les funérailles, les douze cousins directs se regardaient, étonnés de la présence d'un ecclésiastique en soutane qu'ils ne connaissaient point. À la lecture de l'acte, ils constatèrent qu'aucun d'entre eux n'avait été oublié : à l'un un livre, à l'autre un chapelet, ou encore trois chatons en porcelaine, un napperon en dentelle,... tous objets riches de souvenirs qui garderaient intacte l'image de la tante dans la mémoire de ses nièces et neveux. La maison, les terres, les bois, les meubles, toutes autres pièces fortement sonnantes et lourdement trébuchantes revenaient à l'évêché où l'on ne manquerait pas de prier pour le repos de l'âme de la dévote donatrice. Médusés, les cousins avaient écouté, dans un profond silence, les dernières phrases du notaire.

– Ainsi soit-il, railla l'infortuné neveu qui avait généreusement octroyé Agathe en quatrième prénom à sa fille, qui n'aurait pas moins de vingt-neuf lettres à écrire pour cette seule ligne dans les formulaires administratifs, en égrenant d'abord, dans l'ordre, Ginette, Roselyne et Hortense !

Au sortir de l'étude notariale, les membres de la famille voulurent passer un moment ensemble pour se convaincre mutuellement qu'ils avaient bien tout compris. Ils entrèrent dans le premier bistrot de la rue. Les consommations servies, commença un vibrant éloge funèbre :

– Ça ne m'étonne pas de cette vieille garce ! asséna l'un.

– Moi non plus. On aurait pu s'en douter, avec toutes ses bondieuseries, éructa un autre.

Et de mettre dans le même sac la tante, l'évêque, le notaire. D'en appeler au vocabulaire le plus finement châtié du dictionnaire. De se répandre en considérations quasiment philosophiques sur tant de cynisme et d'ingratitude.

Les cinq hommes du moins. Et une des sept femmes, venue tout spécialement de Paris eu égard à la solennité - et à la rentabilité attendue - du moment. "La Parisienne", comme l'appelaient ses cousins, la bouche pincée, la voix perchée sur les aigus et le ton pointu, exprimait en des termes citadins la même hargne que ses cousins dénonçaient en commentaires plus terre à terre. Cible privilégiée de ses flèches acérées : la bigoterie de cette tante qui dispersait au grand large le sable sur lequel elle-même avait déjà bâti des châteaux en Espagne. "La Parisienne", partie de Bellevue au seuil de ses vingt ans, avait tourné le dos depuis belle lurette à la religion de son enfance vellave et sa superbe souffrait d'autant plus d'avoir été éclaboussée par une grenouille de bénitier.

Les propos sacrilèges de leur cousine mettaient mal à l'aise les autres femmes qui, bien que déçues, ne se seraient pas permis de mettre en cause l'Église et ses ministres. Clémentine surtout qui avait un grand respect de l'Institution et pratiquait régulièrement. Elle osa avancer timidement :

– On n'a qu'à s'incliner. C'était sa volonté et c'était... son argent.

“La Parisienne” la toisa alors, avant de laisser tomber avec mépris :

– Tu aurais bien besoin de sortir un peu des jupes des curés, toi aussi.

Clémentine préféra ne pas répondre. Quand elle rentra à la maison, elle fit le compte rendu de la matinée à Charles. Ce dernier se contenta de hausser les épaules et remarqua :

– Après tout, jusqu'ici on n'avait pas les sous de ta tante. Et on est bien arrivés à nourrir nos gamins.

Puis il eut un petit sourire en coin.

– Et ça t'amuse, toi, finalement ? s'étonna Clémentine.

– Eh bien, y'a une idée qui m'a traversé l'esprit. La tante Agathe, elle n'était peut-être pas aussi bête qu'ils croient. Si elle vous avait partagé son magot, tu crois que vous seriez allés boire un coup ensemble après ? Je suis sûr que ça aurait fait des jalousies et vous vous seriez fâchés. Alors que là...

– Oui, ça m'étonnerait que quelqu'un vienne m'accuser d'avoir été favorisée parce que j'ai hérité de son chapelet.

– Ça me surprendrait aussi. Il ne te sera peut-être pas plus utile, mais au moins autant que les trois chatons en porcelaine !

2

– Jean-Louis ! Si tu recommences encore une fois, je te mets au piquet !

La Sœur Marie-Pauline ne savait plus à quel saint se vouer. À cinq ans à peine, le petit garnement ne manquait pas une occasion de faire une bêtise.

– De la graine de voyou, maugréait souvent la pauvre institutrice de la classe des maternelles quand elle retrouvait ses consœurs.

– Faut dire qu'il a de qui tenir ! commentait la Mère Supérieure en hochant la tête.

Non sans raison d'ailleurs. Le père du jeune trublion faisait partie de la corporation des joyeux drilles et, quand il s'était abondamment rincé le gosier, il pouvait même être totalement "irrespectueux", comme on disait dans la Communauté. Il n'hésitait pas à employer, y compris devant les religieuses, des termes orduriers, voire même salaces, qui, n'eût été le voile qui les tenait en respect, leur auraient fait dresser les cheveux sur la tête.

Diable certes, son fiston, Jean-Louis, n'était pas sot. Il avait remarqué qu'un petit camarade de classe, Basile Cretonoux, faisait preuve d'une certaine gaucherie dans les gestes quotidiens et, depuis quelques jours, profitait de la distribution de lait pour s'en amuser. Au moment où l'enfant tendait sa tasse en plastique bleu délavé pour recevoir son compte du précieux breuvage, il se mettait à côté de lui et l'appelait :

– Hé ! Basile !

Le garçonnet tournait la tête vers lui et, déstabilisé par une vision des choses non stéréoscopique, écartait la tasse du flux qui lui était destiné.

Pour la troisième fois en une semaine, Sœur Marie-Pauline venait d'arroser le carrelage du réfectoire !

En ces temps-là, tu te le rappelles sans doute si tu es un lecteur ou une lectrice qui as glané au moins une soixantaine de printemps, ou si tu l'as lu au collège dans les livres d'Histoire, le Président du Conseil, Pierre Mendès France, qu'on avait surnommé le "buveur de lait", avait fait de cette distribution quotidienne dans les classes maternelles une grande cause nationale.

Jean-Louis Pilhères, qui amusait la galerie au moment même où se mettait en application une mesure gouvernementale de la plus haute importance pour la Nation, faisait donc montre d'un incivisme particulièrement scandaleux.

Ou d'une solidarité familiale sans faille, après tout : le chef du gouvernement ne cachait pas que l'un de ses objectifs était de familiariser les enfants très jeunes au "fruit" de la vache plutôt qu'à celui de la vigne, du pommier ou du houblon. Et, du haut de ses cinq ans, le gamin n'avait pas manqué d'observer que le regard de son papa s'illuminait beaucoup plus devant la couleur rouge du vin, la blondeur dorée du cidre ou de la bière, que devant la trop sage blancheur du lait.

Quant aux autres raisons de la décision ministérielle, le petit Pilhères n'en avait cure. La chasse aux carences alimentaires ne le concernait pas : il était aussi large que haut. Et la surproduction laitière à écouler ne préoccupait guère, à l'époque, les paysans de Bellevue-la-Montagne : la baratte ne chômait pas, les faisselles étaient pleines à ras bord, les veaux prélevaient leur ration à même la mère et les cochons géraient - et digéraient - les stocks de petit-lait.

Jean-Louis était donc aussi hermétique aux discours économiques et sociaux de Pierre Mendès France qu'aux réprimandes éducatives de Sœur Marie-Pauline : ce qui l'intéressait, c'était de constater qu'un simple appel de sa part pouvait perturber la cérémonie laitière de la récréation du matin.

– Ce Jean-Louis ? La malice incarnée ! déplorait Sœur Marie-Pauline.

– Je dirais même plus : le vice, surenchérissait Sœur Adèle, qui devait avoir quelques albums de Tintin dans sa bibliothèque et un faible pour les Dupondt.

Quant au pauvre Basile, pas méfiant pour deux sous, il n'avait pas encore pris conscience que son strabisme venait de lui jouer un premier vilain tour.

Plusieurs fois, à l'école, ce handicap se rappela à son bon souvenir. Au ballon prisonnier, il ne parvenait pas à contrôler des envois apparemment faciles ; quand on lui faisait tracer des lettres sur une feuille, sa main s'écartait assez facilement du droit chemin. La maîtresse qui mesurait bien sa difficulté l'encourageait avec beaucoup d'attention et de tendresse.

Il est vrai que Basile était un garçon tout à fait attachant. Très éveillé, il s'intéressait à tout, posait des questions et, de plus, répondait toujours présent lorsqu'il y avait un petit service à rendre. Ses camarades lui manifestaient eux aussi une bien belle amitié. Bien sûr, Jean-Louis Pilhères le chahutait quelque peu, mais c'était sans doute moins par vice ou méchanceté, comme le pensaient les religieuses, que par un besoin viscéral de se faire remarquer.

Sœur Marie-Pauline faisait preuve de beaucoup de vigilance pour ne pas risquer d'employer une expression, une image qui pussent être ambiguës, évoquer la difficulté oculaire de Basile et donc le mettre dans l'embarras. Mais quel enseignant n'a pas un jour ou l'autre dérapé, en laissant s'infiltrer dans son propos une allusion embarrassante pour l'un ou l'autre de ses élèves, quant à une particularité physique, ou un problème de santé ou une situation familiale...

Ce jour-là, l'institutrice, voulant attirer l'attention de ses élèves sur une grande image qu'elle leur présentait, leur recommanda :

– Cette photo, regardez-la bien en face, sinon vous n'arriverez pas à trouver.

Dans un élan de grande sollicitude, Noëlle Arnaud fit remarquer :

– Mais, ma Sœur, comment il va faire, Basile, pour regarder bien en face ?

Et sa voisine de table, que le strabisme du garçon intriguait depuis longtemps, estima que l'heure était venue de savoir.

– Pourquoi il a un œil qui regarde de côté d'abord ?

Jean-Louis savait, lui. Et donner la réponse allait lui permettre d'afficher avantageusement sa supériorité sur toute cette marmaille encore bien ignorante :

– Eh ben, c'est parce qu'il louche, pardi !

Ce qui, pour le coup, relevait plus de la constatation que de l'explication.

– Jean-Louis, s'insurgea la bonne Sœur, veux-tu bien te taire ?

Mais le mal était fait et tous les regards convergeaient maintenant vers le petit Cretonoux qui, lui, ne savait plus où regarder tandis que le rouge lui montait aux joues.

Tout embarrassée qu'elle fût, l'institutrice se devait de réagir promptement et de colmater les brèches. Comme elle redoutait ce moment où le gentil Basile risquait de se trouver confronté de façon abrupte au regard des autres, elle s'y était préparée. Alors, au lieu de chercher à expliquer l'inexplicable pour des enfants de cinq à six ans, elle leur dit simplement :

– Tiens, je vais vous proposer quelque chose. Soyez attentifs. Je vais faire deux dessins.

Elle prit une craie verte et une rouge et réalisa une première esquisse sur la gauche du tableau. C'étaient des traits verts et verticaux ou presque : en effet, elle resserra un peu les lignes, aux deux tiers, vers le bas, en traçant une sorte de lien autour. Les enfants ne voyaient pas bien où elle voulait en venir. Ensuite, sur l'extrémité supérieure de chaque ligne, elle ajouta, en rouge, quelques pétales tous identiques :

– C'est un bouquet, s'exclamèrent plusieurs fillettes.

– C'est bien, approuva la religieuse. Maintenant, je vous fais un deuxième dessin.

Et elle recommença avec des tiges vertes, comme pour le précédent.

– Beuh ! c'est pareil, laissa tomber Jean-Louis d'un ton un rien condescendant.

– Attends, tu vas voir !

Et elle se mit à dessiner des fleurs, avec toutes les couleurs de craie qu'elle avait à sa disposition et toutes les formes qui lui passaient par la tête. De plus, tandis que, dans le premier dessin, tous les pétales étaient figés, ici ils se mélangeaient et semblaient en mouvement au bout de leur tige.

– Alors ? interrogea-t-elle.

– C'est aussi un bouquet, mais il est pas pareil, reconnut honnêtement Jean-Louis.

– Tu vois : il faut avoir un peu de patience, ne pas parler trop vite. Bon, les enfants, je vais maintenant vous poser une question : quel est le bouquet qui vous plaît le plus ? Levez le doigt ceux qui préfèrent le premier.

L'enthousiasme ne se déchaîna pas au point de faire trembler les murs de la salle : aucun doigt ne se leva.

– Bon. Très bien. Qui donc préfère le second ?

La réponse allait de soi, apparemment, mais il aurait pu y avoir des abstentionnistes. Pas du tout : l'unanimité fit pousser une véritable forêt de bras levés. La maîtresse n'en espérait pas moins. Elle allait pouvoir maintenant entrer dans le vif du sujet.

– C'est étonnant, poursuivit-elle. Vous préférez tous le même dessin. Donc, l'autre n'est pas beau.

– Mais, si, ma Sœur, la consola Noëlle, mais le deuxième est encore plus beau.

– Et pourquoi il est plus beau ?

Dix doigts au moins se levèrent et les réponses fusèrent avant même que l'institutrice pût canaliser un minimum leur expression :

– Parce qu'il a beaucoup de couleurs...

– Et les fleurs sont pas toutes pareilles...

– Et elles sont bien mélangées ensemble...

La sauce prenait. Il fallait la "touiller" encore un moment, pousser donc la réflexion un peu plus loin.

– Tiens, les enfants, j'ai une idée : si votre classe était un bouquet, vous préféreriez qu'il ressemble auquel de ces deux-là ?

– Celui-là ! Celui-là ! clamèrent les enfants en désignant tous le deuxième dessin.

– Eh bien ! C'est le cas justement. Tous ensemble vous formez un plus joli bouquet parce que vous êtes différents. Si Basile ressemblait à Jean-Louis, à Bernard, à Michel, et Noëlle à Brigitte, à Francine, à Colette et à toutes les autres... franchement ce ne serait pas drôle, non ?

– Oh non, ça ne serait pas drôle, renchérirent plusieurs voix.

– Vous voyez donc bien que ce qui fait la beauté du bouquet de votre classe, c'est que vous êtes des fleurs toutes différentes. Il y a des garçons et des filles, des grands et des petits, des maigres et des gros...

– Oui, comme Jean-Louis, ma Sœur. Il est gros, hein, Jean-Louis, remarqua Colette.

"Attrape ça, toi le petit morveux qui en sais toujours plus que les autres", se gargarisa in petto l'institutrice, avant d'ajouter :

– Jean-Louis est peut-être plus gros que d'autres. C'est sa différence à lui.

– Les différences, c'est ce qui est pas bien beau, donc, analysa Francine.

– Il arrive souvent, expliqua Sœur Marie-Pauline, que la différence vienne d'un petit défaut physique : on peut avoir les oreilles décollées, le nez trop gros, les dents tordues, une jambe plus courte que l'autre, un œil pas bien droit... Mais ce sont des détails. La valeur d'une personne ne se mesure pas à ce petit détail, heureusement. Et on doit respecter chacun tel qu'il est.

– C'est quoi, respecter ? interrogea Noëlle.

Les verbes de leur vocabulaire à eux, c'était dans la gamme "manger", "boire", "dormir", "jouer"... Du concret, quoi !

– C'est un mot de grandes personnes, crut bon de préciser l'institutrice.

– Eh bien ! confia Michel, ma maman, elle me gronde quand je dis des mots de grande personne.

– C'est parce qu'il arrive que ce soient des gros mots, nuança la Sœur. C'est quand tu dis des gros mots qu'elle te gronde.

– Eh bien moi, mon papa, se mit à pavaner Jean-Louis, il me gronde pas si je dis des gros mots.

– Bien sûr, déduisit Bernard, c'est normal que tu dises des gros mots, puisque tu es gros.

– C’est pas pour ça, corrigea l’intéressé : c’est parce que ça le fait rigoler.

– Bon, les enfants, je crois que vous commencez à dire n’importe quoi. Ce qu’il faut retenir de tout ça, c’est qu’on doit aimer chacun tel qu’il est. Si l’un de nous a un petit défaut, eh bien, on fait comme si ce défaut n’existait pas. C’est un jeu beaucoup plus amusant de chercher les qualités des gens que de s’occuper de leurs défauts. Mais, il est vrai qu’on a toujours tendance à faire le contraire. Maintenant, nous allons revenir à notre photo.

Basile Cretonoux n’avait pas ouvert la bouche de toute la discussion, mais il n’oubliait pas que la dissymétrie de ses yeux en avait été l’origine. Souvent, devant sa glace, son apparence l’avait chiffonné, mais jamais l’importance de sa différence ne l’avait heurté de plein fouet comme aujourd’hui. Il venait de mesurer combien les questions qui l’affectaient, dans le secret de son coeur, orientaient aussi le regard que les autres portaient sur lui.

Et, sans être capable de l’énoncer clairement, il se rendait compte que ce handicap allait faire partie de sa relation avec ceux qui l’entouraient et ne le lâcherait plus. Ce qui, jusqu’à ce jour, l’avait seulement intrigué allait devenir une obsession de plus en plus tyrannique et douloureuse.

Clémentine comprit le soir même qu’un seuil venait d’être franchi, que son enfant abordait une nouvelle étape sur la route de sa vie en société, que l’innocence de l’enfance venait d’être bouleversée par une prise de conscience abrupte.

Au moment où elle l’embrassait avant qu’il rejoignît les deux frères qui le précédaient dans la lignée Cretonoux, il lui demanda :

– Dis, maman, pourquoi je louche, moi ?

Prise au dépourvu par cette question inattendue, Clémentine se retrancha d'abord dans une pseudo-incompréhension :

– Mais, mon petit, qu'est-ce que tu me racontes là ?

Il raconta justement. La photo à regarder à l'école, “bien en face”, et la discussion que cela avait engendrée. Au terme de son récit, Clémentine poussa un long soupir, puis attira son enfant tout contre sa poitrine. Elle lui caressa doucement les cheveux.

– C'est vrai, mon Basile, reconnut-elle, tu as un œil qui s'écarte un peu. Et alors ? Ça n'empêche pas que tu sois un gentil garçon et que tout le monde t'aime bien.

– Oui, mais c'est pas beau, maman. Quand des gens viennent à la maison, ils te disent : *“Vous avez une jolie petite fille”*, mais jamais ils disent : *“Vous avez un joli petit garçon”*, quand ils me voient.

– C'est parce qu'on s'intéresse plus à la beauté chez une petite fille. Un petit garçon, on regarde s'il est dégourdi, par exemple. Et toi, tu es un petit garçon très dégourdi. Alors, la beauté, tu sais...

Mais l'indéfinissable tristesse qu'elle lut dans ses yeux, celui qui la regardait et l'autre tourné vers un ailleurs sans espoir, lui fit bien comprendre que ses paroles ne l'avaient pas vraiment convaincu.

Elle l'accompagna jusqu'à la chambre des trois derniers garçons. Il couchait dans le même lit que Paul qui avait un an de plus que lui. Elle l'embrassa encore très fort, pour lui montrer toute la place qu'il avait dans son coeur en dépit de son œil vagabond. Puis elle ferma doucement la porte.

Un quart d'heure à peine après qu'elle l'eut laissé, elle entendit grincer les marches de l'escalier. C'était Paul qui descendait. Elle remarqua tout de suite son air ennuyé et en devina le pourquoi avant même qu'il ne dît :

– Il pleure, Basile, maman, Pourquoi, il pleure ?

– Il a eu un chagrin à l'école aujourd'hui. Ce n'est pas grave, va. Remonte te coucher. Mets ta main sur son épaule et serre-le contre toi. Ça l'aidera à s'endormir.

La chaude présence de son frère tout près de lui n'eut pas l'effet escompté. Plutôt que de s'arrêter, les sanglots du petit redoublèrent. Heureusement, à cet âge, le sommeil vient à bout même des soucis les plus tenaces. En terrassant Basile, il lui accorda quelques heures de répit au fil desquelles se dissipa son tourment.

3

Clémentine et Charles Cretonoux avaient bâti leur famille sur deux périodes. Pas de gaieté de coeur certes. Le tir eût été bien plus groupé, si des événements totalement indépendants de leur volonté n'étaient venus contrarier leurs projets. Leur fils aîné, prénommé Charles, comme son père, n'avait que quatre mois quand la guerre avait été déclarée le 3 septembre 1939. La mobilisation du jeune papa avait semé le désarroi dans la maisonnée, comme dans des millions de familles à travers l'Europe. Fait prisonnier près d'Amboise en juin 1940, il avait été emmené Outre-Rhin, d'où il n'était revenu qu'après la capitulation de l'Allemagne

À son retour, sa femme et lui avaient donc participé avec enthousiasme - et efficacité - au grand mouvement démographique qu'on appellerait plus tard le "baby boom". De cette poussée de sève d'autant plus exubérante qu'elle faisait suite à de longues années de friche, avaient éclos successivement Jean en 1947, Michel en 1948, Paul en 1950, Basile en 1951, tous des garçons donc, on l'a vu, jusqu'en 1953 où Régine avait égayé la couvée de quelques piaillements féminins.

Le plus grand des enfants Cretonoux, celui d'avant-guerre, se sentait investi d'une mission protectrice vis-à-vis de ses petits frères et sœur. Et parce que Basile risquait de se trouver plus facilement en difficulté du fait de son handicap visuel, il le couvait avec un soin jaloux, ce qui rassurait l'enfant.

– Arrête, ou je le dis à mon grand frère ! menaçait ce dernier quand il se sentait agressé.

Et alors, même l'indomptable Jean-Louis Pilhères filait droit, de peur de voir rappliquer Charles-fils qui faisait ainsi un peu figure d'épouvantail.

Cependant plus de dix ans séparaient Basile et le plus grand de ses frères. Autant dire que, si l'aîné pouvait être un solide rempart face à un danger quel qu'il soit, il n'avait plus l'âge de jouer avec le dernier des garçons. Heureusement, Basile n'en avait pas besoin non plus. Son compagnon de jeux, son complice de tous les instants, c'était Paul, son prédécesseur dans la lignée.

Paul ! Il avait vu le jour à l'Épiphanie en 1950, soit donc trois cent soixante jours avant son cadet. Mais cette différence d'une petite année ne se percevait pas dans leurs gabarits respectifs. Même démarche aussi, même couleur de cheveux, même voix. N'était le détail oculaire qui ne pouvait tromper, on les aurait facilement confondus, au même titre que de vrais jumeaux.

Ils ne se quittaient guère non plus, en dehors de l'école, où ils ne furent pas toujours dans la même classe. Là, chacun filait son chemin avec bonheur, la nature les ayant dotés d'une vivacité d'esprit plus que convenable, prodigalité dont elle n'avait pas été chiche avec les quatre autres non plus.

– Quelle chance vous avez, Madame Cretonoux, six enfants... et tous intelligents, s'extasiait Sœur Lucienne qui, elle, n'avait pas inventé l'eau tiède.

– Pourquoi ? répondait Clémentine, un peu mordante. Parce qu'il y en a six, il faudrait qu'il s'en trouve un de débile dans le lot ?

– Et si sages en plus, croyait bon d'ajouter la religieuse.

La pauvre !

Si elle avait eu de meilleures jambes, elle aurait rattrapé les garnements qui venaient sonner la cloche de la porte d'entrée du couvent avant de déguerpir à toute allure. Et elle n'aurait pas été peu surprise de reconnaître les trop sages Paul et Basile. Et elle aurait aussi su contre qui maugréer quand elle s'évertuait à récupérer ses lapins dans l'enclos, ces gentilles bestioles auxquelles les deux mêmes petits drôles avaient ouvert la cage pour leur permettre d'aller se dégourdir les jambes dans la nature.

Non, les deux derniers garçons Cretonoux, n'étaient pas des anges ! Pas des démons, non plus. Pour rien au monde, ils n'auraient refusé d'accomplir la bêtise qu'ils avaient à portée de main. Mais pas davantage le petit geste qui pouvait rendre service, s'ils en avaient conscience.

As-tu connu Bellevue-la-Montagne à cette époque, ami lecteur ? Ah bon, tu n'étais pas né ? Ou tu ne te souviens pas ? Laisse-moi donc t'en dire un mot. Au carrefour de routes importantes qui mènent au Puy-en-Velay, à Ambert et vers le Puy-de-Dôme, à Craponne-sur-Arzon et au-delà dans la Loire, la grosse bourgade avait vu fleurir au cours des âges un nombre de commerces impressionnant, en particulier de chaque côté de la grand-route. Épiciers et primeurs se comptaient à la douzaine au moins, plusieurs bouchers et boulangers, des marchands de vin : les autochtones n'allaient pas courir au diable vauvert pour trouver le boire et le manger. Le voyageur de passage n'avait point besoin d'aller dormir sous le pont de la Chamalière : de nombreux hôtels jalonnaient la traversée du village. Les artisans n'étaient pas en reste : des cordonniers et sabotiers, des forgerons et charrons et même un bourrelier, des menuisiers et charpentiers, des scieurs, des tailleurs, l'inventaire des échoppes, tant dans la rue principale que dans les ruelles, aurait nécessité plusieurs pages. Bien sûr, les paysans, nombreux dans les hameaux, étaient très présents au chef-lieu de la commune aussi : plus d'une quinzaine. Mais très souvent la famille vivait d'une double activité, triple même quelquefois.

Ainsi chez les Cretonoux. Clémentine tenait une épicerie sur la petite place derrière la cure, tout en assurant les lourdes responsabilités de mère de famille nombreuse. Ce qui lui faisait regretter encore plus amèrement de voir les garçons succéder aux garçons dans sa progéniture : on sait bien que ce sont plutôt les filles qui aiment jouer à la marchande. Et, même à la naissance de Régine, elle ne se fit guère d'illusions : avant que celle-ci soit opérationnelle derrière le comptoir de sa boutique, il coulerait de l'eau sous les ponts.

Charles, quant à lui, élevait trois vaches et deux chèvres, ce qui lui permettait de figurer dans la liste des paysans du village, mais il cumulait avec un travail de scieur dans une des deux scieries de Bellevue-la-Montagne. Quand on lui demandait quelle était sa profession, il répondait invariablement :

– Ah, mon pauvre, douze métiers, treize misères...

Avec un petit sourire amusé toutefois. Car, somme toute, avec leurs six enfants, les Cretonoux ne s'en sortaient pas si mal. Bien sûr, on ne jetait pas l'argent par les fenêtres parce qu'il ne faisait pas péter la fermeture éclair du porte-monnaie. Et on ne mangeait pas de la viande tous les jours. Quand l'ourlet du pantalon de Jean commençait à s'éloigner de la cheville, on refilait le falzar à Michel, puis à Paul. Ce dernier étant le casse-cou de la famille, tous les effets n'arrivaient pas forcément sur les épaules ou les fesses de Basile : une gamelle à vélo ou la rencontre d'un barbelé trop gourmand pouvaient réduire à néant toute tentative de reprise par l'aiguille habile de Clémentine. Néanmoins la garde-robe du dernier garçon comptait essentiellement des vêtements élimés, rapiécés, défraîchis : les quelques habits qu'il avait un jour portés neufs, il les devait à ses anniversaires, puis plus tard à sa communion, sa confirmation et son entrée en sixième.

Sa cadette, la petite Régine, avait plus de chance. Première de sa série - et dernière aussi, puisqu'au terme de six grossesses, Clémentine avait jeté l'éponge - la fillette terminait de temps en temps la carrière d'une robe héritée de quelque cousine, mais la plupart du temps ses habits avaient été achetés ou tricotés pour elle. Ce dont Basile n'était pas jaloux. Au moins tant qu'il resta à l'école à Bellevue, la manière dont il était vêtu était bien la dernière de ses préoccupations. Après la classe maternelle chez les Sœurs, il avait rejoint l'école publique, au pied de la Tour, où les garçons occupaient un bâtiment et les filles un autre. Là-haut, les "garagnats" (*) se sentaient plus à l'aise dans des vêtements pas trop neufs : s'ils usaient un peu leurs fonds de culotte sur les bancs de la classe, c'est surtout le sable de la cour qui mettait le tissu à rude épreuve.

La famille Cretonoux ne roulait donc pas sur l'or, loin s'en faut. Elle vivait dans une maison sans grand confort où, l'hiver, le gel dessinait sur les carreaux d'étonnantes arabesques. Les enfants en souffraient-ils ? Oui quelquefois, quand ils voyaient par exemple

(*) Garçons turbulents

des camarades de familles plus aisées se pavaner sur leur beau vélo tout neuf tandis qu'eux se partageaient une seule vieille bicyclette, sur laquelle le grand-oncle qui l'avait offerte était sans doute parti prendre le train, lors de la mobilisation en 1914. Ou quand ils mettaient à sécher près du poêle de la classe leurs mitaines de gros fil gris à côté des moufles rembourrées et colorées des autres, mieux lotis. Et surtout quand d'autres racontaient une sortie dans la voiture familiale, alors que ni Charles ni Clémentine n'avaient le permis de conduire : une mobylette Motobécane constituait tout le parc motorisé de la maison.

Cependant la grande majorité des enfants de leur âge vivaient dans des conditions assez semblables aux leurs et certaines familles "tiraient carrément le diable par la queue" (*). Tout bien pesé, les petits Cretonoux se satisfaisaient de leur sort.

Et si, une fois ou l'autre, l'un d'entre eux se montrait un peu dépité de voir quelque copain plus fortuné afficher à outrance sa position sociale, Charles et Clémentine savaient remettre les pendules à l'heure :

– Et alors ? disait Charles, tu n'as pas un beau vélo, une jolie montre. Mais on a toujours eu un morceau de pain sur la table, non ?

– Et puis, renchérissait Clémentine, le peu de sous qu'on a, on préfère le mettre à vous envoyer à l'école. Aujourd'hui, vous ne vous en rendez pas compte, mais vous verrez, plus tard, vous ne le regretterez pas.

Eux-mêmes avaient dû quitter l'école après le Certificat, alors qu'ils avaient largement les capacités pour poursuivre des études. Mais, à ce moment-là, rares étaient les jeunes de la campagne qui avaient cette chance. Et l'un et l'autre étaient bien décidés à faire l'impossible pour que leurs enfants pussent réaliser ce dont eux-mêmes avaient été privés.

(*) avaient des difficultés à subvenir à leurs besoins

Charles-fils, peut-être parce qu'il datait d'avant-guerre, s'en tint au BEPC qu'il alla décrocher au Cours Complémentaire à Craponne. Puis, sans doute pour ne pas peser trop lourd sur le budget de la famille qui s'était étoffée des cinq frères et sœur d'après-guerre, mais surtout parce qu'il avait envie d'acquérir au plus vite son indépendance, il s'orienta vers la profession de menuisier. Ernest Bladin - celui-là même qui faisait fonction de "chauffeur d'ambulance" lors de la naissance de Basile - le prit en apprentissage.

Les cinq plus jeunes, au terme de leur septième - l'appellation CM2 ne faisait pas encore partie du vocabulaire courant - réduisirent à une simple formalité l'examen d'entrée en sixième, puis celui du BEPC en fin de troisième. Pour Clémentine, la voie était toute tracée, la question ne se posait même pas :

– Aujourd'hui, sans le Bachot, argumentait-elle, ils ne feront pas grand-chose, sinon traîner la guenille comme nous.

– On ne traîne pas la guenille tant que ça, essayait de nuancer Charles. Bien sûr, si on était allé un peu mieux à l'école... Mais quand même, le Bachot, Clémentine, le Bachot, tu te rends compte de ce que c'est ?

– Écoute : depuis qu'ils sont à la maternelle, tous autant qu'ils sont, les maîtres, les maîtresses, puis les professeurs ont toujours dit qu'ils avaient des capacités. Alors...

En 1958, dès la sortie du primaire de l'aîné de la deuxième couvée, Jeannot, les parents Cretonoux avaient opté pour une scolarité au Puy-en-Velay, plutôt qu'à Craponne ou à Allègre où l'on n'allait pas au-delà de la troisième. De plus, Clémentine avait un oncle prêtre qui enseignait les mathématiques au petit séminaire de la Chartreuse et, un jour qu'il était de passage, la maman du petit Jean avait fait part de son inquiétude :

– À onze ans, c'est bien petit pour être pensionnaire ; ça me fait appréhender.

– Mets-le chez nous, va, Clémentine, avait-il proposé. Je veillerai à ce qu'il s'habitue bien.

Ainsi, de 1958 à 1962, l'établissement des bords de Loire vit débarquer à chaque rentrée, celle de 1960 exceptée, un gamin Cretonoux de onze ans, qui ressemblait à s'y méprendre à celui qui l'avait précédé. Le teint mat, le cheveu noir, l'œil marron pigmenté de quelques reflets verts : les trois premiers mousquetaires avaient été coloriés avec la même boîte de crayons. Le quatrième aussi d'ailleurs, mis à part qu'il se différenciait par son œil gauche fougueux qui se refusait à suivre sagement la voie tracée par son œil droit.

Le pauvre petit gars n'avait pas été trop ennuyé par ce défaut de parallélisme tant qu'il était resté à Bellevue-la-Montagne. Bien sûr, il avait essuyé quelques remarques, mais jamais bien méchantes : tous ses camarades ou presque le connaissaient depuis la maternelle et s'étaient habitués à cette fantaisie oculaire.

Le 21 septembre 1962, Basile franchit le seuil de la lourde porte d'entrée du collège, dernier de la tribu, dans le sillage de ses frères, sa valise dans une main, son cartable dans l'autre. Les trois grands s'étaient voulus totalement rassurants :

– T'as pas de souci à te faire, lui avait dit Jeannot. Moi, quand je suis rentré en sixième, je ne connaissais personne. Je me suis vite habitué quand même.

– Tu verras les terrains de foot, s'enflammait Michel. C'est autre chose que la petite cour de Bellevue. Tu pourras faire de vrais matches, ce sera chouette.

Et puis, il y avait le complice de toujours, Paul, dont il avait été séparé pendant l'année précédente. Ce dernier entrait en cinquième, lui. Ils ne seraient donc pas vraiment ensemble.

– Mais on se verra à toutes les récrés, avait expliqué son presque jumeau, et au réfectoire. Et on couchera dans le même dortoir aussi.

Pour héberger ses nombreux internes, l'institution les répartissait par âges : on avait ainsi le dortoir des petits, celui des moyens et celui des grands. Quant aux fratries, qui pouvaient s'échelonner de la sixième à la terminale, elles se retrouvaient au dortoir du Midi.

Les conditions de son arrivée dans un nouvel établissement, beaucoup plus grand que son école de Bellevue, et comme interne de surcroît, étaient malgré tout plutôt favorables. Pourtant, une sourde appréhension taquinait le garçon. Même s'il ne savait pas encore ce que l'on disait de l'adolescence, "un âge bête" et "sans pitié", il pressentait que sa différence lui attirerait inévitablement quelques sarcasmes.

Cela ne tarda pas.

S'il avait quelques difficultés à bien discerner les reliefs à cause de son strabisme, son ouïe, elle, était parfaite. Et lui permettait d'entendre même les chuchotements dans son dos.

Alors que le professeur, un jeune prêtre en soutane, avait le dos tourné pour écrire l'emploi du temps au tableau, il entendit très nettement l'échange entre deux de ses condisciples deux rangs derrière lui :

– T'as vu ses mirettes à ce plouc-là devant, disait l'un.

– Si j'ai vu ? Faudrait être miro pour le louper, répondait l'autre. Il a vraiment un œil qui joue aux billes et l'autre qui compte les points.

– Putain ! Moi, j'aurais une tronche comme ça, je n'oserais pas sortir de chez moi.

Basile serra les dents pour barrer la route au sanglot qui éclatait au plus profond de son être.

1962-1969

4

Dès la première récréation, Paul se rendit compte que son jeune frère ne semblait pas dans son assiette. Ce dernier avait une petite mine sombre qui donnait à penser qu'il ne digérait pas très facilement cette rentrée.

– Alors, Babas, ces deux heures dans ta nouvelle classe, ça s'est passé comment ? Ça va aller ?

Depuis qu'il savait parler, Paul avait pris l'habitude de ce diminutif de Babas, moins cérémonieux que Basile, et bien plus affectueux. En présence d'autres camarades de collège, il éviterait de l'utiliser ; en revanche, quand ils seraient seuls dans un recoin de cour, il ne se priverait pas de rétablir la complicité "bellimontaine" que cette appellation ne pouvait que souligner.

Ah ! mais peut-être ne connais-tu pas, cher lecteur, ce qualificatif de "bellimontain". Ainsi appelle-t-on l'autochtone de Bellevue-la-Montagne. Oh, pas depuis la nuit des temps certes, puisque, dans le passé, la commune était connue sous le nom de Saint-Just-près-Chomelix. Si Chomelix est toujours aussi proche, et plus même, à force de rectifications de la D 1, Saint-Just, lui, a été "décapité" à la fin de la Révolution, remplacé par Bellevue. Le bourg retrouva cependant, pour quelques décennies son ancienne appellation, mais en 1896, le maire d'alors, le sieur Montplot, à qui les saints faisaient sortir de l'urticaire, remit

Bellevue-la-Montagne au goût du jour. De cette commune haut perchée, on voit loin : le Vivarais, les taupinières du Meygal et le Mézenc trapu. Le nom de Bellevue n'était donc point usurpé. Et la Montagne ? Bien sûr, tu penses que l'altitude du lieu justifie amplement ce complément. Que nenni ! Cette rallonge fut une sorte d'hommage aux Montagnards, ces redoutables adversaires politiques des Girondins, après 1789. C'est du moins ce que m'a raconté un érudit local. Si tel n'était pas le cas, n'en fais pas une jaunisse. Mon propos ne se veut point historique. Tout juste voulais-je te dévoiler qui se cache derrière le "Bellimontain".

Paul se préoccupait donc de savoir dans quelles conditions son benjamin avait fait ses premiers pas en sixième. Il ne s'attendait pas à un déchaînement d'enthousiasme dans la réponse, le visage tristounet qu'il avait en face de lui était suffisamment éloquent. *"Il doit languir de la maison"*, pensa logiquement le plus grand. En deux gestes et un mot, Basile eut tôt fait de faire comprendre à son frère ce qui le démoralisait.

Il haussa les épaules, montra de la main son œil gauche, avec ce seul commentaire :

– Évidemment.

Pour sommaire qu'elle fût, la réponse n'avait pas besoin d'autres détails. Paul avait compris aussitôt ; à la fois parce qu'il n'était pas du genre à avoir besoin qu'on lui fît un dessin, généralement, pour capter ce qu'on lui disait (ainsi que tous les enfants Cretonoux d'ailleurs) ; à la fois parce que se confirmait ce qu'il avait redouté, à savoir l'inévitable confrontation du handicap de son frangin avec un autre handicap, celui de la bêtise.

– Y'a des petits cons qui ont commencé à t'emmerder à cause de ton œil, c'est ça ?

Basile hocha la tête, dépité. Quelques larmes roulèrent sur ses joues.

– Tu vas me montrer qui sont les petits merdeux qui ont commencé à te chercher. Je vais leur en faire passer l'envie, fais-moi confiance.

Paul n'avait pas la carrure d'un déménageur breton, tant s'en fallait. Plutôt petit et gringalet, il ne risquait pas d'impressionner beaucoup quelque adversaire que ce fût, à première vue du moins. Mais il compensait ce déficit de muscles par une vivacité et une agilité peu communes : un vrai chat ! S'il devait montrer ses griffes, il les montrerait, sans se poser de questions, en se laissant emporter par son tempérament de casse-cou.

– Non, Paul, laisse tomber.

– Compte là-dessus. Je vais aller chercher Jean et Michel et on va leur faire passer l'envie de t'embêter. Montre-les moi.

Alors que Basile secouait la tête et refusait de répondre, Paul aperçut deux gamins qui ricanaient en regardant son frère.

– Je parie que c'est eux, là-bas, ces deux morveux... Hein, c'est eux ?

À la manière dont Basile baissa les yeux, son frère comprit qu'il avait vu juste.

– S'il te plaît, Paul, ne va pas te battre avec eux. Ils me feront des ennuis après.

– D'accord. Je ne vais pas me battre. Viens avec moi. On va chercher les grands et on va leur expliquer gentiment qu'il vaut mieux pour eux qu'ils te fichent la paix. Ça va, comme ça ?

– Bon, se contenta de répondre le plus jeune.

Ils trouvèrent facilement leurs deux frères dans une autre cour. Michel et Jean n'acceptaient pas non plus que l'on pût se moquer de Basile, et surtout pas à cause de son problème oculaire.

Le plus grand devant, le petit dernier en quatrième position, cette armée de Dalton s'approcha des deux gamins. Ces derniers comprirent très vite, à la ressemblance, à la démarche identique, que ce commando appartenait à la même famille. Ils ne ricanaient plus, vaguement inquiets déjà. Jean venait de rentrer en seconde, Michel, d'un an son cadet, en troisième. Bien sûr, ils avaient été coulés eux aussi dans le moule Cretonoux, mais en taille quinze ans et quatorze, face à des sixièmes, ils pouvaient impressionner malgré tout.

– Ça vous pose un problème que notre petit frère ait un souci avec son œil ? demanda l'aîné avec autorité, le menton relevé et le torse bombé autant que possible.

– N... n... non, bredouillèrent les deux gamins.

– Bon, alors, vous vous excusez immédiatement. Et mieux vaudrait pour vos fesses ne pas nous obliger à revenir. C'est compris ?

– Oui, oui, on a compris. Excuse-nous pour ce qu'on a dit. C'était pas bien. Excuse-nous.

L'incident était clos.

Pas dans le coeur de Basile toutefois. Certes, il avait pardonné à ses deux condisciples. Peu à peu même, ils devinrent plutôt copains. Mais, alors qu'en son for intérieur il souffrait suffisamment de ce handicap, il avait eu une fois de plus la preuve que l'attention des autres se focalisait toujours, au premier abord du moins, sur la dissymétrie de ses yeux. Forcément, il n'y gagnait pas en confiance en lui.

Ainsi, en classe, il se faisait toujours très discret. La plupart du temps, il connaissait la réponse à la question posée, mais il se gardait bien de lever le doigt pour la donner. Alors les regards se tourneraient vers lui et - fruit de son imagination sans doute - ne verraient que “ça”. De ce fait, la jolie mécanique intellectuelle qui était la sienne ne tournait pas vraiment à plein régime. Au grand dam de ses professeurs.

Paralysé par son complexe à l’oral, Basile donnait de lui-même une image bien différente à l’écrit. Cela n’étonna pas ses professeurs pour autant ; les trois premiers Cretonoux qui avaient fréquenté l’établissement - on se souvient que Charles-fils, celui d’avant-guerre, avait passé son BEPC à Craponne - avaient montré des capacités scolaires nettement au-dessus de la moyenne. Basile était aussi doué, avec, sans doute, une sensibilité plus à fleur de peau qui transpirait notamment dans ses rédactions. Souvent l’abbé Fernand, son professeur de français, en lisait des extraits et il arrivait qu’une larme fût essuyée furtivement par tel ou tel de ses camarades tant le garçon de Bellevue parvenait bien à tremper sa plume dans l’encre de l’émotion. La souffrance due à son propre mal-être l’avait certainement rendu plus perméable aux sentiments de ses semblables.

La présence discrète, mais connue de tous cependant, de l’ensemble du clan Cretonoux derrière le petit dernier lui édifia un solide rempart face aux éventuelles moqueries. Ses résultats scolaires, quand arrivèrent les premières notes, lui valurent aussi un certain respect de la plupart des élèves de sa classe : ainsi, ce petit garçon qui ne payait pas de mine, qu’on n’entendait en classe que si le professeur le bousculait un peu, ce petit garçon descendu de sa campagne leur faisait la pige à tous, et cela dans presque toutes les matières, excepté le dessin et la gymnastique.

Sa scolarité loin de Bellevue-la-Montagne semblait donc se présenter sous les meilleurs auspices même si les premiers moments de la rentrée l'avaient un peu meurtri. Et pourtant le petit bellimontain n'était pas aussi serein qu'il aurait dû l'être.

Si les autres lui fichaient la paix, lui ne parvenait pas à croire qu'ils fussent sincères. Ils ne se moquaient plus, mais lui était certain que c'était par peur de représailles de ses frères et que, dans son dos, ils ne devaient pas se priver de commentaires ironiques. S'ils semblaient admiratifs de ses notes, lui était persuadé qu'ils mettaient ses bons résultats sur le compte du favoritisme :

– C'est le chouchou des profs, parce qu'il est le neveu de l'abbé Deschamps, devaient-ils dire de lui.

L'abbé Deschamps, une institution dans l'Institution, faisait partie de ces chanoines dont le camail était orné de blanche hermine et que l'on encensait les premiers lors des grandes cérémonies à la chapelle. Alors, être le neveu d'un tel personnage, ça vous démarquait forcément par rapport au commun des élèves qui n'avaient pas un chanoine perché sur une branche de leur arbre généalogique.

Toutes ces considérations se bousculaient dans la tête de Basile qui dramatisait à l'excès son handicap et se convainquait ainsi que les autres ne pouvaient voir de lui que le désaccord de ses yeux et pas le sacré petit bonhomme qui avait pourtant bien des cordes à son arc.

De plus, la conscience de son rang social le mettait mal à l'aise aussi. Il y avait dans sa classe quelques fils de bonne famille, qui la "ramenaient" passablement. Lui, avec ses habits hérités de ses frères et donc souvent élimés, n'osait trop s'approcher des deux fils de médecins, de l'héritier de l'usine de meubles ou du rejeton du banquier. Lesquels ne se privaient pas d'ailleurs d'avoir un petit sourire condescendant, y compris et surtout peut-être quand les professeurs distribuaient les copies : c'était leur revanche de lever le menton, hautement campés sur leur pedigree, face à ce petit plouc qui osait avoir de meilleures notes qu'eux.

Ainsi complexé, Basile ne s'épanouissait pas vraiment à La Chartreuse. Paul faisait de son mieux pour l'aider à relativiser son problème et prendre confiance en lui. Il s'empressait de souligner ses réussites ; sur le plan scolaire, les occasions ne manquaient pas. Sur le terrain de foot, c'était moins évident : la perception faussée qu'avait le garçon provoquait bien des maladresses et il arrivait souvent que son pied droit manquât sa cible.

– Ce n'est rien, ça, l'encourageait son frère. Ça arrive à tout le monde, même aux joueurs de l'ASSE.

L'équipe professionnelle de Saint-Étienne servait de référence à tous les gamins qui tapaient dans un ballon à travers la région. Elle venait de remporter le titre de Champion de France, face à Nancy, au printemps 1962, suscitant un regain d'enthousiasme.

Cependant, Paul ne pouvait servir en permanence d'ange gardien à son cadet. Il avait ses copains, beaucoup d'énergie à dépenser, faisait le pitre plus souvent qu'à son tour. Basile aurait aimé être aussi décontracté, mais il n'y parvenait pas. Sa planche de salut, c'était de s'isoler dans un coin, de passer inaperçu : moins on le voyait, moins on risquait de le "regarder".

Cette volonté de se glisser chaque fois que possible dans un trou de souris l'y fit rencontrer un garçon qui, comme lui, manquait totalement d'assurance. Joseph Darne ne souffrait d'aucune gêne physique, à la différence de Basile. Mais sa timidité le paralysait complètement. Il n'avait pas la chance de pouvoir s'appuyer sur quelque grand frère dans l'établissement. Alors, il passait ses récréations appuyé contre un mur, toujours au même endroit.

Un jour de grand vague à l'âme, Basile s'était appuyé contre ce mur lui aussi, à quelques mètres de Joseph. Bien que dans la même classe depuis trois semaines, chacun ne connaissait guère de l'autre que son nom et son prénom. Pouvait-il en être autrement ? L'un s'effaçait dans un coin pour cacher son strabisme, l'autre s'isolait dans un autre pour camoufler son manque d'audace.

Cette récréation-là n'aurait pas changé leurs habitudes si un ballon perfide n'avait soudainement agressé Joseph. Il le reçut dans l'abdomen, ce qui lui arracha un cri de douleur. L'élève qui avait déclenché le tir sauvage vint aussitôt s'assurer que le blessé n'était point à l'agonie :

– Ça va ? T'as pas trop mal ?

– Non, non, ça va, le rassura Joseph qui préférait souffrir tout seul dans son coin que de voir une nuée de pseudo infirmiers fondre sur lui.

Le redoutable footballeur regagna le terrain aussitôt.

Basile regardait la pauvre victime qui grimaçait un peu. Quand Joseph se tourna vers lui, il lui adressa un sourire compatissant :

– Ça va ? demanda-t-il.

L'autre eut un timide haussement d'épaules qui répondit à sa place : *"Ça pourrait aller mieux..."*. Alors Basile s'approcha :

– Tu veux que j'aille dire au surveillant que tu as mal ?

– Non, laisse : c'est en train de passer... Merci.

Ils restèrent un moment côte à côte, sans parler. Puis le garçon de Bellevue s'enquit :

– Tu habites où ?

– À Ceneuil.

– J'sais pas où c'est.

Pour la première fois, Basile vit sourire son condisciple. Avec même un soupçon de malice.

– Oh ? s'étonna Joseph. Tu ne sais pas. Pourtant avec tout ce que tu connais...

C'était dit sans méchanceté aucune, plutôt avec admiration.

– Ben non, je ne sais pas où se trouve Ceneuil. C'est en Haute-Loire ?

– Oui, en Haute-Loire, dans la commune de Saint-Vincent.

– Mais alors tu n'habites pas très loin de chez moi...

À ce moment, la cloche sonna. La discipline au petit séminaire n'était pas une option facultative. Le règlement avait été présenté avec une rigueur impressionnante pour les petits nouveaux. Aussi les deux garçons se dépêchèrent d'aller se mettre en rang.

– Ah bon ? Pas loin de chez toi ? Tu m'expliqueras tout à l'heure, souffla Joseph.

– D'accord.

La glace épaisse de leur réserve réciproque venait de se fendiller. Par quelques mots échangés,eux solitudes s'étaient rencontrées. Et, fi des lapalissades, à deux on se sent quand même moins seul !

5

La sauterelle s'immobilisa sur le bras de Basile. Le garçon l'observa attentivement. Les baguettes articulées qui tenaient lieu de pattes à l'insecte lui parurent démesurément longues. Puis l'adolescent regarda sa tête, ses yeux :

– Est-ce que ça peut loucher, une sauterelle ? se demanda-t-il.

Puis il soliloqua tout haut :

– Bien sûr que non. Des yeux de chaque côté de la tête, on ne les voit pas de face. Donc, même une sauterelle strabique, personne n'y fait attention. Alors que moi...

– Basile ! Mais qu'est-ce que tu fais ? Viens m'aider.

Le garçon secoua son bras. L'insecte déploya ses longues guibolles et... sauta, comme toute sauterelle qui se respecte. Le jeune Cretonoux, d'un pas un peu moins leste toutefois, s'empressa de rejoindre son patron.

Son patron ? Un gamin de douze ans ? Tu t'insurges, lecteur. On n'est plus au XIXe siècle, dans une usine ou au fin fond de la mine ! Rassure-toi : Basile fait partie de cette cohorte de gamins que, à cette époque, on plaçait dans les fermes où ils participaient, en fonction de l'épaisseur de leurs biceps, aux travaux des fenaisons ou des moissons. La tâche première était souvent de garder les vaches ou les chèvres. Dans les familles nombreuses des bourgs de campagne, chaque garçon était ainsi généralement "loué" chez un paysan à l'âge de dix-douze ans, quelquefois avant. Le patron, pour le payer de son aide, lui offrait le gîte et le couvert, une étrenne le jour de la vogue et versait un petit pécule aux parents en fin de saison. Quand les enfants étaient scolarisés en pension, ce "salaire" était précieux pour faire face aux dépenses de la rentrée. Ainsi parmi les Cretonoux de Bellevue-la-Montagne, en cet été 1963, Jean épaulait de la vigueur de ses 16 ans une veuve de Duminiac, près de Céaux d'Allègre, Michel promenait la moto faucheuse sur les pentes des Boudous, dans la commune de Chomelix, Paul voltigeait d'un pré à l'autre autour de Montdouilloux, un des gros hameaux de Beaune-sur-Arzon. Basile, dont c'était la première saison, avait la chance de n'être pas très loin de son presque jumeau, à Antreuil, sis en terre craponnaise. De plus, ses patrons, autant l'homme que la femme, l'avaient tout de suite adopté comme un grand fils, et leurs trois marmots, dont l'aîné n'avait pas encore cinq ans, comme un grand frère.

Ce n'était pas le bagne, crois-moi, tant s'en faut. Et Basile allait garder toute sa vie un souvenir ému des étés passés chez les Bertrand, où il devait revenir faire les foins jusqu'à ses dix-huit ans. Et, plus tard, il saurait gré à ses parents de lui avoir fait comprendre très jeune la valeur du travail.

– Mais qu'est-ce que tu grattais ? le gourmanda Pierre Bertrand. Je t'ai appelé dix fois.

– Je ne vous ai pas entendu. Je regardais une sauterelle qui avait atterri sur mon bras.

– Parce que tu crois que tu es à Antreuil pour faire de la botanique ?

Basile sourit. Son patron avait moins usé les bancs de l'école que lui. L'adolescent se mit à sauter sur une jambe en parodiant une chanson très en vogue à l'époque et qui avait assuré la célébrité à une jeune religieuse belge, du nom lumineux de Sœur Sourire :

– Botanique, nique, nique, qu'il disait tout simplement...

Puis il ajouta, d'un air amusé :

– Pour le coup, ce serait plutôt de la zoologie, Monsieur Pierre.

– Zoologie ! s'amusa ce dernier. C'est toi qu'on devrait mettre dans un zoo... si tu continues à faire le singe !

Une réelle complicité s'était tissée en quelques semaines entre eux deux et la taquinerie allait bon train.

– Bon, reprit Pierre Bertrand, puisque tu es si bon pour faire ton cirque, tu vas me montrer si tu as aussi des qualités de dompteur.

– Ah ?

– Non, heureusement. Pompette est bien dressée, on t'a pas attendu. Tu vas monter sur la râteleuse ; le pré est tout plat. On va voir si tu es capable de faire des andains à peu près droits.

– Moi ?... mais j'ai jamais guidé un cheval.

– D'abord, c'est une jument. Et puis, elle connaît le pré mieux que toi. C'est elle qui te guidera, sauf si tu fais n'importe quoi avec les rênes. Toi, tu t'occupes seulement d'appuyer sur la pédale au moment où le râteau arrive face à l'andain. Je fais le premier tour ; tu regardes bien et à toi le tour.

– Hum...

Basile n'en croyait pas ses oreilles. Ainsi, il allait avoir le privilège de ramasser le foin, perché sur la râteleuse, comme un grand.

Un détail que Pierre avait mal évalué, c'était la longueur des jambes de l'enfant. Une fois qu'il fut assis sur le siège galbé à souhait pour accueillir une paire de fesses, ses pieds ne touchaient plus le sol. Donc, la pédale... Mais le gamin ne voulait pas laisser passer une telle occasion de montrer qu'il pouvait faire aussi bien qu'un adulte. Il usa de son siège comme un moine de la miséricorde de sa stalle : il se tint debout, tout juste arc-bouté par bout de fesse contre la selle. Ainsi il pouvait appuyer sur la pédale. Au début, les andains formaient une ligne plutôt zigzagante, puis peu à peu le tracé en devint plus rectiligne. Une fois la parcelle râtelée, Basile jeta un coup d'œil - le droit - à son patron :

– Alors ? demanda-t-il, attendant le verdict.

– Y'a mieux, mais pour une première fois... et ça s'est même bien arrangé entre le début et la fin. Tu pourras recommencer.

Chaque fin de semaine, le vacher rentrait à la maison pour passer le dimanche en famille. Ses parents avaient permis qu'il fît le déplacement avec un vieux vélo que Pierre lui prêtait. Ce dernier n'enfourchait plus beaucoup cet engin-là : titulaire du permis de conduire depuis le service militaire où il avait véhiculé pendant des mois le colonel, il s'était payé une 4 CV. Sur ce grand vélo, comme sur la râteleuse, l'adolescent avait quelque difficulté à atteindre les pédales, mais en se déhanchant comme un beau diable, il parvenait à faire les quatorze kilomètres du trajet.

À Montdouilloux, il rejoignait Paul et ils faisaient la route ensemble, ce qui rassurait la maman Cretonoux et l'effrayait à la fois. Bien sûr, en cas de problème, ils pouvaient ainsi s'entraider. Mais elle connaissait le tempérament turbulent de son Paul : ne risquait-il pas d'entraîner son jeune frère, moins intrépide que lui, à commettre quelque imprudence ? Leur voyage s'effectuait aux trois quarts sur la grand-route et Basile avait bien besoin de toute sa concentration, gêné qu'il était par une vision qui appréhendait mal les reliefs. Invariablement, dans les virages de la descente sur la Chamalière, Paul plongeait le nez sur le guidon et distançait son frère, bien incapable de se risquer à un numéro de funambule. Puis, pour parvenir ensemble à la maison - le contraire aurait inquiété leur mère - il l'attendait dans la montée finale sur Bellevue, et lui glissait au passage :

– Alors, Poulidor, tu t'es encore fait larguer par le maître Anquetil !

La rivalité sportive entre les deux champions français commençait à défrayer la chronique. Et tout gamin juché sur un vélo à cette époque se comparait à l'un ou à l'autre. Même si Paul se donnait le beau rôle, Basile n'en était pas vexé : il avait tellement d'admiration et d'affection pour son énergumène de frère que rien, jamais, ne semblait effrayer !

Les deux grands aussi rentraient au bercail le samedi soir. Ainsi la famille se retrouvait presque au complet le dimanche. Seul manquait, la plupart du temps, Charles-fils, le rejeton d'avant-guerre, de plus en plus pris par le service après-vente d'un commerce qu'il avait noué depuis quelques mois avec une jolie blonde de Polignac.

Ces retrouvailles, non exemptes de disputes certes, se caractérisaient quand même par une ambiance familiale affectueuse et très gaie. On chantait beaucoup, la nature ayant gratifié toute la maisonnée, père et mère compris, de cordes vocales qui vibraient juste et clair. Au petit séminaire, les quatre garçons participaient naturellement à la chorale où ils avaient approfondi le solfège et découvert la polyphonie. Jean commençait même à gratter quelques accords à la guitare.

Un samedi soir, alors qu'ils venaient de terminer une chanson sortie du fin fond des âges et harmonisée à trois voix égales, Paul commença à se trémousser. Clémentine, le voyant gigoter et même grimacer, s'enquit :

– Qu'est-ce qui t'arrive ? Tu es malade ?

– Non, mais j'ai besoin de... de...

– Quand même, prends le temps d'aller faire pipi. On t'attendra, va.

Le garçon sortit en courant pour se rendre aux toilettes, au bout du couloir. Mais il trébucha et s'affala de tout son long sur le plancher. En se relevant, il vit dans quoi il s'était entravé. Sur qui, plutôt. Une vieille femme était recroquevillée derrière la porte de la cuisine où avait lieu le concert.

Il la reconnut aussitôt. Heureusement pour lui car il eût pu être effrayé par cette apparition soudaine et se croire en présence d'une sorcière maléfique qui, en acompte à de futurs mauvais sorts, lui avait déjà fait prendre une belle gamelle. Tout de noir vêtue, elle était coiffée d'un foulard dont le nœud semblait attacher aussi son menton à son nez crochu. Elle essaya de sourire malgré tout, ce qui révéla deux chicots de dents : même l'escalope la plus tendre ne devait pas risquer grand-chose..

C'était une vieille fille qui faisait plus ou moins fonction de béate au village de Montredon. Paul la connaissait bien pour l'avoir observée tant de fois à la messe : elle se repliait dans une chapelle près de l'autel et, de son tabouret d'enfant de chœur, il la regardait avec une certaine fascination. En effet, le son de sa prière sifflait en cherchant son chemin entre les chicots d'une part, le nez et le menton de l'autre. Et le gamin s'était toujours demandé comment les saints, la Vierge et Dieu lui-même pouvaient décrypter le chuintement de ses orémus.

– Mais qu'est-ce que vous faites là ? s'étonna-t-il en ramassant ses membres éparpillés et remettant dans le droit chemin ses idées que la surprise avait un peu déroutées.

– Chhhhécoutais, hulula-t-elle. Ch'est tellement beau. Che peux rester ?

Mais il n'était plus là pour lui répondre. Elle entendit la porte claquer au bout du couloir et un glouglou sonore dans la cuvette. Elle comprit alors que son croche-pied involontaire aurait pu provoquer une inondation si les digues s'étaient rompues dans l'accident.

De retour à la cuisine, Paul raconta sa rencontre.

– Tu aurais pu la faire entrer quand même, reprocha Clémentine.

Puis elle ouvrit la porte.

– Venez donc, Amélie, si vous voulez écouter chanter les gamins.

– Non, non. Che rechte là. Ch'uis bien. Ch'est tellement beau... ch'est tellement beau...

Clémentine laissa la porte entrebaîllée et la polyphonie reprit.

Le lundi matin, chacun des quatre garçons repartait pour la semaine. Basile s'efforçait de desserrer l'étreinte d'un petit coup de cafard au moment de quitter sa maison. Puis il pensait à la famille qui allait être la sienne pour six jours et la sympathie qu'il éprouvait tant pour les parents que pour les enfants Bertrand dissipait cette brume de tristesse.

Michel accompagnait ses deux jeunes frères sur quelques kilomètres, puis, à Pigeyres, bifurquait sur les Boudous. Aussi, dans ce sens-là, Paul se montrait plus sage pour faire la descente vers la Chamalière : il craignait que son aîné pût raconter ses exploits à sa mère. Mais il rattrapait le temps perdu dans les virages de la plongée vers Chomelix.

– Tu es fou, toi, osait Basile. Un jour, tu vas rentrer dans une voiture et on sera bien avancés.

– On croirait entendre maman, plaisantait l'indomptable casse-cou.

Chaque mois d'été avait sa spécificité dans la ferme d'Antreuil, comme dans les autres du reste.

Les fenaisons occupaient presque tout juillet ; la mécanisation balbutiait et de nombreuses tâches restaient encore manuelles. Une épreuve que redoutait Basile, c'était de guider l'attelage de vaches dans la "fenière" : les pauvres bêtes y allaient de tout leur courage, le museau écumant, pour tirer le lourd char de foin. Surtout en fin de saison, quand la grange s'était remplie, elles s'enfonçaient jusqu'à mi-corps dans l'herbe séchée tandis que leurs cornes venaient chatouiller les fermes de la charpente. Le vacher, devant, avait intérêt à se dépêcher pour ne pas être piétiné. Dans la poussière, sous la chaleur, tous transpiraient abondamment, les animaux et les hommes, et ressortaient ruisselants, le déchargement terminé.

Alors, l'eau du bac en pierre, devant la maison, coulait comme une récompense bien méritée sur les visages et dans les gosiers.

– Non, Basile, ne bois pas cette eau, grondait Thérèse, la patronne. Elle est bien trop froide, tu es tout en sueur, tu vas prendre mal.

Mais il en buvait encore quelques gorgées avant d'aller siffler aussi le verre de grenadine qu'elle lui avait préparé.

Au mois d'août, on se consacrait essentiellement aux moissons. Pierre Bertrand adaptait sur la faucheuse tirée par Pompette un tablier qu'il abaissait quand s'y était amassé l'équivalent d'une javelle, puis relevait pour récolter la suivante. Derrière, la patronne et Basile s'activaient à lier les gerbes. Le garçon avait bien vite pris le coup de main pour tordre le lien et ficeler la brassée de tiges aux lourds épis. Pour bien serrer, il donnait un petit coup de genou avant de l'étrangler au tiers de sa hauteur.

L'exercice n'aurait point été désagréable si, au milieu des céréales, n'avaient poussé de nombreux chardons. Leurs piquants s'insinuaient sous la peau des mains et des jambes. Bien sûr, l'adolescent essayait de les extirper au fur et à mesure, mais il se rendit compte, à la rentrée des classes, que certaines, plus rebelles, avaient échappé au "sarclage" de son épiderme. Et, dans les premières heures de cours de sa cinquième, la chasse aux piquantss le disputa quelquefois à la traduction de la version latine.

Le rythme des travaux de septembre permettait de reprendre son souffle. On ne redoutait plus l'orage qui risquait de mouiller le foin ou la grêle qui pouvait battre le grain sur pied. On prenait donc son temps. Les humains du moins...

Ce matin-là, avec la Fleurette et l'Étoile, deux vaches bien dressées, habituées à passer de longues heures sous le joug, Basile avait emmené plusieurs tombereaux de fumier sur une éteule que Pierre labourerait l'automne venu. Il en avait plein le dos... lequel n'était pas au bout de ses peines.

Il détela la charrette et fit rentrer les bêtes à l'étable. Comme chaque fois, il commença à défaire les lanières qui fixaient fermement le joug aux cornes de l'Étoile, à sa droite. Il laissa une des cornes attachée le temps de libérer aussi un peu la Fleurette. Puis il revint à la première vache et la dégagea complètement. À ce stade de l'opération, il avait l'habitude de tenir tant bien que mal le joug que ne supportait plus l'animal délivré et, dans un mouvement de tournoiement de lasso, il faisait sauter la lanière qui retenait encore l'autre bovin prisonnier. Il soulevait alors le joug et la bête rejoignait sa place, assez calmement en général.

Mais, ce jour-là, la Fleurette ne l'entendait pas de cette oreille. Impatiente d'en finir, au moment où sa consœur filait déjà vers le râtelier, elle donna un violent coup de tête pour s'affranchir plus vite de l'esclavage de la lourde pièce de bois qui l'avait meurtrie tout le matin. Le joug pivota aussi et vint heurter sèchement le dos de Basile qui, surpris et déséquilibré, fut projeté à terre pour échouer dans la "rase". Autrement dit, en français du dictionnaire, dans le caniveau, placé sous la queue des bêtes alignées à la crèche, caniveau destiné à recevoir les trop-pleins des intestins du cheptel. Ce matelas viscéral amortit la chute sans doute, mais le pauvre garçon s'en releva plutôt gluant et nauséabond.

– Tu ne t'es pas fait mal ? questionna Pierre qui venait d'entrer dans l'étable.

– Ça va, mais...

Basile baissa la tête, mesura du regard l'étendue des dégâts sur sa chemisette, son short et ses jambes.

– Eh ben..., murmura-t-il.

Pierre se mit à rire. Le gamin aussi.

Le lundi 23 septembre, après une semaine de vraies vacances en famille à Bellevue, l'adolescent rejoignait la Chartreuse pour entamer un nouveau chapitre.

6

Les chapitres de la scolarité des frères Cretonoux à la Chartreuse déroulaient leurs pages sans incident particulier. Les deux plus grands, Jean et Michel, obtenaient des résultats brillants. Quant aux deux autres, ils auraient pu faire mieux sans doute si l'un, Paul, avait été un peu plus calme, l'autre, Basile, un peu moins.

Certes, tous caracolaient en tête de peloton dans pratiquement toutes les disciplines, mais Paul ajoutait à ses talents purement scolaires une prédisposition surprenante à faire le pitre tandis que, à l'inverse, Basile, complexé par son handicap, cultivait jalousement le proverbe : *"Pour vivre heureux, vivons cachés"*. Les deux derniers garçons de la fratrie, pour des raisons inverses, ne donnaient donc pas tout à fait la pleine mesure d'eux-mêmes.

Deux ans de suite, Paul réussit l'exploit de partir en vacances de Noël après avoir passé une nuit de plus que les autres élèves à l'internat. Ainsi, tandis que ses frères retrouvaient la chaude ambiance familiale, lui était "collé", tout seul dans la froidure de ces grands bâtiments austères, avec pour unique compagnie un thème latin, une version grecque et une kyrielle de verbes irréguliers anglais. Grave devait être la faute qui lui avait valu une telle sanction. Ô combien en effet ! *"Bavardages en étude"*, précisait le billet d'information à la famille. Il fut une époque où l'on ne badinait point avec la discipline. La sanction - pour le motif énoncé du moins - pouvait paraître bien sévère ; cependant, elle procédait aussi du fait que, tôt ou tard, la goutte d'eau fait déborder le vase. La langue de Paul était si bien pendue qu'il ne la tournait généralement pas sept fois dans sa bouche avant de la laisser parler. Il avait l'art du commentaire, pas celui du comment se taire !

Ses réparties amusaient toujours ses condisciples, certains de ses professeurs quelquefois, d'autres jamais. Elles agaçaient même souvent les derniers cités.

Il faut bien reconnaître que certains d'entre eux donnaient des bâtons pour se faire battre. Ainsi, son professeur d'histoire de quatrième, l'abbé Jean Monnier, avait quelques difficultés à imposer le silence à son auditoire. Un jour, excédé, il lança avec conviction :

– Mais ce n'est pas possible ! Chaque fois que j'ouvre la bouche, y'a un imbécile qui parle.

– Comme vous dites, Monsieur l'abbé, fit tout haut le garnement de Bellevue-la-Montagne, au milieu des ricanements de ceux qui avaient perçu toute l'ambiguïté du propos du professeur.

– Ah, je vois que Monsieur Cretonoux a encore des remarques à faire. Sans doute quelque chose encore qui ne lui convient pas.

– Oh, pas du tout, Monsieur l'abbé. Je disais juste que vous aviez bien raison.

Le professeur, qui n'avait sans doute pas pris le temps d'analyser le contenu étonnant de sa propre déclaration, ne mesura pas l'impertinence de la réponse. Il se rengorgea :

– Eh bien, pour une fois, Monsieur Cretonoux me donne raison. Voilà bien une journée qu'il faudra marquer d'une croix sur le calendrier.

Si Jean Monnier, homme simple et naïf, pouvait se laisser abuser par les airs d'innocence de ses élèves, certains de ses collègues comprenaient bien vite que tel ou tel cherchait à les mener en bateau.

L'abbé Ferdinand Bolly, qui aurait pu parler de la pluie et du beau temps aussi bien avec Socrate qu'avec Cicéron, ne s'en laissait généralement pas conter. Toutefois, une adhérence capricieuse de ses dentiers l'obligeait à s'exprimer sans faire le grand écart avec ses mâchoires ; une fois ou l'autre, quand il s'y était risqué, il avait dû rattraper in extremis, d'un coup de menton rageur, les fausses dents qui prenaient la tangente et désertaient le palais. De ce fait, il n'articulait pas les syllabes autant qu'il eût été souhaitable et son élocution en souffrait quelque peu. De plus, aucun oto-rhino-laryngologiste ne s'était sans doute jamais promené dans ses voies nasales pour remédier à sa voix nasillarde.

La Haute Volta, à laquelle le Général de Gaulle avait accordé l'indépendance depuis quelques années, se trouva un jour au menu du cours. Assis à son bureau, sur l'estrade, le professeur, qui se déplaçait fort peu, contraint par une forte corpulence et sans doute quelques méchants rhumatismes, montrait avec un long bâton de noisetier la carte accrochée sur un coin du tableau. Il pointa l'extrémité de son outil pédagogique sur le centre du pays :

– Ici, vous avez la capitale : Ouagadougou.

Ce nom exotique, prononcé par lui, aurait pu dériver sur certains cahiers en “glouglouglou” ou “roudoudou” ou savoir quoi encore. Paul Cretonoux jugea de son devoir d'intervenir pour prévenir toute confusion :

– Pardon, Monsieur l'abbé, pourriez-vous répéter le nom de la capitale ?

Dans un déhanchement de mâchoires et en dépit d'un nasillement tenace, le professeur s'efforça d'articuler :

– Ou... a... ga... dou... gou.

C'était mieux, mais l'erreur de transcription restait possible. Paul leva le doigt à nouveau :

– On n'a pas bien compris, Monsieur l'abbé. C'est compliqué ce nom. C'est Oua quoi ?

– OU... A... GA... DOU... GOU ! vociféra Ferdinand Bolly, en harponnant à l'ultime seconde ses dents du haut qui prenaient la clé des champs, pulsées par la dernière syllabe.

La classe éclata de rire.

Alors, lâchant la bride à sa colère, le professeur frappa violemment le bureau de son bâton, lequel se brisa en deux.

La classe, sidérée, retrouva son calme.

Paul Cretonoux comprit qu'il était temps de la boucler.

La boucler, c'était ce que faisait en permanence son frère cadet, quand les professeurs avaient la bonne idée de lui ficher la paix. Basile captait facilement les explications et connaissait presque toujours la réponse aux questions posées. Par contre, à l'inverse de Paul, il gardait ses commentaires pour lui.

Au fil des années, ses camarades s'étaient habitués à l'expression désorientée de son regard. Et lorsqu'il intervenait en cours, sollicité par un enseignant, personne n'avait l'idée de le regarder comme une bête curieuse. Mais, dans sa tête à lui, ce handicap constituait un frein à toute initiative. Il ne parvenait pas à faire abstraction de cette différence-là. Et du coup, il oubliait l'autre différence, celle qui aurait dû lui permettre de s'épanouir pleinement, sa capacité intellectuelle nettement au-dessus de la moyenne. Or, au bout de quelques mois passés à ses côtés, et bien plus encore après plusieurs années, c'était bien sous cet angle-là que ses camarades avaient appris à le connaître et que la plupart l'admiraient.

Joseph Darne ajoutait à cette admiration une amitié qui était née quelques jours après leur entrée en sixième et qui s'était renforcée au cours des mois. Les deux garçons n'avaient plus de secrets l'un pour l'autre. À demi-mot d'abord, puis de manière tout à fait explicite, Basile avait donc confié à son camarade l'amertume que suscitait en lui le défaut de parallélisme de son regard et sa crainte des difficultés relationnelles qu'il engendrerait inévitablement tout au long de sa vie.

Le pauvre copain n'avait pas la capacité à développer des arguments très élaborés. Alors, comme il pouvait, il essayait de relativiser l'importance de ce handicap :

– Parce que tu crois que c'est ce qu'il y a de plus important dans la vie, ce détail ? lui avait-il fait remarquer, un triste soir de novembre où il sentait son ami particulièrement cafardeux.

– Oh ! Je sais bien qu'il y a des malheurs plus grands que celui-là. Pourtant, crois-moi, ça m'a souvent mis en difficulté et ça risque d'être de pire en pire.

– Pourquoi veux-tu que ce soit pire ?

– Je ne sais pas. Quand on est petit, on est moins sensible à ça, et les autres y font moins attention aussi. Mais, après, quand quelqu'un voudra m'embêter, il aura un moyen facile. Il se rendra bien vite compte que je suis très vulnérable.

– Non. C'est toi qui te mets ça dans la tête. Tu ferais mieux de penser aux autres atouts que tu as : tu es intelligent, toi...

Basile perçut, dans ces derniers mots, ce que pouvait être la détresse de son compagnon. Il connaissait ses difficultés scolaires : il voyait Joseph travailler avec beaucoup d'application et de persévérance pour des résultats bien décevants. Ce manque de capacités avait certainement beaucoup contribué à enfermer le garçon de Saint-Vincent dans sa réserve. Basile l'encourageait de son mieux, lui réexpliquait certaines leçons, surtout en latin, puis plus tard en grec, et en mathématiques qui, pour lui, étaient carrément de l'hébreu. Ce soir-là, face au dépit qu'exprimaient les derniers mots de son copain, il se devait de trouver le moyen de le réconforter.

– L'intelligence, ce n'est pas que de savoir traduire du latin ou réussir des équations. Dans ce domaine, je réussis mieux que toi, c'est vrai. Mais, si on nous met entre les mains un vélo qui n'a plus de freins, lequel de nous deux arrivera à le réparer ?

Joseph sourit. Un souvenir posa ses valises pleines d'images dans un couloir de sa mémoire.

C'était en avril 1965 - l'année de leur quatrième - pendant les vacances de Pâques. Après bien des tergiversations, Clémentine Cretonoux avait accepté que Basile allât passer deux journées chez son copain de Ceneuil. Elle avait demandé à Paul d'accompagner son frère, en vélo, jusqu'à Vorey où Joseph l'attendrait devant la gare.

– Je compte sur toi, Paul. Tu vas doucement, tu attends ton frère. Vous êtes prudents, hein ?

– Mais oui, maman. Mais oui...

Une première dizaine de recommandations avait suivi, puis un chapelet entier. Pauvre Clémentine qui pensait que la longue et sinueuse descente qui plonge dans la vallée de l'Arzon serait moins dangereuse pour son dernier fils, s'il était escorté par un ange gardien. Gardien ? A la rigueur. Mais un ange ! Son Paul ?

Si le hasard de tes balades t'a un jour conduit, ami lecteur, sur cette petite route entre Bellevue-la-Montagne et Vorey, et si, en prime, tu as eu l'occasion d'en faire la descente à bicyclette, tu n'auras pas de mal à imaginer que, dès les premiers virages, "l'ange gardien" se sentit des ailes. Et tu devines aussi que notre malheureux Basile dut plus d'une fois freiner en catastrophe à l'approche d'un virage dont il n'avait pas pu assez vite soupçonner la traîtrise.

Tant bien que mal, avec en ligne de mire l'électron libre qu'était son frère, Basile parvint dans la vallée sans dégâts. Le coeur battant quand même de toutes les frayeurs éprouvées lors de cette descente acrobatique. Les câbles de freins rudement malmenés aussi !

Quand le garçon crut s'arrêter devant l'entrée de la gare, un petit bruit sec se produisit sous la selle. Basile ne sentit plus aucune résistance de la poignée de frein sous sa main droite et aucune mâchoire ne se resserra sur la jante de la roue arrière. Du coup, il accentua fortement l'étreinte sur la roue avant qui se bloqua. Le vélo s'immobilisa aussitôt, mais pas Basile qui voltigea par-dessus le guidon, pour atterrir à un mètre du mur. Il se releva, les genoux ensanglantés, avec plus de peur que de mal cependant.

– Rien de cassé ? demanda Paul, un peu inquiet quand même.

– Non, ça ira. Mais si tu n'étais pas descendu comme un fou, j'aurais moins torturé mes freins et le câble n'aurait pas cassé.

– Ce n’est pas grave, le réconforta aussitôt Joseph, qui les attendait depuis un quart d’heure et avait assisté en direct à la cabriole. On réparera ça à la maison.

– Seulement, tu iras “mollo”, toi. Je ne veux pas prendre une autre gamelle.

– Tu ne risques pas grand-chose d’ici Ceneuil. Tu verras : ça grimpe tout le temps... et même pas mal. Tu n’auras pas vraiment besoin de freiner... sauf si tu te mets à reculer, ajouta-t-il en riant.

Ça grimpait en effet. Une première rampe, qui chahuta pas mal les mollets des deux garçons, les conduisit à un palier. Là, quelques kilomètres leur permirent de reprendre des forces. Puis commença l’ascension vers le village de Joseph, accroché sur les pentes du Pic de Ceneuil. Le paysage commençait à verdoyer et, sous un soleil lumineux, les nombreuses taupinières qui surgissaient dans le relief tout autour, semblaient s’ébrouer sous les premières caresses du printemps.

– C’est Saint Vincent, ce village là-bas ?

– C’est Saint-Vincent, oui. Alors, le pays te plaît ?

– Ouais, c’est très chouette. On n’est pas très loin de Bellevue et pourtant le paysage est tout à fait différent.

– Eh, oui. Toi, tu es un habitant de la montagne et moi de la plaine.

– La plaine ! Tu parles d’une plaine, ricana Basile qui recommençait à transpirer sur le raidillon qui les conduisait à Ceneuil.

Au fur et à mesure qu’ils prenaient de l’altitude, le regard dominait plus largement la plaine de l’Emblavez. Les deux garçons firent une halte avant d’atteindre le hameau.

– On a un sacré coup d'œil d'ici, s'enthousiasma Basile.

– Oui, pas mal. Mais c'est autre chose de là-haut, fit remarquer Joseph en montrant le sommet du pic. On y grimpera si tu veux.

– D'accord. Et tu m'expliqueras tout ce qu'on voit. Tu dois connaître ça sur le bout des doigts.

– Euh... Sur le bout des doigts ? Je ne suis pas un intello, moi. Je ne m'appelle pas Basile Cretonoux.

– Arrête ton char, Ben Hur, rigola Basile.

Leur collège les avait emmenés voir le célèbre péplum qui avait fait salle comble, des mois durant, dans tous les cinémas du coin.

– Bon. À propos de char... si on remontait sur le nôtre, proposa le jeune Darne. Ma mère doit commencer à surveiller si on arrive. C'est une machine à soucis, ma mère.

– Et la mienne alors !... Ça doit être le propre de toutes les mères.

Si tu es maman, chère lectrice, tu te reconnais sans doute dans les propos de ces deux gamins. Peut-il en être autrement ? Cet enfant que tu as porté pendant neuf mois dans tes entrailles, cet enfant qui t'a fait passer tant de nuits blanches parce qu'il pleurait, avait de la fièvre, "mettait" ses dents... il habite tellement ta propre vie que tu ne peux le voir s'éloigner de ton aile protectrice sans inquiétude.

Et toi donc, papa lecteur, l'angoisse ne vient jamais taquiner tes jours ou tes nuits ? Toi qui reprends madame avec autant d'assurance : "Mais enfin tu imagines toujours le pire." Oui, bien sûr, tu es l'homme, toi. Tu ne vas pas laisser paraître une quelconque faiblesse, un émoi, une appréhension. Tiens donc. Tu ne diras à personne que tu as regardé cent fois ta montre en moins d'un quart d'heure en maugréant : "Mais, bon sang, qu'est-ce qu'il fout ? Il devrait être rentré depuis longtemps. Qu'est-ce qui se passe ?".

Et l'ado qui, aujourd'hui, te reproche peut-être de ne jamais lui lâcher les baskets, de l'abreuver de recommandations et de conseils, dans vingt ou trente ans, ses enfants lui chanteront le même refrain.

La famille Darne - un père, une mère (on s'en serait douté), une sœur d'un an plus âgée que Joseph, une autre d'un an plus jeune et le petit dernier, qui galopait sur ses sept ans - accueillit avec beaucoup de chaleur le jeune Cretonoux. Tous savaient combien "Jojo" avait eu du mal à s'habituer à la Chartreuse et l'aide que l'amitié de Basile lui avait apportée.

Le repas fut animé. Le Bellimontain se sentit très vite presque aussi à l'aise que chez lui. Puis les deux garçons montèrent jusqu'au sommet du pic de Ceneuil. Ils essayèrent d'identifier toutes les montagnes qui emprisonnent la cuvette de l'Emblavez. Devant le piètre résultat de leur tour d'horizon, ils se promirent de revenir un jour avec une carte topographique.

De retour à la maison, Joseph enfila une combinaison de travail bleue, et, clés en main, il se métamorphosa en véritable mécanicien. Le vélo n'avait qu'à bien se tenir !

En un tournemain, il changea le câble, ajusta les patins, se tourna vers son camarade et, d'un ton professionnel :

– Essaie... voir, dit-il.

Basile fit un premier test à l'arrêt, puis quelques mètres dans les ruelles pentues du village. Les freins répondaient à la perfection.

– T’es un bon en mécanique, toi, s’exclama-t-il.

Quelques mots. Presque rien. La reconnaissance d’une capacité, insoupçonnable à l’école, surtout chez quelqu’un si peu sûr de lui. Il n’est pas forcément besoin d’un long discours pour redonner confiance.

Un instant banal qui, pourtant, ne quitterait plus la mémoire de Joseph.

7

L'abbé Renaud garda le silence un moment. À la manière dont il le regardait ce jour-là, Basile devina que son père spirituel allait lui faire une révélation inattendue ou lui poser quelque question inhabituelle.

Oui, son père spirituel, tu as bien lu, ami lecteur. Tu fronces les sourcils, tu ne comprends pas bien ce que peut être un père spirituel. Peut-être l'autre appellation te parlera-t-elle mieux. On disait aussi directeur de conscience, au petit séminaire. Chaque élève avait ainsi un confesseur attitré qui le recevait régulièrement dans son bureau, chaque semaine généralement. Rassure-toi. Sauf à être de grands pécheurs devant l'Eternel, les élèves ne sollicitaient pas une absolution à chaque visite. Mais c'était un moment de dialogue où l'adolescent pouvait faire le point sur son travail, ses problèmes, partager ses joies et ses peines avec un prêtre. Au fil des années, le plus souvent, s'instaurait un climat de confiance, quelquefois même une certaine complicité.

Basile, pour sa part, se sentait assez à l'aise avec l'abbé Renaud, un homme discret, voire un peu timide. Au contact de ce père spirituel, le garçon avait beaucoup appris dans le domaine de la religion, mais aussi sur l'équipe de foot de l'ASSE, lui qui, des quatre Cretonoux de l'après-guerre, était le moins au fait des choses du ballon rond. Jacques Renaud, au contraire, nourrissait une certaine passion pour ce sport, pour l'équipe de Saint-Etienne particulièrement et, plus encore, pour Robert Herbin, le sphinx à la rousse tignasse.

L'abbé Renaud n'hésitait pas d'ailleurs à descendre dans la cour faire une partie avec les élèves. En soutane, ce n'était pas le top, il faut bien le reconnaître. Le Concile Vatican II libéra le talent de ce clerc footballeur en lui permettant une tenue plus adéquate.

Mais laissons-là ce côté anecdotique et revenons à nos moutons.

– Il y a une question qu'on n'a encore jamais abordée, se décida enfin le directeur de conscience, avec un rien d'embarras.

L'école, ils en avaient souvent parlé et mis à part le manque de participation en cours de Basile, il n'y avait pas grand-chose à en dire. Les relations avec les autres venaient également assez souvent et facilement sur le tapis. La famille, on l'évoquait sans détour. Le foot, l'abbé Renaud en faisait son affaire.

Non, aujourd'hui, manifestement, le père spirituel voulait s'aventurer sur un sujet sûrement plus délicat, car il avait semblé tourner autour du pot avant d'engager la conversation. À quatorze ans et demi, il est des questions qui tourmentent inévitablement un adolescent. Basile pressentit qu'on allait se hasarder sur la voie sensible de la sexualité et des relations avec la gent féminine.

– Tu n'as jamais pensé à être prêtre ? demanda le Père Renaud.

"Bon, t'étais à côté de la plaque, mon petit Babas", se dit le garçon. Avait-il jamais pensé à être prêtre ? Certes, son environnement était porteur : tous ses professeurs, à la Chartreuse, appartenaient au clergé

diocésain ; chaque année, un certain nombre de Terminales entraient au grand séminaire après leur Bac. De plus, à Bellevue, sa famille habitait derrière la cure et Basile en franchissait souvent le seuil pour un oui ou pour un non : son curé, l'abbé Romans, distribuait avec autant de générosité des dragées aux petits Cretonoux (on mariait beaucoup en ce temps-là) que de grain aux poules qui caquetaient au fond du joli jardin fermé de son presbytère. Enfin, pendant toute son enfance, Basile avait été enfant de choeur : le métier ne lui était donc pas inconnu.

Pourtant, non, jamais il n'avait vraiment envisagé d'entrer dans les ordres. La question de son confesseur le dérouta et il se sentit même un peu sur la défensive. Devant son silence, l'abbé Renaud réitéra sa demande :

– Tu n'as jamais envisagé d'aller au grand séminaire après ton Bac ?

Basile se devait de répondre. Il le fit avec un brin d'ironie dans la voix :

– Mais, bien sûr, la voilà la solution. Comme ça, le problème est réglé.

Décontenancé par cette réaction énigmatique, le directeur de conscience joignit les mains sous son nez, hocha la tête, avant de s'enquérir :

– Je ne comprends pas ce que tu veux dire. De quel problème parles-tu ?

– C'est bien simple pourtant. Vous avez trouvé le bon truc pour me caser. Comme ça, au moins...

– Quoi donc ? Comme ça, au moins... qu'est-ce que cela signifie ?

– Vous savez très bien qu'avec la tronche que j'ai, jamais une fille ne voudra de moi. Alors, si je me fais curé, la question ne se pose même plus. Bien vu.

Jacques Renaud poussa un long soupir en secouant la tête. Il regarda longuement l'adolescent : Basile crut lire dans ses yeux un mélange de bonté, de dépit et d'impuissance. Il s'en voulut d'avoir été aussi caricatural dans sa réponse. Il aimait bien ce prêtre ; il n'avait voulu ni le blesser, ni le mettre dans l'embarras. Il se promit d'être plus vigilant dans la suite de la conversation.

– Tu sais, Basile, reprit l'abbé, si j'ai évoqué cette hypothèse avec toi, ce n'est pas en raison d'un petit défaut physique, mais parce que tu as de belles qualités à mettre au service des autres. Le ton de ta réponse laisse penser que ce léger handicap occupe une telle place dans ton esprit qu'il relègue loin derrière toutes tes capacités. Or le problème de tes yeux, pour moi, ce n'est quand même qu'un détail.

– Oui, vous n'êtes pas le premier à me le dire. C'est toujours ce qu'on dit quand on n'est pas directement concerné. Mais pour moi, vous savez, ce n'est pas du tout un détail.

Le prêtre sentit son élève au bord des larmes. Il prit conscience du poids qui pesait sur le coeur du garçon et eut la confirmation de ce qu'il avait pressenti depuis longtemps : complexé par son strabisme, il lui était impossible de faire preuve de la même exubérance que ses frères. Or, il était au moins aussi doué qu'eux, mais il s'était muré dans une véritable obsession.

L'abbé Renaud le sentait écorché vif face à son handicap. Des paroles de réconfort qui auraient pris appui trop exclusivement sur ses capacités scolaires auraient au mieux glissé sur lui comme la pluie sur les ailes d'un canard. Au pire, elles l'auraient agacé et il se serait senti totalement incompris.

Alors, même si ce n'était pas spécialement son champ de compétences, le prêtre se fit violence pour prolonger la réflexion sur l'apparence physique.

– Tu as bien dit tout à l'heure: “Avec la tronche que j'ai, jamais une fille ne voudra de moi”, j'ai bien compris, n'est-ce-pas ?

– C'est pas bien difficile à comprendre, en effet.

– Donc, en somme, tu estimes que tu es moche. Dans le fond, tu as sans doute raison. faisons un peu le tour de la question. C'est vrai qu'avec tes grandes écoutilles décollées en aérofrein...

Basile avait deux oreilles bien plaquées contre la tête, aux conques, rabats et lobes harmonieusement dessinés.

– Mais..., hésita-t-il.

– Et puis, il y a ce fichu pif boursouflé et violacé qui te cache la moitié de la figure...

Le nez du garçon se profilait dans un parfait alignement, à faire pâlir d'envie les statues grecques, Apollon en tête.

– Mais... répéta-t-il.

– Et ces dents qui courent après le beefsteack...

Basile ne devait pas avoir sucé son pouce dans sa tendre enfance, ou du moins cela n'avait pas affecté l'alignement de ses canines. Machinalement, il posa sa main sur sa bouche.

– Mais...

– Si encore, tu n'étais pas si petit...

Certes, l'adolescent n'avait pas terminé sa croissance et, comme tous les autres Cretonoux, ce n'était pas un géant. Il culminait cependant à la même altitude que la plupart des garçons de son âge.

Interloqué au début par cette attaque en règle, il comprit bien vite que l'abbé s'amusait. Il entra dans son jeu :

– Chez nous, convint-il, à cause du vent les genêts restent tout rabougris. Et les hommes aussi... on n'y peut rien.

– Peut-être, mais avec un peu de régime, tu ne serais pas si gros.

Charles Cretonoux avait, quelques mois avant, acheté une ceinture à son garçon. Et il avait dû, avec une pointe, faire un trou supplémentaire. La graisse n'embarrassait pas vraiment les hanches du jeune Bellimontain.

– J'y penserai, sourit-il.

– Au fait, tu n'aurais pas une jambe plus courte que l'autre ? Tu as une démarche claudicante : on dirait un petit vieux.

Basile se mit à rire franchement. Dans ces moments-là, les commissures de ses lèvres allaient chatouiller deux discrètes fossettes, ses yeux pétillaient de malice, même le gauche.

– Et mon oeil ! Vous avez fait le tour du propriétaire à votre façon. Mais vous avez fait exprès d'oublier de dire que je louche comme c'est pas possible.

– Mais ça, mon gars, c'est ta signature. C'est avec ça aussi que tu es sympathique aux gens. C'est ainsi qu'ils te connaissent. Tu crois qu'ils t'aiment moins parce que tu as un oeil qui s'écarte un peu ?

– Non. Ceux qui m'aiment bien m'aiment comme je suis, c'est vrai. Mais il y a aussi ceux qui en profitent pour se moquer de moi.

– Bien sûr. Des cons, on en rencontre partout. Oh, pardon ! Je ne devrais pas parler de cette façon.

– Si, au contraire, c'est assez marrant. Et puis je ne le répéterai pas... Secret de la confession !

Jacques Renaud voyait son élève se détendre et, du coup, lui aussi se sentait plus à l'aise. Sur le terrain miné d'un sujet délicat, avancer avec l'humour comme tenue de camouflage présentait un sérieux avantage.

– Au fait, à part le détail de ton oeil, que j'avais oublié, j'ai fait de toi un portrait assez fidèle, non ? poursuivit le prêtre d'un air amusé.

– Ah ? C'était un portrait ? Sur le coup, j'avais cru à une caricature.

– Bon, admettons que j'aie légèrement forcé le trait. Mais, grosso modo, c'est...

– C'est tout à fait moi !

– La nature ne t'a vraiment pas gâté. Tu collectionnes à peu près toutes les tares possibles. Quand tu te compares avec les autres garçons de ta classe... oui, tu n'es vraiment pas gâté.

Ce message à contre-pied en aurait démoralisé plus d'un. Mais Basile était trop perspicace pour ne pas le comprendre. Mentalement, tandis que l'abbé parlait, il avait fait le tour des copains. Il n'avait trouvé parmi eux aucun prototype de la perfection : un petit défaut physique par ci, une faille par là... certains faisaient même du cumul.

Basile se rendit compte que c'était la première fois qu'il pensait à ses camarades sous cet angle. D'habitude, lui revenaient en mémoire Serge, Régis, Marc, Jean-Paul, Christian... et les autres. À cet instant, il faisait défiler dans sa tête le grand au nez crochu, l'obèse, celui qui était déjà un peu voûté, celui qui bégayait et l'autre qui zézayait, celui qui faisait une salade mathématique avec les *x* et les *y* et l'autre qui confondait le sujet et le complément d'objet direct. "*Mais alors*, se dit-il, *si d'habitude ce sont* eux *que je vois et non tel ou tel défaut qu'ils peuvent avoir, la réciproque doit être vraie. Et, quand ils pensent à moi, c'est Basile qui leur vient à l'esprit et pas d'abord son strabisme*".

Bien sûr, restaient les "cons" selon l'appellation sans périphrase de son confesseur. Ceux-là, il en croiserait toujours sur son chemin. Il faudrait qu'il apprenne à glisser leurs sarcasmes dans sa poche et mettre son mouchoir dessus. Ce n'était pas gagné d'avance : les méchancetés, même quand on s'est doté d'une certaine philosophie, cela peut faire très mal. Basile se savait trop sensible pour se bercer d'illusions quant à sa capacité d'encaisser les vacheries que pourrait susciter son handicap.

Et les filles ? Une fille peut-elle tomber amoureuse d'un garçon qu'elle n'arrivera pas à regarder dans les yeux ?

La voix de Jacques Renaud le tira de sa méditation :

– Tu es parti où, mon ami ?

– Euh... Je pensais à tout ça.

– Et alors ?

– Ben... rien, enfin si, j'ai bien compris ce que vous voulez me dire. Il vaut mieux regarder ses qualités que de se laisser enfermer dans ses défauts. Il n'empêche que...

– ... que quoi ?

– ... que vous avez beau, dans votre tête à vous, penser que vous avez plus de qualités que de défauts, ça n'oblige pas les autres en face à avoir la même opinion.

– Les autres ! Les autres ! Toujours les autres ! Mais il te faut apprendre à te libérer du regard des autres.

– Le jour où je croiserai une fille sympathique, j'aimerais bien ne pas être trop vite libéré de son regard, comme vous dites. Seulement voilà, ça m'étonnerait qu'elle passe beaucoup de temps à me regarder.

Et, en même temps, il montra son oeil gauche du doigt.

– Je comprends que cela te préoccupe, admit l'abbé d'un ton paternel. Je ne suis pas un spécialiste dans le domaine de la séduction, tu t'en doutes bien, ajouta-t-il en riant. Pourtant...

Il semblait chercher ses mots. Il avait, assis en face de lui, un garçon pétri de qualités, particulièrement attachant. Un garçon en souffrance aussi. Il ne fallait pas vouloir gommer ce tourment comme s'il n'avait aucune importance. Le reconnaître, oui, mais essayer de relativiser l'incidence qu'il pourrait avoir sur l'avenir de Basile et surtout sa vie amoureuse.

– Pourtant, reprit le prêtre, je suis persuadé que tu attireras l'attention d'un certain nombre de filles tout simplement par ce que tu es. Et plus encore si tu parviens à être plus décontracté par rapport au problème de tes yeux. Tu montreras alors un visage plus épanoui, et elles tomberont encore plus facilement sous le charme.

– Je ne demande qu'à vous croire. Je ne croise pas beaucoup de filles, c'est vrai, surtout ici, à la Chartreuse, forcément, mais cela m'arrive à Bellevue et mon charme, comme vous dites, n'en a encore fait tomber aucune apparemment.

– Oh, mais tu as le temps quand même. Il n'y a pas le feu. Et puis, ne te laisse pas démoraliser parce que ça n'accroche pas avec la première qui t'aura tapé dans l'oeil... oh, pardon...

Basile sourit de voir l'abbé dans l'embarras d'avoir dérapé sur une image presque trop de circonstance.

– ... je voulais dire la première qui te plaira...

– Mais j'avais bien compris que vous ne me parliez pas d'une championne de boxe !

– Bon, je vois que tu prends cela avec humour. C'est bien. Pour être plus sérieux, si une fille doit faire ton bonheur un jour, c'est parce qu'elle sera allée au-delà de ton apparence, qu'elle aura pris le temps de connaître qui tu es vraiment. Si elle se laisse arrêter par le fait que tes yeux ne sont pas symétriques, c'est dommage sans doute... mais surtout pour elle.

– Ah bon ?

– Eh bien oui. Tu sais, on dit que les apparences sont trompeuses. La vraie rencontre entre deux personnes, et pas seulement la rencontre amoureuse, elle va au-delà de l'apparence. Inversement, celui ou celle qui ne se préoccupe que de l'apparence risque de passer à côté d'une belle histoire et, tôt ou tard, de connaître de sacrées désillusions.

– Vous parlez bien quand même.

– Peu importe comment je parle. L'essentiel, c'est que toi, tu te débarrasses de cette idée fixe qui t'empoisonne la vie. Je voudrais que tu me fasses confiance : un jour, si ton choix est de fonder une famille, tu rencontreras une fille qui saura voir qui tu es vraiment. Alors, que tu louches, ce sera accessoire pour elle. Va savoir, ta différence te rendra peut-être encore plus attachant à ses yeux.

– On peut toujours rêver, laissa tomber Basile d'un ton bien peu convaincu.

À la récréation du soir, à l'heure des confidences, il confia à Joseph :

– Tu sais, l'abbé Renaud, il m'aurait bien vu curé plus tard.

– Ben, moi aussi, renchérit son copain. L'abbé Monnier m'a dit la même chose.

– Et alors ?

– Oh, j'ai pas trop su que lui répondre. J'ai dit que je ne voulais pas faire des études. Et toi ?

– Moi ? Tiens-toi bien : quand il a vu que je n'étais pas spécialement motivé pour aller un jour au grand séminaire, il m'a carrément donné des conseils pour draguer.

– Arrête, tu déconnes ?

– Oui, bien sûr, je déconne. Mais ce qui est vrai c'est qu'il m'a dit que, même avec mes yeux qui louchent, je pourrai plaire aux filles.

– Tu parles d'une trouvaille. Moi, j'aurais pu te le dire aussi. La question ne se pose même pas.

7

– Alors, comme ça, vous ne serez plus que deux à la Chartreuse, Paul et toi, fit Pierre Bertrand, pour meubler le voyage.

– Oui, répondit Basile. Heureusement qu'il y a Paul, parce que je n'aurai plus mon meilleur copain de classe non plus. Il part en apprentissage de mécanicien. Ça lui conviendra mieux que le latin ; il est vachement doué pour réparer tout ce qui est cassé.

La 4 CV bringuebalait sur la route cahotante entre Chabassennelles et Antreuil. Basile aimait bien cette partie du parcours vers Craponne. La chaussée était bosselée à souhait, la voie étroite et sinueuse. Ça vous martyrisait les lombaires, mais à son âge il n'en avait cure.

En revanche, dans la remorque attelée à l'arrière, le veau gras, jambes écartées pour garder un semblant d'équilibre, devait trouver le temps long. Il ne pouvait se douter du triste sort qui l'attendait à l'arrivée.

Basile était ravi et triste à la fois. Il aimait bien que son patron l'emmenât avec lui au marché du samedi matin ; hélas, cela n'arrivait guère que les jours où il allait vendre un veau. La pauvre petite bête se retrouverait la semaine suivante en pièces détachées dans les faitouts du pays. Du coup, cela ternissait le plaisir du garçon : pendant des semaines, matin et soir, il avait préparé des biberons, fait téter le jeune animal. Il s'était attaché à lui. Et ce matin-là, il fallait faire croire à l'innocente victime qu'on l'emmenait en balade, alors qu'en réalité, sournoisement, on la poussait vers les portes grandes ouvertes de l'abattoir. Plus exactement, Pierre tirait devant avec une corde, tandis que Basile poussait derrière, pour rejoindre la Place Croix de Mission. Quelques centaines de mètres depuis le terrain de foot, où ils avaient garé la voiture.

– Tords-lui la queue, insistait Pierre. Y'a rien de tel pour les faire avancer.

Son vacher faisait semblant d'obtempérer mais il se refusait à rajouter ce coupable sévice à sa honte de participer à un tel sacrifice.

Des veaux, il en arrivait de toutes les rues, bousculés avec le même traitement. Il en descendit même un d'un autocar ce jour-là ! Basile entendit un passant héler le chauffeur, qu'il semblait connaître :

– Tu transportes bien de drôles de passagers ; tu l'avais assis sur un siège, celui-là ?

– Oh, m'en parle pas. D'habitude, ils téléphonent au patron s'ils ont un veau pour qu'il mette la remorque. Personne n'avait appelé ce matin. Et, à Fraisse, Morelon attendait avec son veau au bord de la route. Il m'a fait signe de m'arrêter. J'ai bien râlé un peu, mais il a tellement insisté... On a mis la bestiole dans l'allée, entre les sièges. Heureusement qu'il n'a pas lâché une bouse sur une de mes clientes.

Basile observait avec amusement le manège des maquignons qui venaient marchander avec les paysans. Qui repartaient soudain, avec un air scandalisé devant le prix exorbitant demandé. Qui revenaient. Tournaient autour de la bête. Faisaient semblant de ne plus s'y intéresser, mais veillaient à ce qu'un concurrent ne vînt pas leur "damer le pion".

Au terme de ce ballet mercantile, dès que l'on était parvenu à un accord sur le prix du kilo, on se dirigeait vers la bascule toute proche qui rendait son verdict.

Quand le maquignon eut terminé son marché auprès des paysans, il approcha sa bétaillère et y enfourna des dizaines de bêtes sans ménagement.

Basile détourna les yeux.

Ce jour-là, la multiplication donna un total de 1 125,60 francs. Abasourdi, le jeune vacher regarda le marchand de bestiaux sortir de sa poche un portefeuille ventru : il n'avait jamais vu une telle liasse de billets.

– Tiens, fit le négociant, magnanime, j'arrondis à 1 130. Vous me saignez, vous les paysans.

– Pauvre malheureux. On demandera au curé de faire une quête pour toi, demain.

Au café "Chez Georgette", où il l'avait emmené prendre un verre, Pierre confia à son jeune employé :

– J'espère qu'il ne m'aura pas roulé. Je me méfie avec ces nouveaux francs. Combien ça fait en anciens francs ce qu'il m'a donné ?

– Ben, 113 000, pardi. Il suffit d'ajouter deux zéros. C'est pas compliqué quand même. À l'heure actuelle, on dit 113 000 centimes.

– J'arriverai pas à m'y faire. Antoine Pinay, il aurait mieux fait de rester à Saint-Chamond. Ça lui a tourné la tête, Paris. Et voilà où ça nous mène.

– Oh, mais ce n'est pas une affaire. C'est simple comme bonjour, au contraire.

– Toi, bien sûr, tu es un intellectuel. D'abord, chez toi, vous êtes tous des intellectuels. Pas vrai ?

Basile sourit. Le parcours des Cretonoux d'après-guerre pouvait impressionner en effet. Jean était dans une école vétérinaire. Michel avait eu une mention Très Bien au Bac : il entrerait en Fac à l'automne. Paul allait aborder sa Première avec une désinvolture incroyable. Et Basile avait, bien sûr, réussi son Brevet, les doigts dans le nez.

En fin de matinée, Pierre Bertrand voulut aller faire un tour dans un atelier de matériel agricole rue de la Ratille. Depuis quelque temps, il lorgnait un tracteur d'occasion, un John Deere 710 de 60 CV. Il ne voulait pas commencer par du neuf. Il n'en avait d'ailleurs pas les moyens. Bien sûr le Crédit Agricole aurait pu les lui trouver, mais l'homme était de la vieille école :

– Moi, j'achète pas avec des sous qui sont pas à moi, disait-il avec une pointe d'orgueil.

Il était 11 h 20 au donjon. Le paysan d'Antreuil montra la grosse horloge de la tour :

– Je te laisse faire un tour de marché, pendant que je vais là-bas. À midi, on se retrouve à la voiture, d'accord ?

– Ça marche.

Basile se retrouva donc à flâner entre les étals. Toute la rue centrale - Faubourg Constant et Boulevard du Nord - était occupée. Les ruelles du vieux centre bourg connaissaient aussi une animation particulière. Le garçon déambula au milieu des fruits et légumes, vêtements et chaussures, fermières qui vendaient des poulets, des lapins, des œufs et des fromages. Il se sentait à l'aise dans cette ambiance bon enfant, où se côtoyaient les gens du cru et les touristes.

Il observait. Ici, un "primeur" tançait vertement une dame qui soulevait un à un tous les melons d'une cagette :

– Et vous croyez que je vais pouvoir les vendre quand vous les aurez tous tripotés dans tous les sens ?

Pas à elle sûrement, puisqu'elle tourna les talons, les lèvres pincées et s'en fut poursuivre sa palpation ailleurs.

Plus loin, un gamin détalait à toutes jambes après avoir par mégarde fait tomber un panier où restait une demi-douzaine d'œufs. L'omelette commençait à cuire sur le goudron.

On discutait dans tous les coins, en patois le plus souvent. Basile, même s'il ne le parlait pas, comprenait parfaitement le parler local. Au menu des conversations, la touffeur de cette fin de matinée et le risque d'orage pour l'après-midi se taillaient la part du lion.

– Ça ne tiendra pas jusqu'au soir, disait l'un.

– Mais encore,... s'il ne tombe pas des œufs de pigeons, s'inquiétait un autre.

– Ce serait trop dommage : les blés sont bien jolis.

– Ma foi, oui, ils sont bien jolis, les blés.

Basile ne voulait pas être en retard au rendez-vous. Il vint s'asseoir sur le seuil en pierre de la grosse porte d'entrée de la Chapelle des Pénitents, par où personne n'entrait d'ailleurs. Depuis qu'on avait transformé l'intérieur en cinéma, on y accédait par une porte latérale, derrière la bascule. On y avait aménagé un guichet pour percevoir les entrées et un souvenir revint à l'esprit du garçon : il se revoyait deux ans plus tôt faire la queue, avec ses trois frères d'après-guerre, derrière l'oncle Fernand qui les avait emmenés voir Pouic-Pouic. Il avait beaucoup ri aux grimaces d'un certain Louis de Funès qui semblait taillé pour réussir dans ce répertoire.

Le jeune Bellimontain leva les yeux vers l'horloge du donjon : à sa gauche, celle de la mairie, racontait la même histoire : il était bien 11 h 52. Basile se leva pour s'approcher doucement de la 4 CV. Dans la petite rue en direction du stade, il vit venir face à lui trois adolescentes qui caquetaient, gloussaient bruyamment de satisfaction, à entendre leurs commentaires respectifs.

Quand elles le croisèrent, elles le fixèrent un moment et la plus petite, une brunette toute ronde, se tourna vers ses copines, plaça ses mains à hauteur de son visage et pointa ses index comme des cornes qui sortaient des yeux. Les deux autres éclatèrent d'un rire lourd.

– Pauvres connasses..., marmonna le garçon après qu'elles furent passées à côté de lui.

Mais ce mouvement de révolte lui fut d'un piètre secours. Une fois de plus, on avait retourné le couteau dans sa plaie. Il avait beau se répéter les paroles de l'abbé Renaud : *"Un jour, tu rencontreras une fille qui saura voir qui tu es vraiment. Alors, que tu louches, ce sera accessoire pour elle"*, il avait bien du mal à s'en convaincre. Une fois de plus, son handicap l'avait giflé au visage. Son handicap, non, mais le regard borné qu'on avait porté sur lui.

Pierre Bertrand fut surpris de lui trouver une mine bien rembrunie.

– Alors, ton marché ? T'as passé un bon moment ?

– Oui, j'avais passé un bon moment. Et puis y'a eu ces trois merdeuses...

– Oh ! Oh ! Qu'est-ce qui t'est arrivé ?

– On part. Je vous le dirai dans la voiture.

Dans la 4 CV, au rythme des cahots, il laissa couler le flot de sa peine. Son patron n'était certes pas capable de trouver de grands mots pour le consoler. Ce n'était pas un "intellectuel", comme il disait lui-même. En revanche, un brave homme ? Ô combien ! Il lâcha le volant de sa main droite et la posa sur le bras nu de Basile : celui-ci sentit cette patte calleuse le serrer comme pour lui transmettre une sympathie que Pierre ne savait trop comment exprimer avec des mots. Pourtant, il parvint quand même à réciter très vite sur un ton où la conviction le disputait à la colère :

– Mais qu'est-ce que tu t'en fous de ces trois gourdes ? Nous, c'est comme tu es qu'on t'aime bien. Tes yeux sont pas bien droits ? Et après ? Toi, c'est tes yeux qui vont de travers. Y'en a, c'est leur tête. Alors, mon Basile, va, t'es un bon garçon, toi, et c'est ça qui compte... oui, c'est ça qui compte.

Si les yeux de Basile s'égaraient, les larmes qui se mirent à en couler, elles, allèrent droit au coeur de son patron.

– Pleure un bon coup, mon gars, tant qu'on n'est que tous les deux. Et puis, oublie tout ça : les petits, à la maison, ils ont besoin de ton sourire. Ils ne se demandent pas comment tournent tes yeux. Ils s'en fichent. Pour eux, tu es un grand frère et c'est tout. Et ils sont tellement contents quand tu arrives. Ils partent comme des fous pour courir à ta rencontre.

Basile parvint à sourire :

– C'est vrai, oui, après tout...

Comme quoi, cher ami lecteur, il n'est pas forcément besoin de grands discours, de théories savantes, d'arguments élaborés pour changer la perception que quelqu'un peut avoir d'une situation. Une poignée de mots empreints de sincérité et de bonté suffisent à éclairer un tableau que l'on croyait bien sombre. Ainsi, notre Basile venait de retomber dans l'obsession de son strabisme parce que trois gamines n'avaient rien trouvé de mieux que d'en ricaner. La présence chaleureuse de son patron, quelques paroles simples... et le soleil avait commencé à pointer à nouveau le bout de son nez.

Si Pierre avait été plus au fait des comportements des adolescents, il aurait pu relativiser beaucoup plus encore l'attitude des trois filles que son vacher venait de croiser. Pour qui a eu affaire à cet âge ingrat, qu'on qualifie de "bête" souvent - ce qui d'ailleurs n'insulte personne, tant il est vrai que tout être humain en passe plus ou moins par là -, ce comportement ne surprend pas. Il s'y cache plus souvent de la maladresse, de la gêne, ou de l'embarras qu'une réelle méchanceté. Désemparées peut-être par ce handicap qu'elles ne savent comment regarder, les trois adolescentes n'ont trouvé d'autre échappatoire que de rire sottement. Voulaient-elles vraiment faire de la peine ? Tu en doutes, j'imagine. Moi aussi.

Mais Basile a reçu leurs gloussements comme une gifle, aggravée par le fait que leur forfait est commis "en réunion", comme dit la Justice. S'il n'avait pas été touché dans ce qu'il avait de plus fragile, cela aurait peut-être glissé sur lui comme la pluie sur les ailes d'un canard.

Tu me suspectes sans doute, ami lecteur, d'excuser un peu trop vite ces péronnelles. Non, j'essaie seulement de comprendre.

Et je me dis même que, dans les relations entre les hommes, si chacun entendait exactement la même chose que ce qu'a voulu dire l'autre, on rayerait de la carte un certain nombre de fâcheries. De fâcheries dues à de supposées vacheries.

Mais ne philosophons pas : cela dépasse de loin mes compétences et je crois bien que je t'ennuie.

8

La rentrée 1966, à la Chartreuse, se teinta pour Basile d'une certaine mélancolie. Bien sûr, après quatre années, il connaissait tous les recoins de l'établissement, même s'il n'en manquait pas dans l'ancien monastère. Il était donc bien habitué.

Mais Joseph lui manquait.

Son copain de Ceneuil avait trouvé un garage à Vorey pour effectuer son apprentissage de mécanicien. Fi des versions latines, le Gaffiot à la main, il traduirait maintenant les moteurs avec la clé à mollette. Basile savait bien que cette formation lui conviendrait beaucoup mieux que des études longues et il n'avait pas cherché à le dissuader de changer d'orientation. Mais il ressentait un grand vide du fait de son absence : ils avaient meublé tant de récréations et de repas de leurs conversations, de leurs confidences ! Au début de la sixième, chacun se murait dans sa propre solitude. Puis ils les avaient partagées, et, ainsi, ils s'étaient aidés à prendre confiance en eux-mêmes.

Heureusement restait Paul, le semi-grand frère, semi-jumeau. Bien qu'aux antipodes l'un de l'autre - le plus grand se trouvait très vite comme un poisson dans l'eau partout où il allait, le plus jeune aurait volontiers joué dans le rôle de l'homme invisible - ils étaient très solidaires et unis par une grande affection. Bien sûr, chacun menait sa vie, dans sa classe, mais Paul veillait discrètement sur son cadet, car il le savait vulnérable. Et Basile se sentait plus fort de le savoir proche de lui s'il devait en avoir besoin.

Après quelques semaines, où il se força à aller avec d'autres élèves de sa classe pour éviter de se replier sur lui-même, Basile avait pris un nouveau rythme de croisière. L'année s'annonçait bien : les premières notes, quelle que fût la discipline, équivalaient à celles des années précédentes.

À l'approche des vacances de la Toussaint, la perspective de revoir Joseph apporta une touche d'optimisme supplémentaire. En effet, le patron de ce dernier avait prévu de fermer deux jours après la fête. Les parents Darne et Cretonoux avaient accepté de bonne grâce que le jeune apprenti vînt passer ce congé à Bellevue.

– J'aimerais bien emmener Joseph au château d'Arzon demain, dit Basile à son frère. Tu viendras avec nous ? Je n'y suis allé qu'une fois ; je ne voudrais pas le perdre dans ces gorges, au milieu des bois.

– Bien sûr que j'irai, si tu veux.

Ils étaient à mi-chemin de la montée entre Bellevue et Vorey. Ils avaient appuyé leur vélo - et leurs fesses - contre le parapet d'un pont. D'après leurs calculs, Joseph ne devait plus être très loin. Ils continuèrent à parler de tout et de rien, de leur virée du lendemain, en surveillant le virage en contrebas. Effectivement, l'ami Darne ne tarda pas. Leurs retrouvailles débordèrent d'émotion : ils ne s'étaient pas vus depuis près de trois mois.

– T'as pas trop pâti jusque-là ? s'inquiéta Basile.

– Non, ça va. Tu sais, je suis en forme. Depuis la rentrée, j'ai presque fait chaque jour Ceneuil-Vorey et surtout le retour en vélo.

– C'est un bon entraînement, en effet.

La suite en apporta la preuve. Joseph assura le train pendant tout le reste de la grimpette et les deux Cretonoux tiraient un peu la langue. Voyant son ami en difficulté, le gars de Ceneuil leva le pied sur les deux derniers kilomètres. À l'arrivée, quand ils posèrent les vélos contre le mur de la maison, Joseph semblait frais comme un gardon, ses deux compagnons de route étaient en nage.

– Moi, je veux bien que vous alliez vous balader jusque là-bas, concéda Clémentine. Seulement, faites attention : il fait nuit de bonne heure maintenant. Pensez à remonter assez tôt.

– Je surveillerai bien ma montre, maman, promit Basile.

– Et puis, soyez prudents. N'allez pas vous casser une jambe. Il ne faut pas courir sur ces pierres qui roulent sous les pieds.

– On n'a pas quatre-vingts ans, rigola Paul. On ne va pas prendre une canne quand même.

– Oh, toi, tu n'as peur de rien. Un jour, il t'arrivera quelque chose à force de faire le zouave. Tu es trop sûr de toi. Ce que tu as de trop, ça arrangerait bien ton frère, et inversement.

Basile et Joseph échangèrent un regard. L'un comme l'autre enviaient la facilité de Paul à se jouer de tout, alors qu'eux-mêmes étaient si réservés.

– Joseph lui passera derrière (*), s'il fait des bêtises, dit Basile. Lui, il l'écoutera mieux que moi.

Le garçon de Ceneuil eut une moue dubitative. Quelqu'un était-il capable de brider Paul ? Il doutait lui-même de l'influence qu'il pourrait avoir pour tempérer les ardeurs du fougueux adolescent.

Ils enfourchèrent les vélos et plongèrent dans la descente en direction de Chomelix, Paul jouant le funambule devant, Basile et Joseph plus prudents derrière. Après le pont de la Chamalière, dans la

(*) le réprimandera

montée, l'apprenti mécano revint d'un coup de pédale facile sur celui qui caracolait devant.

– Tu devrais attendre ton frère. Il voit moins bien que toi ; c'est difficile pour lui, surtout en descente.

Paul fut touché par cette remarque toute simple.

– Oui, c'est vrai. Il faut que je fasse plus attention.

Et il releva le pied pour laisser à Basile le temps de recoller au peloton de tête. Ils arrivèrent groupés à l'embranchement de la route de Sereys. Ils traversèrent un premier village, Sentenac, puis un second, Sannay, et, au bout de la route, parvinrent à Sereys.

Deux ensembles constituaient ce hameau : dans le premier, une bergerie hébergeait des moutons à longueur d'année ; dans le second, une colonie de vacances hébergeait des gamins deux mois par an. Ils virent les moutons, résidents permanents, mais pas de gamins : on était hors saison. Toutefois, un homme en bleu de travail frottait une fenêtre dans la cour de la colo. Il les dévisagea un instant, puis se remit à jouer du papier de verre.

– Punaise ! Que c'est chouette ! s'exclama Joseph.

Une magnifique allée s'ouvrait en direction du Sud-Est. Les arbres qui la bordaient, en partie dépouillés par les premières gelées et quelques coups de vent sévères, avaient laissé tomber leurs feuilles en un tapis d'or et de feu, que le soleil rendait plus éclatant encore.

Ils roulèrent encore jusqu'au bout de ce chemin et continuèrent aussi loin que le permettait son état. Alors, ils posèrent leur vélo et continuèrent à pied, sur un sentier muletier parsemé de cailloux. Dès les premiers mètres de la descente, ils se gavèrent d'un paysage majestueux que l'automne allumait du même feu que l'allée de Sereys. Jaune, or, ocre, rouge, rouille, toutes les couleurs chaudes barbouillaient de leur impétueux éclat les genêts et les pins dont le vert faisait presque grise mine. Dans le lointain, impassibles et froides, les montagnes du Meygal et du Mézenc calmaient cette ardeur de leur bleu d'acier.

– Ça valait vraiment le coup de venir jusqu'ici, s'émerveilla Joseph.

– Regarde aussi où tu mets les pieds, intervint Paul. Si tu viens te tordre une cheville ici, c'est moi qui me ferai avoiner par ma mère.

Recommandation judicieuse. Dans cette pente abrupte, le ruissellement des eaux avait raviné le sentier qui n'était que trous et bosses, avec, de plus, de la pierraille qui roulait sous les pieds. Un dérapage incontrôlé et on pouvait se retrouver sur les fesses en moins de temps qu'il n'en faut pour l'écrire !

Dans le fond de la gorge, le paysage devenait plus sauvage, presque menaçant. D'énormes rochers surplombaient la rivière, des arbres morts levaient leurs branches décharnées vers le ciel, et là-bas, sur un piton, les ruines du château d'Arzon essayaient désespérément d'échapper à l'étreinte d'une végétation vorace.

– Eh bien, si j'étais tout seul dans ce trou, confia Basile, je crois que j'aurais les chocottes.

Le sentier courait sur le flanc de l'éminence rocheuse où le château avait élu domicile quand les seigneurs construisaient leurs forteresses sur des sites réputés inexpugnables. Les trois garçons le suivirent jusqu'aux premiers vestiges : des pans de murs dressés là, prenant encore un brin d'appui sur une fierté dérisoire. Restait une tour assez bien conservée, même si les assauts du temps l'avaient décapitée. Ce qui augurait de sombres jours à venir : quand on commence à perdre la tête...

– Je serais curieux de grimper là-haut, fit Paul. Au moins pour me rendre compte de ce que pouvaient voir les guetteurs.

– Tu es fou, non ? gronda Basile. C'est dangereux. Maman serait très fâchée si elle savait que tu t'es amusé à escalader ces ruines.

– Il a raison, surenchérit Joseph. Ce n'est pas prudent. Je crois qu'il vaut mieux qu'on remonte maintenant.

Pour Paul, être venu jusqu'à ces restes d'une époque fascinante et ne pouvoir satisfaire sa curiosité toujours en éveil, c'était un renoncement impensable.

– Je vais juste y faire un tour. Promis, je redescends tout de suite.

– Non, Paul, implora Basile.

Mais l'intrépide adolescent avait déjà contourné la tour et en s'agrippant aux pierres, il escalada jusqu'au sommet.

– Eh bien, vous voyez, ce n'était pas bien difficile, s'exclama-t-il, triomphant, en levant les bras. Vous auriez dû...

Il ne termina pas sa phrase. La pierre glissa sous son pied droit. Il perdit l'équilibre. Pour éviter la dégrigolade, il se cramponna des deux bras au sommet du mur. Il put river ses pieds à la paroi de la tour. Mais quand il tira avec les bras pour remonter, la pierre à laquelle il s'agrippait se descella à son tour. En tombant, elle lui heurta la tête et l'entraîna dans sa chute.

Basile et Joseph étaient figés. Ils ne parvinrent même pas à crier.

9

Clémentine regarda la pendule de la cuisine. Pour la douzième fois au moins. Le soleil avait disparu depuis longtemps déjà du côté de La Monge. Le crépuscule coinçait peu à peu les lignes du paysage entre chien et loup.

– Qu'est-ce qu'ils fabriquent ? murmura-t-elle pour la énième fois. Je leur avais pourtant bien dit... Savoir même si l'éclairage de leur vélo fonctionne.

Elle tournait une casserole par ci, déplaçait une chaise par là. Elle cherchait à occuper ses mains, sans pour autant faire quoi que ce fût d'utile. Elle meublait le temps pour essayer de barrer la route à l'angoisse qui l'avait saisie, de plus en plus envahissante à mesure que s'épaississait la pénombre.

– Tu veux que j'aille à leur rencontre avec la mobylette, proposa Michel.

– Il marche bien l'éclairage sur la mobylette ? s'inquiéta-t-elle.

– Oui, oui, il marche.

– Vas-y, mais fais très attention.

Elle entendit pétarader le vieux cyclomoteur et vit le pâle halo de son phare chercher son chemin dans l'obscurité.

– Seigneur, faites qu'ils arrivent vite maintenant, pria-t-elle, toute tremblante.

Alors qu'elle changeait la chaise de place une fois de plus, on frappa à la porte :

– Clémentine ! appela une voix de femme en même temps.

La maman Cretonoux se précipita pour ouvrir et se trouva face à une de ses voisines.

– On vous demande au téléphone.

Plusieurs fois, Charles et sa femme avaient parlé de faire installer le téléphone. Germaine, qui habitait de l'autre côté de la rue, ne faisait aucune difficulté pour aller les chercher si on les appelait ou leur prêter son appareil s'ils avaient un coup de fil à passer. Mais cela les gênait malgré tout et certaines conversations méritaient une certaine discrétion. Germaine s'éloignait un peu pour ne pas donner l'impression qu'elle écoutait, mais pas trop pour pouvoir entendre quand même.

– Qui me demande ? Qu'est-ce qui se passe ?

– Je... je ne sais pas. Le monsieur m'a dit de venir vous appeler tout de suite.

Sans même prendre un gilet sur ses épaules, Clémentine sortit précipitamment de sa maison et arriva tout essoufflée chez sa voisine.

– Allô ?

– Madame Cretonoux ?

– Oui, c'est bien moi.

– Adjudant Combréaux, de la Brigade de Craponne-sur-Arzon...

Clémentine pâlit. Germaine approcha rapidement une chaise pour la faire asseoir.

Le sang bat à ses tempes. Ses poumons sifflent. Son coeur martèle sa poitrine. La sueur coule sur son visage.

Et pourtant, il ne ralentit pas sa course. Deux fois déjà, il a dérapé sur les pierres du sentier. Il ne sent même pas la douleur de ses genoux ensanglantés, ni celle de ses mains écorchées.

Il court, autant que le lui permet la pente abrupte qui le mènera jusqu'à Sereys.

Il court, la tête hantée d'images terrifiantes : le corps du garçon aspiré par le vide, puis recroquevillé au pied des murailles, inanimé.

Il court, désespéré, dans ce chemin qui n'en finit pas de monter, alors que chaque seconde écoulée éloigne le peu d'espoir qui reste.

Il court à perdre haleine, Joseph. Au fond de la gorge ténébreuse, il a laissé deux frères, l'un entre la vie et la mort sans doute, l'autre terrorisé, pour aller chercher du secours. Il n'y avait pas d'autre solution, mais il est déchiré à l'idée d'avoir dû abandonner ses deux copains dans une situation aussi tragique.

Le directeur de la colonie vérifia qu'il avait bien fermé toutes les portes. Il s'approcha de sa Dauphine et s'installa au volant.

– Zut, qu'est-ce j'ai bien pu faire des clés ? grommela-t-il.

Il devait les avoir posées machinalement quelque part dans le bâtiment. Il pesta contre lui-même. Il avait de la route à faire jusqu'à Brioude et il se mettait en retard pour rien. Il revint sur ses pas, et alla directement à la cuisine. Le trousseau était là, au beau milieu de la table. Finalement il n'aurait pas perdu trop de temps. Il s'engouffra dans sa bagnole et démarra.

Il passait le portail d'entrée de la cour quand il vit surgir de nulle part un garçon en vélo qui évita de justesse d'atterrir sur le capot de la Dauphine.

– Mais qu'est-ce qu'il fout là, ce gamin ? A-t-on idée de courir la campagne sur un vélo, alors que la nuit va bientôt tomber ?

Il n'eut pas le temps de se poser plus de questions. Le garnement ouvrit la portière sans ménagement, comme s'il allait l'agresser, et hurla :

– Vite ! Au secours ! Il faut appeler un médecin !

Bien que très agacé par ce contretemps, le directeur comprit, en voyant l'état du garçon, ses blessures, son air affolé et ses larmes, qu'il était arrivé quelque chose de grave.

– Calme-toi, mon garçon, essaie de m'expliquer ce qui se passe.

– S'il vous plaît, vite, appelez les secours... Mon copain est... tombé. C'est affreux...

– Où est-il tombé ?

– Du château... de la tour... Il ne bouge plus.

– Viens.

Le directeur se mit à courir - ce qui n'était pas dans ses habitudes - vers le bâtiment, puis à son bureau. Des numéros d'urgence étaient affichés au-dessus du téléphone. Il composa celui des pompiers de Chomelix, expliqua du mieux qu'il put ce qui se passait. Il n'eut pas besoin de leur préciser la topographie des lieux et la difficulté d'arriver jusqu'au château d'Arzon. Ces gorges, ils les connaissaient aussi bien que lui.

En attendant l'arrivée des secours, il nettoya les plaies de Joseph, lui offrit un verre de sirop de citron et le réconforta de son mieux.

– Ce n'est peut-être pas grave. Il s'est sans doute évanoui sous le choc. Ils vont arriver et iront le chercher. Ne t'en fais pas.

Il tient la main de son frère, Basile, la caresse doucement. Il grelotte. Il a posé son gilet de survêtement sur le corps inerte, comme pour lui garder encore un peu de chaleur. Paul n'a plus bougé. Un mince filet de sang coule de son oreille gauche. Son frère n'ose plus regarder ses yeux grands ouverts et figés. Il n'a pas voulu les refermer : il a vu cette scène au cinéma et il sait bien ce qu'elle signifie. Et ça, non, jamais ; il ne peut accepter l'inacceptable. Ce n'est pas possible. Son Paul, cet autre lui-même. Ce garçon fougueux, toujours en mouvement, cette image même de la vie. Non, Paul ne peut pas être...

À genoux à côté de son frère, Basile grelotte et pleure. Autour d'eux, l'ombre se faufile entre les arbres, le silence impose une chape de plus en plus lourde.

La nuit, sournoise, s'insinue de tous côtés. Basile serre plus fort la main de Paul, cette main qui l'a si souvent protégé. Pour refouler son effroi, il essaie, entre deux sanglots, de parler à son frère :

– Paul, je t'en supplie... Ne me laisse pas... Paul, Paul, est-ce que tu m'entends ?... Paul, tu sais bien que j'ai besoin de toi... Paul...

L'ambulance avança aussi loin que possible. Le conducteur manœuvra pour la placer prête au départ. Les pompiers avaient aussi une jeep qui leur permit d'avancer encore de quelques centaines de mètres. Mais dès que la pente se fit plus raide et que le chemin se réduisit à un vague sentier muletier tout bosselé, il n'y avait plus d'autre solution que de descendre à pied avec tout le matériel possible. Trois gendarmes en treillis avaient rejoint le groupe des sauveteurs, ainsi que le Docteur Thénon.

Ils avaient pris Joseph avec eux pour pouvoir trouver le blessé le plus vite possible. De plus, le garçon avait hâte de retrouver son ami Basile pour le soutenir dans ces moments difficiles.

Les plus jeunes, deux gendarmes, trois pompiers, le docteur, qui avait moins de quarante ans, et Joseph, firent la descente rapidement, à la lumière de leur lampe torche. Derrière, l'adjudant Combréaux et deux autres pompiers, moins lestes, suivaient à un rythme plus prudent.

Il avait été demandé au directeur de la colonie de rester à Sereys et d'attendre là, en cas de besoin.

Le spectacle qu'éclairèrent les lampes à l'arrivée resterait gravé à jamais dans la mémoire de chacun. Au pied de la tour, à l'image d'une pietà, Basile, agenouillé sur l'herbe, tenait dans ses bras son frère, qui avait les yeux ouverts fixement sur la nuit.

Le médecin demanda à un pompier d'emmener Joseph et Basile un peu à l'écart. On plaça une couverture sur les épaules de ce dernier qui claquait des dents et tremblait de tous ses membres. Il ne fallut pas un long examen au médecin pour mesurer l'ampleur du désastre.

Paul avait cessé de vivre. Il avait sans doute été tué sur le coup, le crâne écrasé par une pierre. Le docteur Thénon lui ferma les yeux, puis, prenant son courage à deux mains, s'approcha de Basile pour lui confirmer ce dont il devait bien se douter.

– Non ! Non ! hurla le pauvre garçon, totalement anéanti. Dites-moi que ce n'est pas vrai.

Joseph s'approcha, le prit dans ses bras. Serrés l'un contre l'autre, ils donnèrent libre cours à leurs sanglots. Une journée de soleil, une journée débordante de joie et d'amitié s'achevait dans le plus terrible des cauchemars. Ils porteraient dans leur mémoire et dans leur coeur cette date du 3 novembre 1966 comme un fardeau tragique, pendant de longues années.

Un lent et douloureux cortège s'organisa tant bien que mal. Le chef de brigade et ses hommes étaient partis devant. Une cruelle mission attendait l'adjudant : il fallait prévenir les parents. Basile avait pu à grand-peine communiquer le nom de la voisine qui avait le téléphone.

– Oui, ma pauvre dame, il vaut mieux que vous veniez jusqu'à Sereys avec votre mari... Oui, c'est le plus âgé des trois qui a eu un accident... Oui, je crains, oui... Le docteur vous expliquera... Oui, à tout à l'heure...

Le directeur de la colonie avait, à tout hasard, allumé le fourneau au cas où on aurait besoin d'eau chaude et aussi pour avoir une pièce au moins un peu tempérée. Il bénissait le ciel d'avoir oublié sa clé de voiture. Sans cela, il serait parti de la colo avant que le jeune Joseph n'y parvînt et celui-ci aurait dû encore aller plus loin pour appeler au secours...

La pétarade d'un vélomoteur attira l'attention des gendarmes et du directeur. Ce dernier fronça les sourcils. Qui pouvait bien rôder dans son domaine à cette heure ? Est-ce que par hasard quelque "sans domicile fixe" aurait élu domicile dans sa colonie à son insu ?

Il ouvrit la porte, l'œil soupçonneux. Un jeune homme s'avança vers lui.

– Pardon, Monsieur. Excusez-moi de vous déranger. Vous n'auriez pas vu par hasard trois garçons en vélo ?

– Si. Cet après-midi, il est passé des jeunes en vélo. Mais... qui êtes-vous ?

– Je m'appelle Michel Cretonoux. J'habite à Bellevue-la-Montagne. Mes deux frères et leur copain ne sont pas rentrés. Ils avaient prévu de descendre au château d'Arzon. Alors j'ai proposé à ma mère d'aller à leur rencontre. On se fait du souci ; ils devraient être à la maison depuis longtemps.

D'où il était, Michel ne pouvait apercevoir l'Estafette des gendarmes, garée un peu à l'écart et absorbée par la nuit. Il ne voyait pas non plus l'adjudant et ses hommes. Ces derniers avaient entendu la conversation. Le chef s'arma de courage et rejoignit le directeur.

– Faites entrer ce jeune, lui dit-il. Il faut que nous lui expliquions la situation.

Le sang de Michel se glaça. En voyant apparaître les képis et en entendant ces paroles, le pauvre gars comprit très vite qu'il se passait quelque chose de grave. Soit ses frères et Joseph avaient fait une grosse bêtise, soit il leur était arrivé un malheur.

– Qu'est-ce que..., demanda-t-il, sans trouver les mots pour terminer sa phrase.

– On va t'expliquer, mon garçon. Viens et assieds-toi, répondit l'adjudant Combréaux, d'un ton paternel.

Puis il continua :

– Tes parents vont arriver. Un de tes frères a eu un accident là-bas, à Arzon.

– Lequel ? Paul ? Basile ?

– C'est Paul. Il est tombé du haut de la tour.

– Mon Dieu. C'est grave ?

L'adjudant n'en était pas à sa première mission de ce genre. Devoir annoncer une nouvelle qui allait plonger une famille dans un malheur incommensurable. Il maîtrisait plutôt bien les tâches inhérentes à sa fonction, sauf une : celle-là.

L'arrivée d'une voiture dans la cour lui offrit un bref répit. C'était celle d'Ernest Bladin, le menuisier de Bellevue, le chauffeur toujours disponible de la famille Cretonoux. Dès qu'elle avait lâché le téléphone, Clémentine avait envoyé Régine chercher son père à la scierie et elle-même avait couru chez Ernest. Le temps d'arrêter ses machines et le brave homme était arrivé à la maison de ses amis en même temps que Charles.

Même s'il avait roulé au plus vite, le temps du voyage avait paru interminable aux parents Cretonoux, rongés par l'inquiétude. Le gendarme qui avait téléphoné n'avait rien dit de très précis, mais Clémentine avait compris, à sa voix, qu'il fallait s'attendre au pire. Il n'avait en effet prononcé aucun mot qui pût laisser quelque place à l'espoir.

Tous trois descendirent précipitamment de l'automobile et rejoignirent la cuisine de la colonie. Dans le regard qu'échangèrent la maman et son grand fils, les témoins de la scène purent entendre le cri d'une indicible détresse.

Les yeux de Clémentine cherchèrent ceux de l'adjudant et s'y cramponnèrent comme à une ultime bouée. Espérer encore, malgré tout. L'entendre dire que non. Que ce n'était pas si grave. Alors, comme on se jette à l'eau et pour l'entendre dénier au plus vite le terrible doute qui la déchirait depuis l'appel téléphonique, elle haleta :

– Il est mort, c'est ça ? Il est mort ?

Mais la dénégation ne vint pas.

L'adjudant hocha la tête, le visage infiniment triste.

– Mon Paul ! Non, pas ça ! Pas lui ! gémit la pauvre femme.

Charles la prit dans ses bras, tandis qu'Ernest Bladin posait sa lourde main de menuisier sur l'épaule de Michel.

Au bout de l'allée, les phares de l'ambulance trouèrent la nuit. On ramenait à ses parents le corps sans vie d'un de leurs enfants.

Existe-t-il plus grande douleur que celle de perdre son enfant ? Existe-t-il une mère, un père qui n'ait point la hantise qu'un jour on vienne lui apprendre cette effroyable nouvelle ?

Toi, amie lectrice, ami lecteur, qui me fais l'amitié de partager ces tranches de vie que j'essaie de raconter, si tu es une maman, si tu es un papa, je sais que, comme moi, tu attends ce coup de fil libérateur qui va te dire qu'il ou qu'elle est bien arrivé(e), que tout va bien. Alors tu poseras un moment ce souci-là. Jamais très longtemps, parce que demain viendra avec son lot de nouveaux motifs d'inquiétude.

Et si, hélas, le malheur a un jour frappé à ta porte en t'enlevant un ou une de ceux à qui tu as donné la vie, permets-moi de m'incliner avec beaucoup de respect et de sympathie devant cette douleur que le temps peut adoucir mais que rien ne peut jamais effacer.

10

Machinalement. Oui, c'est ça, machinalement. Les gestes du quotidien, pendant les jours qui suivirent la tragédie, obéissaient à la force de l'habitude : on mangeait parce qu'il le fallait bien, on dormait parce qu'il le fallait bien, on faisait sa toilette parce qu'il le fallait bien. Mais, dans la famille Cretonoux, si le corps fonctionnait, dirigé par une seconde nature, l'esprit, lui, avait sombré dans une sorte de brouillard comateux.

La mort de Paul, le feu follet qui semait des étincelles de vie à tout vent dans la maison, avait plongé chaque membre de la famille dans une épaisse torpeur. Devant leurs enfants tellement abattus par le malheur qui les frappait si brutalement, Charles et Clémentine se faisaient violence pour museler l'expression de leur chagrin. Ils retenaient leurs larmes jusqu'au soir où, dans leur chambre, ils pourraient enfin laisser libre cours à leur détresse.

Le plus affecté des enfants, c'était Basile. Chez lui, au désespoir d'avoir perdu son frère presque jumeau, s'ajoutait un terrible sentiment de culpabilité. C'était lui qui avait suggéré cette balade au château d'Arzon ; c'était lui qui n'avait pas su empêcher Paul d'escalader la tour.

La veille des obsèques, Clémentine resta un moment assise sur son lit à lui tenir la main. Paul et lui avaient toujours dormi dans la même chambre. Basile s'y retrouvait seul maintenant. Alors que les facéties de son frère avaient si souvent habité la pièce, aujourd'hui le vide occupait toute la place.

– C'est moi qui aurais dû mourir.

La voix de Basile venait de briser le silence. Décontenancée, Clémentine bafouilla :

– Mais... mais... pourquoi dis-tu cela ? On ne dit pas des choses comme ça.

– Si, maman. Paul, il était fait pour vivre. Il avait toutes les qualités. Il aurait tout réussi dans la vie.

– C'est vrai qu'il avait plein de talents et tout s'effondre d'un coup, et de façon si absurde. C'est tellement injuste ; ça nous révolte : il devrait être impossible de mourir à seize ans, mais...

Clémentine hésita un instant : elle cherchait ses mots.

– ... mais, même si tu as beaucoup de peine, mon Basile, tu ne peux pas dire qu'il aurait mieux valu que cela t'arrive à toi. La vie de notre Paul, elle n'avait pas de prix, mais la tienne non plus.

– Non, maman. Tu sais bien que je ne réussirai pas aussi bien que Paul l'aurait fait. Tu sais bien qu'avec mes yeux de travers...

– Tes yeux de travers, oui je sais. C'est dommage bien sûr qu'ils soient ainsi. Le plus grave, ce n'est pas qu'il y ait un défaut dans tes yeux, mais que ce problème accapare tellement ton esprit que tu oublies toutes tes qualités. Et pourtant...

Elle passa sa main dans les cheveux de son fils, tout en détournant un instant son visage pour qu'il ne vît pas les larmes qui coulaient sur ses joues. Puis elle parvint à maîtriser son émotion pour ajouter :

– Tu crois que Paul t'aimait moins parce que tu as un peu de strabisme ?

– Non, bien sûr.

– Et nous ?

– Vous êtes ma famille. C'est normal.

– Et Joseph, c'est ta famille ?

– C'est mon ami, lui : il me prend comme je suis.

– Eh bien, la plupart des gens font de même, et ce sera la même chose plus tard. Les gens t'aimeront, pas pour les yeux que tu as, mais pour ce que tu es.

– Pas tous, tu le sais bien.

– Oui, c'est vrai. Tu croiseras aussi des imbéciles et des gens méchants au cours de ta vie. Comme tout le monde. Ils se moqueront de toi parce que tu louches, d'un autre parce qu'il est mal habillé, d'un autre parce qu'il bégaye. En plus, ce ne sera pas toujours forcément de la méchanceté. Quelquefois on dit des mots qui font mal, par simple maladresse ou parce qu'on n'a pas conscience de l'importance que ça a pour celui qui les entend.

Le garçon ne dit rien. Les paroles de sa mère lui répétaient ce que d'autres lui avaient déjà dit. Parviendrait-il un jour à vraiment s'en convaincre ?

La maman ajouta :

– Paul, il croyait beaucoup en toi. Penses-y. Ça t'aidera souvent à surmonter les difficultés.

Basile hocha la tête et se mit à pleurer. S'il était très attaché à ce frère, si proche de lui, il savait aussi toute l'affection que ce dernier lui portait. Entendre sa mère évoquer cette relation fraternelle si intense suscitait en lui un vif émoi et, en même temps, le mettait un peu au pied du mur. En mémoire de Paul, il se devait de regarder l'avenir avec plus de confiance.

Le chemin risquait d'être long. En cet instant, la peine et le désespoir monopolisaient tous les recoins de son esprit et de son coeur. Le lendemain s'annonçait comme une journée éprouvante. Basile appréhendait la cérémonie des obsèques, il craignait de craquer devant la foule de ceux qui viendraient témoigner leur sympathie à sa famille. Ce n'est que tard dans la nuit que le sommeil le terrassa.

Ici ou là, un sanglot étouffé perçait le silence impressionnant de l'assemblée, ceux qui avaient pu entrer dans l'église de Bellevue et ceux qui avaient dû rester sur la place où on avait installé un haut-parleur. L'abbé Romans, le curé de la paroisse, à la voix si sûre et si forte d'ordinaire, reprenait péniblement son souffle à la fin de chaque phrase. Il lui fallait rappeler à l'assistance qui était Paul. Paul, cet enfant à qui il avait fait le catéchisme, Paul, ce petit voisin qui franchissait le portail de sa cour pour un oui ou pour un non, Paul, image même de la vie, qui reposait maintenant dans un cercueil à un mètre de lui.

Pouvait-il parler de Paul Cretonoux sans évoquer le trait majeur de son tempérament, ce caractère intrépide qui l'avait poussé à braver le danger ? Chacun savait bien qu'il avait payé de sa vie ce besoin d'aller toujours au-delà des limites du raisonnable. Mais, dans son propos, le prêtre ne voulait surtout pas trop souligner l'inconscience de l'adolescent. Il avait longuement travaillé son texte pour que ce passage-là témoigne de la vitalité du garçon sans risquer d'être perçu comme un reproche.

– Paul, tu avais soif de découverte. Tu étais curieux de tout : ton intelligence te poussait à aller toujours plus loin pour trouver des réponses aux mille questions qui te venaient à l'esprit. Cette volonté de dépassement, elle était aussi le fil conducteur de toutes tes activités physiques. Quelle que soit la situation, tu n'avais peur de rien. Nous savons aujourd'hui le prix que coûte cette intrépidité : le prix incommensurable de ta vie, le prix du chagrin de tous ceux qui t'aiment, tes parents, tes frères et ta sœur, toute ta famille et nous tous qui sommes là, anéantis ou révoltés, et surtout tellement tristes de ton départ...

... Et pourtant qui d'entre nous oserait dire qu'il n'a pas admiré ton audace, qu'il n'a pas été séduit par cette hardiesse qui dynamisait un groupe dès lors que tu en faisais partie ? C'est comme ça que nous t'aimions, Paul : déterminé, fonceur, volontaire. Bien sûr, ta témérité nous effrayait parfois, mais elle forçait notre admiration aussi...

... La principale image que tu nous laisses, cher Paul, c'est celle d'un enthousiasme communicatif. Ta vie a été bien trop brève mais la flamme de la passion qui brûlait en toi a éclairé tant de moments de la vie de tous ceux qui sont réunis pour te dire adieu. Cette flamme a illuminé les soirées familiales où tu n'avais pas ton pareil pour faire rire ta maman, ton papa, tes frères, Charles, Jean, Michel, Basile, et ta sœur, Régine. Et dans la belle chorale de la famille Cretonoux, c'est toujours toi qui donnais le "la". Cette flamme a animé les ruelles de notre bourg ; pour tous les gamins de Bellevue, le chef de bande, c'était toi. Cette flamme a réchauffé les soirées d'hiver à l'internat et quelquefois - trop souvent même pour tes professeurs - certaines heures de cours. Ils sont tous là, aujourd'hui, tes copains de classe, venus de partout en Haute-Loire, et même de la Loire et du Cantal, pour témoigner de la place importante que tu avais dans leur groupe. Ils sont tous là, désemparés, conscients de l'immense vide que va créer ton absence...

... Paul, notre Paul à tous, malgré la douleur, l'incompréhension, la révolte qui agitent nos cœurs, nous allons essayer de prier. Prier pour toi. Forts d'une espérance : celle de te retrouver un jour. Aujourd'hui, j'en suis certain, notre Père t'accueille dans sa maison, les bras ouverts. Et cette conviction, malgré toute ma peine, malgré la détresse de tous ceux qui t'entourent, je veux l'exprimer avec une note d'humour, parce que, pour toi, l'humour était une seconde nature : là-haut, ils ne risquent pas de te laisser sur le pas de la porte, trop heureux qu'ils seront de t'avoir pour amuser la galerie. Sois heureux, Paul, et surtout ne nous oublie pas, nous qui continuons à cheminer dans le brouillard qui oppresse nos cœurs depuis que tu nous as quittés.

Cette évocation de Paul avait bouleversé l'assistance, dont bien des membres ne pouvaient retenir leurs larmes. Parents et enfants Cretonoux, effondrés, se serraient les coudes, comme pour mieux répartir le terrible fardeau et le porter tous ensemble. Basile avait demandé que son ami Joseph fût placé à côté de lui, avec la famille. Le garçon de Ceneuil était pâle comme un linge, épuisé après deux nuits sans sommeil. Les images du drame revenaient hanter son esprit, sans lui laisser aucun répit. Il n'avait pas su mettre son poids dans la balance pour dissuader Paul : maintenant que l'irréparable était arrivé, lui venaient à l'esprit plein de phrases qui auraient su le convaincre. Trop tard. Ces regrets le tourmentaient d'autant plus qu'il mesurait combien la disparition de Paul fragilisait son ami Basile. Sans son frère, sans lui, son ami, qui avait changé d'orientation, au moment où l'hiver habillerait d'un costume plus austère les murs de la Chartreuse, dans quel état psychologique le pauvre garçon allait-il passer les semaines à venir ?

À la fin de la célébration, trois élèves de première vinrent au micro pour lire le message que la classe avait écrit la veille, jour de rentrée des vacances de Toussaint. Les retours de vacances scolaires suscitent toujours deux sentiments contradictoires : la déception de devoir reprendre la classe, avec les levers matinaux, les leçons, les devoirs, le règlement, mais aussi la joie de retrouver les copains. Cette joie avait été de courte durée, ce 4 novembre au matin : la terrible nouvelle avait fait le tour des cours de récréation en quelques minutes. Toute la journée du vendredi et le samedi matin, l'établissement avait végété dans une sorte de torpeur. Penser à Paul Cretonoux, c'était voir défiler des images débordantes d'activité, d'entrain, de fougue même. Et les esprits avaient bien du mal à éteindre ces images, à les remplacer par le tableau figé de la mort.

C'est d'abord ce contraste aberrant que mettaient en évidence les mots prononcés par les copains de classe.

– Depuis hier matin, nous essayons de réaliser ce qui vient d'arriver. Nous ne pouvons y croire. Parce qu'on n'arrête pas l'eau des torrents, il nous semble impossible que le torrent impétueux qu'était ta vie ait pu être endigué aussi brutalement.

La fin du message traduisait le désarroi dans lequel la mort de Paul venait de plonger tous ceux avec qui, jour après jour, il construisait l'avenir et bâtissait des rêves de lendemains.

– Nous marchions ensemble, Paul, sur cette route balisée de notre travail, de nos temps de détente, de nos espoirs communs, de nos disputes, de notre amitié. Une route éclairée de soleil. Aujourd'hui, tu t'en vas vers d'autres horizons. Et notre coeur pleure. Une brume d'amertume et d'infinie tristesse efface le paysage où résonnaient ton rire et ta joie de vivre.

Adieu, notre boute-en-train. Tu restes à jamais dans notre coeur.

Si le bourg de Bellevue-la-Montagne a posé la plupart de ses maisons sur un replat, un certain nombre d'entre elles, au Nord et à l'Est, se cramponnent tant bien que mal à la rude pente qui mène à la Chamalière ou vers la route de Vorey. Dans le cimetière en contrebas, les dernières demeures des Bellimontains s'accrochent elles aussi au versant Est.

La famille Cretonoux avait une concession, une modeste tombe, tout de suite à droite, après la porte d'entrée. Le long cortège funèbre se déploya tout autour, en partie dans l'enceinte du cimetière, en partie à l'extérieur, pour une dernière prière.

Joseph avait posé sa main sur l'épaule de Basile. Tous deux avaient le regard perdu vers la vallée et les montagnes à l'horizon. Comme l'avant-veille, quand ils plongeaient vers Arzon avec Paul, le soleil embrasait les feuilles d'automne. Comme l'avant-veille, la lumière de cette fin d'après-midi soulignait les reliefs du Meygal et du Mézenc, leur conférant une certaine majesté. Comme l'avant-veille, leurs yeux auraient pu s'émerveiller devant la splendeur du paysage.

Mais les yeux de Paul ne voyaient plus la beauté de la nature. Et, en cet instant, ceux de Basile et Joseph ne pouvaient que pleurer.

11

Basile sombra. Une vague profonde, opaque et oppressante. Le phare, qui l'avait guidé dans toutes ses tempêtes jusque-là, s'était éteint brusquement. Plus rien ne semblait devoir éclairer sa nuit. La seule lueur qu'il lui restait, Joseph, était bien trop loin pour qu'il la pût distinguer : il n'avait personne à qui confier ses incompréhensions, sa colère et son chagrin.

Bien sûr, à la Chartreuse, aussi bien ses camarades de classe que ses professeurs - son père spirituel en tête - l'entouraient de leur mieux. S'il était sensible à leur sollicitude et leur en savait gré, il ne parvenait pas à s'abandonner vraiment, à dire ce qu'il avait sur le coeur. Bien au contraire, il cherchait refuge dans la solitude et se murait dans un silence préoccupant.

Avant le drame, il n'était déjà pas bavard en cours. Il devint muet comme une carpe. Et surtout, alors qu'il caracolait en tête dans toutes les disciplines ou presque, il connut une dégringolade de ses notes absolument vertigineuse.

– Tu vis des moments très douloureux, Basile, reconnaissait son directeur de conscience. Ça joue forcément sur tes résultats : tu as perdu le goût de travailler. Cependant, je crois que le travail peut t'aider à traverser cette épreuve. Plus tu t'accrocheras à tes cours, à tes leçons et tes devoirs, plus tu éloigneras ces images qui accaparent totalement tes pensées.

– Vous avez sûrement raison, mais je n'arrive plus à me concentrer. C'est plus fort que moi.

Les vacances de Noël ne lui remontèrent pas le moral. Bien au contraire. Dans les moments où les familles resserrent leurs liens, l'absence d'un être cher est vécue plus douloureusement encore. Chez les Cretonoux, comment aurait-on pu fêter Noël, puis le Nouvel An, alors que celui-là même qui en était le feu d'artifice les années précédentes dormait à jamais dans la froidure du cimetière ?

Toute la famille, malgré les efforts de chacun pour soutenir l'autre, avait du mal à penser à autre chose qu'à ce malheur qui s'était abattu sur elle. Régine et sa mère allèrent à la messe de minuit ; le père à celle du lendemain ; pour les garçons, pas question. Entendre des chants de joie ? Entendre parler de la bonté de Dieu ? Leur esprit et leur coeur s'y refusaient. Déjà quand l'abbé Jacques Renaud avait essayé d'évoquer devant Basile l'impénétrabilité des voies du Seigneur, il s'était heurté à une fin de non-recevoir, calme - le garçon n'étant pas d'un tempérament spécialement rebelle - mais ferme :

– Écoutez, Monsieur l'abbé, je crois qu'il vaudrait mieux éviter ce genre de conversation pour le moment.

– Je comprends ta révolte, Basile. Tu es tellement meurtri par la mort de ton frère. Je sais combien vous étiez proches et combien tu comptais sur lui. Je suis là pour t'aider, pas pour chercher à tout prix à te convaincre. Si un jour tu as envie d'en reparler, je serai là pour t'écouter.

Aucune éclaircie n'éclaira le deuxième trimestre. Le garçon de Bellevue-la-Montagne fit connaissance avec les notes au-dessous de la moyenne. Au train où filaient les choses, l'équipe des professeurs en était à se demander si le retard qu'accumulait Basile n'allait pas lui barrer le chemin du passage en première.

C'est à Ceneuil que l'espoir se risqua à planter quelques banderilles dans la détresse du lycéen. Parce qu'il était le plus abattu de la famille, les autres parvenant peu à peu à se faire à l'idée que la vie devait continuer malgré tout, ses parents, ses frères et sa sœur se faisaient de plus en plus de souci pour lui.

Les dimanches après-midi, il allait marcher un moment dans l'allée du château. Il y trouvait un semblant d'apaisement. Le 19 mars, pendant son absence, Régine proposa :

– Et s'il allait passer quelques jours chez Joseph pendant les vacances de Pâques ? Ça le sortirait un peu d'ici ; ça lui changerait les idées.

– Joseph est apprenti. Il n'a pas les vacances scolaires. Mais c'est vrai que s'il avait quelques jours de congés... Il faudrait appeler chez lui pour savoir. Tiens, passe-moi le calendrier.

Celui du facteur était accroché au mur : Régine le donna à sa mère.

– Vous êtes en vacances mercredi prochain, c'est ça ?

– Oui, maman.

– Et jusqu'à...?

– Au vendredi 7 avril.

– Je me demande qui choisit ces dates. C'est idiot de rentrer un vendredi pour ressortir le lendemain. Déjà à Toussaint...

La rentrée scolaire de Toussaint... le lendemain de la mort de Paul. Quel que soit le sujet de conversation, on buttait toujours sur un détail qui venait retourner le couteau dans la plaie. Clémentine se tut un instant, perdue dans ses souvenirs. Bien vite, elle se ressaisit :

– Tiens, on est le 19 aujourd'hui. C'est la fête de Joseph justement.

– On pourrait dire à Basile de l'appeler pour la lui souhaiter.

– Tu lui proposeras, toi. On verra bien.

Quelques semaines après l'accident de Paul, les époux Cretonoux s'étaient décidés à faire installer le téléphone. Ils l'avaient eu un peu avant Noël. Et chez Darne, ils en étaient équipés depuis plusieurs années.

Pour autant, les deux ados en usaient peu. On évitait de gaspiller l'argent en conversations accessoires. Et, même si Joseph avait appelé plusieurs fois son copain, ce dernier avait du mal, au téléphone, à échanger plus que des banalités. Pourtant, l'ami de Ceneuil lui manquait : quelques allusions ici ou là en avaient convaincu Clémentine.

– Tu veux un cacao, Basile ? demanda-t-elle, quand il revint de sa promenade.

– Si vous en faites un pour vous, oui.

– Tu sais que c'est la Saint Joseph, aujourd'hui ? lança Régine.

– Oui, fit-il simplement.

– Tu pourrais appeler ton copain de Ceneuil. Ça lui ferait plaisir.

– Oui... peut-être.

– Au fait, il a des congés pour Pâques ?

– Je ne sais pas.

– Si tu l'appelais, tu pourrais lui demander. Ce serait bien si vous pouviez vous voir pendant les vacances, non ? Il est gentil, Joseph.

Son frère esquissa un vague sourire. La petite sœur menait la conversation avec une détermination qui n'était pas sans rappeler celle de Paul. Quelquefois, Basile se surprenait à chercher dans la force qu'il devinait en elle l'appui qu'il avait perdu. Elle reprit :

– Tu l'appelleras, hein ?

– Je ne sais pas s'il est chez lui.

– Il faut essayer. D'accord ?

– Attends, intervint Clémentine. Buvez votre cacao tant qu'il est chaud. C'est vrai, Régine a raison : tu peux bien lui passer un coup de fil pour sa fête.

– Et t'oublie pas de lui demander s'il a des congés pour Pâques, renchérit la gamine.

– Toi, t'es vraiment un chef, sourit Basile.

Elle ne le dit pas, mais cette discrète taquinerie et cette ébauche de sourire allèrent droit au coeur de Régine. C'est par petites touches comme celle-là que, petit à petit, tous, ils réapprendraient à vivre.

La maman et sa fille sortirent faire un tour. Sans en avoir vraiment envie, mais pour laisser le champ libre à Basile : seul au téléphone, il serait peut-être plus loquace.

– T'oublie pas, hein ? insista Régine. Ce serait bien d'aller voir Joseph pendant les vacances.

– Ma parole, mais tu veux te débarrasser de moi, fit-il semblant de maugréer.

– Exactement.

Le garçon haussa les épaules et secoua la tête.

– Toi, quand tu as quelque chose dans la tête...

Mais elle avait déjà tourné les talons. Il se saisit donc du téléphone. Il reconnut tout de suite la voix de Madame Darne.

– Bonjour, c'est Basile.

– Ah ! Basile. Comme je suis contente d'entendre ta voix. Alors, comment ça va ?

– On fait aller, faut bien.

– Je comprends, va. On pense souvent à vous, mon garçon... Tu voudrais parler à Joseph ?

– S'il est là...

– Il n'est pas bien loin. Qu'est-ce que tu crois qu'il peut bien faire pour le moment ?

– J'sais pas. Il gratte peut-être dans un moteur.

– T'as deviné. Mais je l'appelle. Le temps qu'il s'essuie un peu les mains, parce que sinon il nous en met partout, et il arrive.

– Allô, Basile ?
– Bonne fête. On est le 19 mars.
– C'est sympa d'y avoir pensé.
– Pour être honnête, c'est plutôt ma sœur qui me l'a soufflé. Je me demande si elle ne serait pas amoureuse de toi.
– Tu parles. Elle est bien trop jolie et trop intelligente pour s'intéresser à un pauvre gars comme moi, qui ai toujours des ongles pleins de cambouis.

La conversation avait débuté sur un ton enjoué, que Joseph n'avait plus perçu chez son ami depuis le drame. Et elle dura plus que d'habitude aussi. Les fils du téléphone retissaient l'étoffe d'une relation qui ne parvenait plus à s'extérioriser.

Basile parla des vacances qui arrivaient. Joseph précisa que son patron, dans la foulée du Lundi de Pâques, avait décidé de fermer toute la semaine.
– Alors, on pourrait se voir, suggéra le Bellimontain.
– Ouais, super. Tu pourrais venir quelques jours à la maison. Je suis sûr que ça ferait plaisir à tout le monde ici.

Du village, entre le chemin qui conduit au sommet du pic de Ceneuil et ceux qui rejoignent la plaine de l'Emblavez, il ne manque pas d'itinéraires de balades. Les deux adolescents arpentèrent le pays en tous sens.

La marche, outre la détente physique qu'elle apporte, facilite les conversations. Depuis l'accident de Paul, Basile et Joseph n'avaient jamais eu de véritables occasions de parler comme avant. Ils rattrapèrent le temps perdu. Chacun évoqua sa vie, son quotidien. Quand le lycéen parla de ses mauvaises notes, son copain mécano lui dit simplement :
– C'est normal. Tu as tellement été bouleversé. Mais, ça va aller de mieux en mieux, j'en suis sûr. Ça

me fera tellement plaisir quand tu auras retrouvé tes résultats d'avant. Ah oui, ça me fera vraiment plaisir.

Sans le savoir, Joseph, en quelques phrases toutes simples, venait d'ouvrir pour son camarade une fenêtre par où le soleil ne demandait qu'à entrer.

Tu l'as sûrement remarqué comme moi, ami lecteur : point n'est besoin de grands discours pour exprimer la vérité des sentiments. L'amitié, l'amour. La haine aussi, il est vrai. Le ton sur lequel on prononce quelques mots ordinaires traduit souvent ce qu'ils veulent dire mieux que le contenu lui-même. Ici, ce sont la conviction et la confiance que Joseph a mises dans ses propos qui ont interpellé son copain et l'ont pratiquement mis au pied du mur. Il se doit de ne pas décevoir cette confiance.

Basile entama donc le troisième trimestre avec la ferme résolution de se battre. Contre lui-même d'abord et avant tout. Contre sa démotivation. Son défaitisme. Sa désespérance même. Il avait d'autant plus de chance de tenir la résolution silencieuse qu'il avait prise en entendant Joseph que ce dernier avait tiré une dernière cartouche tout aussi efficace :

– Et ça ferait tellement plaisir à Paul aussi.

Dès lors, de retour à la Chartreuse, même si les traits de son visage eurent encore longtemps du mal à dessiner un sourire, du moins s'appliqua-t-il à ses études avec une détermination nouvelle. Et, même si ses capacités étaient restées en friche quelques mois, il put alors les exploiter dans des conditions nettement plus favorables.

Il restait trop peu de temps avant la fin de la Seconde pour refaire tout le retard accumulé. Basile termina l'année assez honorablement toutefois. En

Première, il retrouva son rythme de croisière et, en fin d'année, il avait repris sa vieille habitude d'occuper la première place dans toutes les disciplines sauf en sport et en Sciences Physiques.

Entre-temps, il avait encore passé l'été à Antreuil, chez les Bertrand. Les enfants témoignaient toujours beaucoup d'affection à ce grand frère et eux aussi l'aidaient à se reconstruire. Au travail, Pierre, son patron, lui donnait de plus en plus de responsabilités. Avoir des initiatives à prendre oblige à mettre en veilleuse ses propres états d'âme. Cela lui faisait grand bien aussi.

Avait-il oublié Paul ? Certainement pas. Et, dans la semaine, il vivait toujours douloureusement son passage à Montdouilloux en venant à Antreuil le lundi ou en retournant à Bellevue le samedi.

Depuis des années, ils avaient fait cette route ensemble, Paul et lui. L'image de ce frère téméraire hantait tout le trajet : il le revoyait foncer dans les descentes, au mépris du danger. Chaque semaine, son souvenir voyagea avec lui.

En 1968, il effectua sa dernière saison à Antreuil. À la rentrée, débuterait aussi sa dernière année à la Chartreuse, celle qui le conduirait jusqu'au Baccalauréat.

Il aborda cette ultime ligne droite sans trop d'appréhension. Il maîtrisait son sujet. Il semblait reprendre confiance en lui. Il en arrivait même à ne plus penser aussi souvent à cet œil vagabond qui le complexait tant.

Normalement, tout allait bien se passer...

12

Il le remarqua avant même d'entrer en cours. Un pantalon de survêtement blanc et des baskets estampillés des trois bandes ; un polo rose avec, brodé sur la poitrine, un crocodile vert qui se fendait la gueule.

Un mec au goût du jour, quoi !

Et lui, Basile, avec son vieux jean usé jusqu'à la corde, sa chemise à rayures fanées, et ses chaussures, neuves certes, tout juste sorties du casier "promo" de Prisunic.

Un plouc, sorti de la France profonde.

Le jeune Bellimontain repéra le nouveau sur la cour avant même de savoir qu'il allait être son condisciple. Mais il s'en douta bien vite en le voyant discuter avec deux Brivois qu'il connaissait pour avoir fait toute sa scolarité à la Chartreuse à leurs côtés. Des garçons qu'il avait côtoyés six ans, sans problème particulier, sans sympathie particulière non plus. C'étaient des externes ; il ne s'était pas établi le même lien avec eux qu'avec ceux qui restaient à l'internat comme lui. Et puis, ce n'était pas le même milieu non plus. Ainsi, au retour des grandes vacances, il les entendait régulièrement raconter leurs vacances à la plage, donc sur le bord de la mer... que lui n'avait encore jamais vue. De son côté, il s'imaginait mal en train de leur réciter le nom des vaches de Pierre Bertrand à Antreuil, ou leur narrer les grands moments de la journée de batteuse.

La cloche annonça qu'il était temps de passer aux choses sérieuses. Dans l'escalier, à hauteur du premier palier, le regard bleu du nouveau croisa celui - évasif - de Basile. Ce dernier crut lire un brin d'ironie dans le sourire en coin du dandy. Il se demanda s'il se moquait d'abord de l'extravagance de ses yeux ou de la modestie de sa tenue : vraisemblablement des deux pour faire bonne mesure. Et, du coup, avant même de savoir son nom, il n'éprouva aucune sympathie pour le personnage.

– Vous voilà donc en piste pour la dernière étape avant le Baccalauréat, annonça l'abbé Pradon, leur professeur principal, que les élèves surnommaient - sans grande originalité - Platon, du fait qu'il enseignait la philosophie.

Le bon père, homme d'esprit avant tout, était quelque peu négligent quant à la propreté de la soutane, qu'il avait conservée, nonobstant le Concile. Qui plus est, le prêtre fumait comme une locomotive sans contrôler toujours la chute des cendres rougeoyantes de son mégot. Sa tenue d'ecclésiastique était donc piquée sur le devant. Enfin, dans le capharnaüm de son bureau que connaissaient ceux dont il était le père spirituel, Epictète et Sénèque jouaient du coude pour se faire une place sur le plancher ; Épicure - pas épicurien pour rien - se chauffait les pages sur la fonte du radiateur ; Kant, Hegel, Sartre et Heidegger jouaient aux quatre coins ; Saint Augustin bénéficiait d'un traitement de faveur : canonisation oblige, il occupait à lui seul toute une niche dans les rayons de la bibliothèque. Des papiers jonchaient le sol, les copies à corriger se faisaient discrètes sur la table de travail, entre les cendriers, une tasse hardiment culottée, un bréviaire aux pages grises, un chapelet qui essayait de ne perdre dans ce foutoir aucun de ses grains, avec la même attention qu'une poule fait suivre ses poussins. Cet étonnant tableau baignait dans une odeur de tabac froid si prégnante que l'on flairait bien vite l'élève pénitent, sortant de chez l'abbé Pradon.

Aussi, dans les promotions précédentes, quelques esprits trop inventifs n'avaient rien trouvé de mieux, suite à l'étude du Mythe de la Caverne, que de qualifier ce nouveau Platon de "miteux de la caverne". Sans réelle méchanceté d'ailleurs car ils l'aimaient bien. Mais ces deux appellations se transmettaient comme un flambeau et, avant même d'entrer en Terminale, les jeunes gens savaient qu'ils seraient entre les mains de "Platon", "le miteux de la Caverne".

– Une année décisive, poursuivit le philosophe. Elle va vous permettre de dessiner avec de plus en plus de netteté les contours de votre avenir. Ne perdez pas de vue cet objectif : il vous aidera à vous motiver... Je voudrais, en votre nom à tous, souhaiter la bienvenue à votre nouveau camarade, Yves Fernet. Il nous vient de Paris, Monsieur son père venant d'être nommé Chef de Cabinet de Monsieur le Préfet. Nous ferons en sorte qu'il s'acclimate très vite. Je sais pouvoir compter sur vous pour cela.

À l'énoncé de l'éminente fonction de son père, Fernet junior avait relevé le menton. Le paternel venait donc en mission civilisatrice depuis la capitale jusqu'au fin fond de la province. Il convenait que, dès le premier jour, le commun eût conscience de l'honneur qui rejaillissait sur lui, par la seule présence de ce condisciple tout droit sorti de la cuisse de Jupiter.

Ce que le professeur ne dit point, mais que l'on ne tarda pas à découvrir, c'est qu'Yves Fernet, outre son enviable pedigree, avait également reçu de Dame

Nature des dispositions scolaires assez remarquables. L'immigré parisien débarquait donc dans ce petit coin vellave comme en pays conquis : il allait leur en mettre plein la vue aux autochtones !

Le Jules César nouveau était arrivé, le laurier bien vert, certain qu'à sa loi le Vellave s'allait plier sans conteste. Or le village avait son Astérix. Moins audacieux, moins teigneux que le "vrai" (?) sans doute, mais un gars qui, sans faire d'esbroufe, "touchait son âne", comme l'on dit en province. Basile Cretonoux n'allait pas relever le pied au seul motif qu'avoir des notes équivalentes, voire supérieures, à celles de Monsieur Yves Fernet pût être perçu comme un crime de lèse-majesté.

Le garçon de Bellevue-la-Montagne, avant même d'avoir jamais entendu parler du nouveau, avait décidé de jeter toutes ses forces dans la bataille pour réaliser une grande année à la fois pour lui-même, pour ses parents qui faisaient beaucoup de sacrifices pour que tous leurs enfants pussent étudier, pour la mémoire de Paul et l'amitié de Joseph. Il avait décidé qu'il aurait le Bac avec une mention "Bien" et, pour garantir au moins ce résultat-là, travaillerait comme s'il en visait une "Très Bien".

Yves Fernet l'y aida beaucoup en fait. Très vite, il s'avéra que la compétition, en tête du peloton, était circonscrite à eux deux. Les meilleurs des autres tiraient la langue à deux points au-dessous en moyenne. Les Sciences Physiques, la bête noire de Basile, même s'il les avait digérées beaucoup mieux que tant d'autres camarades, n'encombraient plus le programme en Terminale A. Restait son autre point faible, le sport : le Bellimontain décida de ne pas se mettre la pression avec ça. Il assurerait au maximum dans les autres disciplines.

La philo le dérouta au début, alors qu'elle semblait inspirer son concurrent. Aussi, quand furent communiqués les résultats du premier trimestre, le "Parisien" avait damé le pion à Basile, de quelques dixièmes de point. Un avantage psychologique qui lui permit de regarder son dauphin avec une certaine condescendance. La logique était sauve : il eût été inconvenant qu'un pauvre "bouseux" se permît de devancer un fils de Chef de Cabinet, parisien de surcroît.

Cher lecteur parisien qui me fais l'honneur de lire ma prose, je te sens un tantinet irrité par mon propos. Qu'est-ce donc que ce plumitif, gratiné d'un anti-parisianisme primaire ? te dis-tu. Oh ! Ne va pas croire que j'en aie contre les citadins de la capitale, ni au masculin, et encore moins au féminin. Il en est certaines, des brunes, des blondes, des châtains, des rousses, et même des décolorées, que je dévore d'un œil gourmand quand elles font quelque apparition sur mon petit écran. Et je les trouve hautement sympathiques, en général.

Mais, vois-tu, nous, les provinciaux, souffrons souvent d'un complexe d'infériorité par rapport à vous. Légitimement d'ailleurs. Les résultats du PSG, même quand ils ne cassent pas des barres, ont toujours droit de télé, alors que nos verts stéphanois n'y sont mentionnés que pour boucher les trous. Tu as sous la main les stars, les ministres, le président de la République, la Bourse, la Tour Eiffel... que sais-je encore ? Tu avoueras que vous êtes plutôt gâtés tandis que nous devons nous contenter de la portion congrue.

Alors, bien sûr, il peut nous arriver, comme je l'ai fait tantôt, d'avoir un mouvement d'humeur. Ce n'est que dépit, mon ami. Et je suis bien obligé de confesser qu'il ne m'eût point déplu que notre Basile local coiffât sur le poteau cet Yves Fernet, trop plastronneur à nos yeux. Hélas pour ma susceptibilité provinciale.

Tu vois bien : dans le cas présent, c'est encore vous qui avez la plus grosse part du gâteau !

Basile Cretonoux ne s'avoua pas vaincu. Pendant les vacances de Noël, il invita à Bellevue-la-Montagne Socrate, Platon, Kant et quelques autres plaisantins de cette trempe. Il ne goûta que moyennement à leurs galéjades, cependant leur séjour sur ses terres les lui rendit moins abstraits. À la rentrée de janvier, il n'en était pas encore à leur taper sur le ventre, mais ils lui étaient devenus plus familiers. Il se dit que quand ils se croiseraient à nouveau dans un cours de philo, ils se reconnaîtraient mutuellement et cela le réconforta. Ils ne les voyaient plus lui tendre les mêmes chausse-trappes qu'au premier trimestre.

Une motivation supplémentaire renforça sa détermination. Au mois de février, il choisit définitivement son orientation. Il procéda d'abord par élimination. L'Armée l'avait tenté à une époque ; une scène de la Grande Vadrouille - qui lui avait valu quelques sarcasmes - où l'on voit un pauvre soldat allemand, affecté du même handicap que lui, viser le planeur ennemi et descendre l'avion de son propre camp, l'avait dissuadé. L'enseignement lui aurait plu aussi. Mais il savait par expérience combien les élèves se saisissent de la moindre difficulté de leurs profs : il estima qu'il serait beaucoup trop exposé à leurs railleries.

Le déclic se fit le jeudi 14 février, jour de la Saint Valentin, où il tomba amoureux de... la profession de notaire. Ce jour-là, l'établissement avait invité trois professionnels, dont un notaire de Craponne-sur-Arzon, pour présenter leur travail. Les deux premiers intervenants ne suscitèrent aucune émotion particulière chez le lycéen de Bellevue. Le troisième le subjugua.

Maître Charles de Partène se présentait dans un dessin géométrique où la largeur était presque l'égale de la hauteur. Peut-être ces proportions offraient-elles à sa voix une caisse de résonance particulière. Toujours est-il qu'il avait des accents quasiment gaulliens quand il s'enflammait pour la grandeur de sa tâche, pour la République, pour la France. Car son propos dépassa largement le cadre des tractations et confidences feutrées de son étude, elle déboucha sur un véritable cours d'Education Civique. Qui l'eût entendu les yeux clos eût pu croire être en présence du Président de la République d'alors en personne, en train de lancer un vibrant plaidoyer pour un oui au référendum qui allait lui être fatal quelques semaines plus tard. En revanche, s'ils ouvraient les yeux sur la silhouette du tribun, les potaches ne risquaient pas de confondre.

La plupart d'entre eux attendaient patiemment que se terminât sa harangue ; Basile, lui, buvait ses paroles.

Le personnage le fascinait à plus d'un titre. De la profession de notaire, il ne connaissait pas grand-chose. Tout juste en avait-il une perception assez caricaturale : une salle austère, tapissée d'actes surannés, aux cloisons épaisses, à la porte capitonnée : l'antre des secrets en somme. Dans ce décor patiné, le maître des lieux ne pouvait être qu'un vieux birbe, en costume sombre, la cravate austère, le lorgnon au bout du nez, le parler fait d'un galimatias juridique, hermétique au commun des mortels.

Or, il avait devant lui un quadragénaire, alerte dans ses rondeurs, col de chemise bleue ouvert, au langage clair, au propos dynamique, enflammé même et pétillant de malice.

Autre aspect qui retint l'attention de Basile : au fur et à mesure de la présentation de son activité que faisait

Maître de Partène, le jeune homme se glissait assez spontanément dans la peau du personnage.

– Voyez-vous, mes chers amis, la rédaction d'actes, assez complexes, occupe donc une place importante dans mon emploi du temps : contrats de mariage, testaments, vente de biens immobiliers... Il vaut mieux savoir faire des phrases correctes et compréhensibles, ce qui reste difficile avec des termes, reconnaissons-le, un peu "barbares".

Basile rédigeait avec une facilité déconcertante.

– Ça pourrait être un job pour moi, se dit-il.

– Compte tenu de l'incidence que ces actes ont dans la vie quotidienne des gens, il faut travailler avec beaucoup de rigueur. Analyser précisément les situations, matérielles, relationnelles, pour proposer des solutions adaptées à chaque cas.

Les professeurs de Basile soulignaient souvent sa clarté d'esprit, sa méticulosité.

– Cela me conviendrait bien aussi, méditait le garçon.

– Rédiger des actes notariés, c'est une chose, les faire comprendre à ses clients en est une autre. Le notaire doit arriver à oublier un peu tout le jargon dans lequel lui se sent à l'aise pour se mettre à la portée de la personne qu'il a en face de lui, quel que soit son niveau. Cela demande un certain sens de la pédagogie.

Basile avait eu au moins une occasion de tester ses capacités de pédagogue. Avec Joseph. Que de fois, il était parvenu à lui faire comprendre une construction latine ou un problème de mathématiques ! Bien sûr, la patience pédagogique s'appuyait alors sur un sérieux pilier : l'amitié.

– Moi qui aurais voulu être prof ! Dans le fond, je le serais un peu de cette manière.

– En tant que notaire, on est aussi un peu dans la situation d'un arbitre sur un terrain de foot. Il faut être impartial quand des membres d'une même famille s'opposent et entrer dans le débat avec diplomatie.

Basile était-il diplomate ? Il n'en savait rien. Et impartial ? Il pouvait supposer que oui. Il n'avait pas le souvenir de s'être jamais laissé embarquer, dans un conflit, dans la cour par exemple, en prenant trop hâtivement parti pour l'un ou l'autre des deux camps.

– Mais l'exigence première dans ce métier, continuait Maître de Partène, c'est la discrétion. Par la force des choses, vous entrez dans l'intimité des familles, vous êtes le dépositaire de secrets qui remontent à plusieurs générations. Le notaire se doit donc d'être muet comme une carpe sur ce qu'il a entendu dans son étude.

"Muet comme une carpe", le défaut si souvent reproché à Basile par ses professeurs et qui, là, comme par enchantement, devenait la qualité fondamentale.

– Mais c'est le job qu'il me faut, jubilait le jeune Bellimontain in petto.

Et, dans la réflexion qui galopait à travers son cerveau, le problème de son œil buissonnier perdait de son acuité. Le métier d'enseignant l'aurait exposé à vingt-cinq ou trente gamins, chahuteurs et moqueurs peut-être. Dans celui de notaire, il se trouverait en face de quelques personnes seulement qui, trop préoccupées par les questions qui les avaient conduites là, se ficheraient pas mal du parallélisme de son regard, si lui-même leur débrouillait l'écheveau de situations compliquées.

Oui, Basile Cretonoux était taillé pour devenir notaire. La Providence, sans doute asticotée par Paul, l'ange gardien de toujours, avait mis sur son chemin Maître Charles de Partène. Ce n'était pas un hasard.

Enhardi par la conviction qu'il avait trouvé sa voie, Basile osa s'approcher du notaire au moment de la récréation. Il le remercia d'abord de leur avoir parlé de son métier avec autant de chaleur. Puis il ajouta :

– J'habite à Bellevue-la-Montagne. Est-ce que vous accepteriez que je vienne un jour vous voir dans votre étude ?

– Mais bien sûr. Tu m'appelles quelques jours avant : on trouvera bien un moment. Au fait, comment t'appelles-tu ?

– Basile Cretonoux.

– Ah oui, je vois. Je connais ton papa sans doute. Tu as perdu un de tes frères il y a quelques années, à la suite d'un accident, c'est bien ça ?

Le garçon hocha la tête. Charles de Partène regretta aussitôt cette allusion, car un voile de tristesse avait embrumé quelques secondes les yeux de Basile. Le notaire lui posa alors la main sur le bras et le serra :

– Tu viens quand tu veux, mon gars.

À compter de ce jour, la perspective qu'il s'était tracée donna des ailes à Basile. Les portes s'ouvriraient d'autant mieux qu'il pousserait plus fort derrière. Il redoubla d'application, y compris pendant les vacances, et, de très bons qu'ils étaient, ses résultats devinrent excellents.

Mais toute médaille a son revers. Cette accélération prit Yves Fernet de vitesse. En fin de deuxième trimestre, le fils du Chef de Cabinet était à un demi-point derrière. Début juin, les compteurs affichaient un point d'écart en faveur du Bellimontain.

Trop, c'était trop. Cela déclencha la hargne du vaincu qui changea alors son fusil d'épaule. Il avait supporté ce Cretonoux jusque-là. Maintenant la situation devenait indécente. Il ne pouvait le battre sur le terrain scolaire. Il le mettrait à genoux sur un autre où il le devinait plus vulnérable.

Il testa d'abord ses effets auprès de ses propres admirateurs que les plaisanteries faites dans le dos de

Basile amusèrent. Apparemment du moins, car, intérieurement, un certain nombre d'entre eux devaient se sentir un peu gênés. En effet, le garçon n'était pas très expansif et il ne dérangeait personne.

La première salve fut tirée un soir d'avril, après les cours. Basile se trouva par hasard à côté d'un groupe bavant d'admiration devant ce que leur racontait Yves Fernet. Ce dernier le vit là, à portée de sa main et surtout de son orgueil bafoué.

– Tiens, Cretonoux, fit-il, il y a chez toi un truc qui m'étonne.

– Ah bon ?

– Toi qui es un garçon si intelligent, comment se fait-il que tu sois si mal poli ?

– Mais...

Déjà les autres riaient sous cape : ils connaissaient la saillie à venir.

– Ben oui, quoi ! Ce n'est pas très poli qu'un de tes yeux dise merde à l'autre.

En d'autres temps, Basile se fût effondré et eût rejoint le coin le plus isolé pour donner libre cours à sa peine. Là, il se contenta de hausser les épaules et s'en alla vers un autre groupe.

Un rien servait de prétexte à une méchanceté. Lors d'un cours, fut évoquée par un professeur la notion de champ visuel. Yves Fernet crut bon de faire remarquer, en disposant ses mains de part et d'autre de ses yeux et en les ouvrant comme on ferait des volets sur une façade :

– Cretonoux, lui, il est particulièrement avantagé de ce côté-là.

Il y eut quelques ricanements...

... mais aussi une remarque acerbe du professeur :

– Je crois, Monsieur Fernet, que si vous mettiez votre intelligence au service de votre travail scolaire, plutôt qu'à de si minables propos, vous auriez quelques chances d'être moins distancé par votre camarade.

– Attrape ça, fumier, pensa Basile.

Dès lors, Yves Fernet se dispensa de remarques, ce qui ne l'empêcha pas, dans son comité d'admirateurs, de continuer à "casser du sucre" sur le dos de celui qui osait occuper une première place qu'il estimait lui revenir de droit. Il n'avait sans doute prêté qu'une attention distraite lors de la leçon d'Histoire sur l'abolition des privilèges en 1789 !

Son dépit ne s'exprima plus que par des sourires moqueurs échangés avec ses fidèles. Basile en surprit quelques-uns. Cela l'agaça forcément. Sans le déstabiliser.

Depuis qu'il avait trouvé ce qu'il voulait faire, il avait mis le nez dans le guidon : le boulot, et le boulot seulement.

Quand il alla voir les résultats affichés au lycée après le Bac, il eut du mal à s'approcher du tableau. Il patienta. Devant lui, il reconnut de dos quelques-uns de ses condisciples, dont Fernet.

– Mention Bien, bravo, le complimentait un de ses admirateurs.

– Ouais, mais ce qui m'emmerde, c'est que l'autre plouc ait la mention Très Bien.

Enfin, Basile put s'approcher et parcourut les listes : "l'autre plouc", c'était lui.

1969-1976

13

Que Bellevue-la-Montagne lui semblait loin ! Son frère Michel l'avait emmené à Lyon, la veille. Il avait le permis depuis trois mois et avait trouvé une 2 CV d'âge canonique, dont à chaque départ de la maison on ne savait trop si elle arriverait jusqu'à la capitale des Gaules. Puis, Michel était rentré en Haute-Loire car il ne commençait que deux semaines plus tard, à Lyon heureusement lui aussi, ce qui faciliterait les déplacements de Basile et l'aiderait à se faire à sa nouvelle vie.

Mais, en attendant que Michel vînt pour de bon, le nouvel étudiant allait devoir se débrouiller pour faire ses premiers pas estudiantins. Il traversait le Pont Gallieni, son plan de la ville à la main. Les arbres, sur le quai du Rhône, n'avaient pas encore perdu leurs feuilles en ce début octobre et lui cachaient donc les bâtiments de la Fac. Mais, à coup sûr, il n'en était plus très loin.

Il avait préféré tester la distance à pied. Le temps était particulièrement agréable. Il devait être dans l'amphi à quinze heures. Bien sûr, il aurait pu prendre le bus : le 46 l'aurait conduit jusqu'à Perrache. Il le ferait sûrement quand le temps lui serait plus compté ou qu'il pleuvrait. Aujourd'hui, il aurait été dommage de se priver d'une occasion de faire un brin d'économie, et surtout d'apprivoiser cette ville où plusieurs années d'études l'attendaient.

Le CROUS lui avait attribué une chambre dans le Bâtiment D de la Résidence Universitaire André Allix.

9 m^2 : pas de quoi faire un footing au saut du lit. Juste la place pour un lit, un bureau, une chaise et, dans l'entrée, un lavabo et un placard. Au bout du couloir, les douches et une cuisine collective. Équipement minimal donc, ce qui n'effarouchait pas Basile, peu familiarisé avec le confort.

La Résidence occupait un espace verdoyant assez agréable, avec une salle de gym et un terrain de basket. Arrivé la veille de Bellevue, Basile avait mangé déjà deux fois au Resto U. Certains n'en disaient pas grand bien ; pour sa part, il trouvait cela très commode et pas cher et le contenu de l'assiette ne lui déplaisait pas. Peut-être, avec le temps, s'en lasserait-il, mais pour l'heure cela lui convenait très bien.

Il bifurqua sur le Quai Claude Bernard, longea le Rhône, à l'ombre des arbres, et ne tarda pas à apercevoir les majestueuses façades des Facultés. Ainsi donc, c'est dans ce cadre solennel qu'il allait faire son droit. La circulation était dense sur la rue et il se promit d'être très vigilant. Il éprouvait toujours une petite gêne à bien discerner les reliefs : raison de plus pour être particulièrement attentif.

Avant de traverser la rue, il prit le temps d'admirer l'architecture de ce véritable palais conçu par Abraham Hirsch. Il se sentit tout petit devant ces bâtiments monumentaux, construits à la fin du XIXe siècle sur la rive gauche du Rhône, après, l'apprit-il plus tard, bien des tergiversations.

Enfin, il pénétra dans l'enceinte de la Faculté. On lui indiqua l'amphi où allaient lui être communiquées les informations sur les différentes unités de valeur, le cursus universitaire, l'organisation des cours... La vaste salle grouillait d'étudiants parmi lesquels il essaya de rencontrer un visage familier. En vain.

Un détail l'interpella, lui qui sortait du petit séminaire de la Chartreuse où il n'avait côtoyé que des garçons : ici, il allait étudier avec des filles aussi. Cela ne le mit pas franchement à l'aise : la lancinante question qui le taraudait depuis toujours prenait une acuité nouvelle. Comment allaient-elles réagir face à ses yeux de travers ? Ricaner comme les trois bécassines croisées dans la rue du stade à Craponne ? Faire des commentaires méchants comme le désagréable Yves Fernet ? Se comporter comme s'il n'existait pas, être totalement indifférentes ?

Il s'assit dans les premiers rangs et attendit patiemment. Il nota précieusement toutes les informations communiquées, avec sa rigueur habituelle. À la fin de la séance, il sortit de l'amphi, sans avoir adressé la parole à qui que ce fût. La plupart des étudiants et étudiantes discutaient en petits groupes, comme s'ils se connaissaient. Quelques-uns, filles ou garçons, semblaient aussi esseulés que lui. Mais il n'osa pas s'approcher de l'un ou l'autre pour nouer la conversation. Il fallait d'abord qu'il prît ses marques, s'habituât au décor ; ensuite, il serait bien obligé de faire l'effort d'aller à la rencontre des autres.

Pour digérer ce premier contact avec ce qui allait être son univers maintenant, il décida de remonter à pied vers la Cité U, perchée sur la colline au-dessus de la Saône. Avant d'entreprendre la grimpette, il s'arrêta à une cabine téléphonique. Il avait quelques pièces dans son porte-monnaie et avait promis à sa mère de lui donner très vite quelques nouvelles.

– Allô, maman ? C'est moi, Basile.

– Ah, je suis contente de t'entendre. Alors, comment ça s'est passé aujourd'hui ? Tu as trouvé facilement la faculté ?

– Michel m'a laissé son plan de Lyon, tu sais.Je ne risquais quand même pas de me perdre.

– Et pour manger, ça a fait ?

– Ouais. Le resto U, c'est bien pratique. Et pour le petit-déjeuner, avec tout ce que tu as mis dans la valise, y'a pas de problème.

– Tu as pu faire chauffer de l'eau pour ton Nescafé ?

– Il y a une bouilloire dans la cuisine de l'étage.

– Et t'as dormi la nuit ? Il doit y avoir beaucoup de bruit, non ?

– Plus qu'à Bellevue ou à la Chartreuse, c'est sûr. À vrai dire, ça ne m'a pas gêné. Dis, maman, je n'ai plus de pièces : ça va couper. Au revoir, maman.

– Au re...

Toi, la maman qui lis ces lignes, tu sais combien il est frustrant de devoir être interrompue en pleine conversation alors que tu as encore tant de questions à poser, de recommandations à faire. Dieu merci, ils ont eu le temps de se dire l'essentiel, Basile et sa mère : il mange bien, il dort bien, il ne s'est pas perdu. Plus tard quand ces points de première urgence auront été réglés, elle pourra toujours se préoccuper de ses études. Chaque chose en son temps.

Peut-être la trouves-tu un peu trop mère poule, cette Clémentine, alors qu'elle a déjà deux de ses fils en études supérieures. Elle a l'habitude maintenant. Elle doit bien savoir que ce n'est pas le bout du monde, après tout. Tu oublies un peu vite que son Basile, il n'a pas autant d'assurance que ses frères. Ce fichu strabisme le fragilise dans sa relation avec les autres et, du coup, elle a toujours cherché à le protéger plus que ses aînés. Et dire qu'à la naissance elle l'aurait presque jeté au panier. Tu te rappelles ?

En cours, même si, conformément à son habitude, Basile ne cherchait jamais à intervenir en quoi que ce fût, il ne perdait pas une miette de ce que disaient les professeurs. Très vite, il se passionna pour les arcanes du droit, alors qu'a priori ce n'est pas le genre de truc à faire tordre de rire toutes les trois minutes.

Aussi, les premiers travaux, sans être extraordinaires, furent tous récompensés de la moyenne au moins. Dans sa "cellule", Basile vivait dans une ascèse quasi monacale et travaillait dur. Il se familiarisa avec les termes juridiques et ses notes allèrent en s'améliorant tout au long de l'année.

Même s'il n'en faisait pas étalage, les résultats de ce garçon discret furent bientôt connus des autres étudiants en cours avec lui. Il n'eut donc pas besoin de puiser dans ses propres ressources pour aller au-devant d'eux. On commença à s'intéresser à lui, au moins pour lui demander son avis ou une explication une fois ou l'autre.

Courant mars, il leur fut proposé un travail par groupes de cinq. Basile se demandait avec qui il allait faire équipe. Il n'eut que l'embarras du choix. S'il avait pu, il se serait coupé en quatre. Finalement, il rejoignit un quatuor de deux filles et deux garçons.

– Allez, Basile, tu peux bien venir avec nous, avait insisté une certaine Marielle, à grand renfort de minauderies.

Et Basile avait craqué.

Il y avait de quoi craquer en vérité.

La nature avait sculpté Marielle Chaderneau en prenant pour modèle la Vénus de Milo. Dieu merci, elle ne l'avait pas amputée de ses bras. Résultat : Miss Chaderneau était d'une beauté à vous couper le souffle. Ses longs cheveux blonds cascadaient sur ses épaules en vagues légères. Ses yeux vous enveloppaient d'un bleu indéfinissable. La finesse de ses traits appelait la caresse.

Basile l'avait remarquée depuis les premiers jours. Il ne s'était jamais hasardé à l'approcher, bien sûr. Lui, le pauvre petit gars d'un coin de campagne perdu, et qui louchait de surcroît, comment aurait-il pu venir tourner autour d'une fille roulée comme un top model ?

Alors, quand elle avait voulu - et insisté pour - qu'il fît partie de leur groupe, il n'avait opposé aucune résistance.

Marielle ne semblait pas se préoccuper de la direction des yeux de Basile. Elle admirait sans réserve sa capacité de travail et sa vivacité d'esprit. Peu lui importait qu'il louchât, il faisait l'essentiel du travail. Elle savait l'en féliciter, l'en remercier, le mettre en valeur.

– Je me demande ce qu'on ferait si tu n'étais pas là, Basile.

Et l'étudiant bellimontain buvait du petit-lait. Il existait pour cette fille superbe, lui qui n'en avait jamais fait retourner aucune, sinon pour les faire ricaner dans son dos.

Peu à peu, au fil des mises en commun de leurs recherches, les siennes surtout, Basile glana quelques informations sur la vie de Marielle en dehors de la Fac. Elle venait de Bourg-en-Bresse, avait un frère, de deux ans son aîné, qui faisait Sciences Po. Son père dirigeait une entreprise agroalimentaire ; sa mère était infirmière. Elle avait sa voiture personnelle : une Ami 6 rouge, apparemment bien plus en forme que la 2 CV de Michel. Elle aimait faire la fête d'abord ; les études après seulement. Mais les études quand même, car elle voulait devenir avocate.

Basile, quant à lui, restait très discret sur lui-même. Il sentait bien que leurs mondes différaient beaucoup, l'objet de leurs études mis à part. Non pas qu'il eût honte de ce qu'il était ni d'où il venait, mais il ne voulait pas que le contraste entre leurs modes de vie pût éloigner Marielle. Car la jeune Bressane occupait de plus en plus son esprit, empiétait même de temps en temps sur les articles de droit.

Il mettait toutefois un frein à ses fantasmes. Il avait bien compris que ce qui, chez lui, retenait l'attention de l'étudiante, c'était l'aide qu'il était susceptible de lui apporter. Pour autant, il se disait aussi que cette admiration pour ses capacités pourrait reléguer au second plan ce qu'il considérait, lui, comme son handicap majeur. Et alors, qui sait ? Un jour, peut-être...

L'attitude de la jeune fille avait une fois ou l'autre conforté ce mince espoir. Ainsi, un jour où ils s'étaient retrouvés seuls quelques instants après un travail collectif, elle avait fait mine de s'intéresser à son avenir :

– Notaire ? Mm... ouais, c'est pas mal comme boulot, mais ça me paraît un peu étriqué pour toi ?

– Étriqué ? Ah ? Et pourquoi étriqué ?

– Ce n'est peut-être pas le mot juste. Enfin, je veux dire, c'est un peu du travail de l'ombre.

Comment aurait-il pu lui avouer que c'était pour le caractère un peu discret, voire secret, de ce métier qu'il l'avait choisi ? Il eût fallu s'avancer sur le délicat problème de ce strabisme qui lui faisait perdre confiance en lui. Non, il ne la connaissait pas assez pour lui confesser cette obsession qui le tourmentait depuis toujours.

– Et avocat, ça ne te plairait pas avocat ?

– Je ne me sens pas vraiment taillé pour.

– Toi ? Avec la facilité que tu as à écrire une argumentation ?

– À écrire, peut-être. À l'exprimer en public, c'est autre chose. Toi, oui, tu es très à l'aise. Je crois que tu ne craindras pas de t'imposer, de répondre, d'attaquer quand il le faudra. Tu as une aisance naturelle. Tu peux faire craquer n'importe qui.

"Craquer", le terme était pour le moins ambigu. Comment Marielle l'entendit-elle ? Dans les deux sens sans doute puisque les deux étaient flatteurs.

Faire craquer la partie adverse, au plan professionnel ? Basile l'en voyait déjà capable alors qu'elle n'avait pas encore terminé sa première année de droit ? Une affirmation purement gratuite, à ce stade, mais tellement agréable à entendre.

Faire craquer un garçon sous l'emprise de son charme ? Elle connaissait son pouvoir de séduction et il ne lui déplaisait pas d'en jouer. Elle s'étira voluptueusement sur sa chaise, en croisant les doigts derrière sa nuque, un sourire comblé aux lèvres. Dans le mouvement, son buste se souleva, mettant en valeur sa jolie poitrine, ce qui titilla l'imagination de Basile. Mais, dans le même temps, trop soudainement sollicitées, ses articulations craquèrent. Elle s'en amusa :

– Je ne sais pas si je peux faire craquer quelqu'un, fit-elle, mais pour l'instant c'est plutôt moi qui craque.

Ils se mirent à rire, franchement Lui pour masquer son trouble. Elle pour disperser l'émoi qu'elle devinait chez lui et qu'elle avait sciemment provoqué.

Basile n'avait pas croisé beaucoup de filles jusqu'alors, sauf dans les cours de la Maternelle, chez les Sœurs, à Bellevue-la-Montagne. Dans les rues de son village, il jouait avec les garçons de son âge ; à la Chartreuse, petit séminaire, elles n'avaient pas leur place ; adolescent, il sortait peu de chez lui pendant les week-ends et vacances et la mort tragique de son frère l'avait encore plus muré dans sa solitude. Il ne savait donc pas que, si le sourire charmeur d'une jolie fille peut révéler une véritable complicité, une véritable amitié, voire la promesse d'un véritable amour, il peut aussi n'être que l'expression du jeu naturel de la séduction. Peut-être Marielle jouait-elle avec lui au chat et à la souris. Mais ça, il ne savait ni ne voulait trop le voir.

Le comportement de sa coéquipière, lors du compte rendu de leur travail collectif, agita une petite sonnette d'alarme dans son esprit. Le professeur souligna la qualité de leur exposé et les félicita vivement.

Le cours touchait à sa fin. Dès que les étudiants commencèrent à sortir, Marielle s'avança vers la chaire, dans l'espoir manifeste que le professeur rajouterait quelques compliments supplémentaires, "off". Ce qu'il fit. La demoiselle Chaderneau ne manqua pas de lui révéler combien ce travail les avait occupés pendant de longues semaines, de dire combien elle avait apprécié la reconnaissance qu'il en avait eue. Elle déployait tout son charme ; il n'y était pas insensible. Basile n'eut pas l'impression qu'un moment ou l'autre dans leur échange il eût été question de lui qui avait assuré l'essentiel du travail. Jamais le regard du professeur ne se tourna de son côté.

Cela chagrina un peu le garçon. Ainsi donc, maintenant que tout était terminé, elle tirait sans vergogne la couverture à elle en le laissant lui, tout penaud, sur le bord du chemin. D'autres, plus hardis - ou tout simplement plus lucides - lui en auraient fait reproche. Basile n'avait pas cette audace, d'autant que, revenant vers lui, elle fit remarquer aussitôt :

– Eh bien, tu sais, il a été emballé par notre présentation. Je lui ai dit que c'était surtout grâce à toi.

– Ah ?

– Tu peux me croire. J'ai bien insisté sur ton travail. Je lui ai même dit que tu avais été notre locomotive. J'espère que la comparaison ne te vexe pas au moins.

Elle en faisait beaucoup. Trop. Comme si elle avait besoin de se justifier. Basile en eut l'intuition, mais la chassa bien vite. Il préférait continuer à planer sur son nuage, les yeux rivés sur son soleil. Un soleil lumineux certes, mais dont les rayons se dispersaient tous azimuts.

Au demeurant, oser une remarque, exprimer un regret de la voir faire cavalier seul, c'était prendre le risque de la contrarier et de la perdre. Bien que dépité, Basile fit bonne figure et se contenta de la remercier.

L'heure des vacances allait sonner. Le jeune homme aurait aimé savoir à quoi Marielle allait occuper les siennes. Il aurait aimé qu'elle lui fît quelques confidences. Fidèle à sa discrétion habituelle, il ne posa pas de questions.

Au moment de partir, chacun de son côté, elle lui fit deux bises. Mieux que rien quand même. Dans son Ami 6, elle baissa la vitre, lui fit un signe et démarra toute joyeuse. Elle tourbillonnait dans la spirale trépidante de sa vie.

Et lui, comme un couillon, restait planté sur le trottoir à agiter un bras qu'elle ne regardait déjà plus.

14

Tu me taxerais sûrement de chauvinisme si je te disais tous les bienfaits que peut t'apporter l'air de la Haute-Loire. Et plus tu es haut, meilleur est le bénéfice. Alors tu penses bien que l'air de Bellevue-la-Montagne, à 1000 mètres d'altitude, ça peut te requinquer le plus mal en point, même et y compris quelqu'un qui souffrirait de mélancolie, affliction sournoise s'il en est.

Basile revint au pays. Différent. Du grand gamin qu'il était, il avait gardé l'étoffe, mais il avait changé de l'intérieur. (Ce qui prouve bien, entre parenthèses, que l'habit ne fait pas le moine).

Le fait d'avoir à se gérer, dans ses études, mais dans sa vie domestique aussi, l'avait rendu plus indépendant. La rencontre de filles, qui ne s'étaient pas enfuies en hurlant à sa vue, l'avait rassuré. Même avec son œil bâtard, il n'effarouchait pas les demoiselles comme il s'en était convaincu pendant des années auparavant.

Seul problème : l'une d'entre elles s'était épinglée sur son coeur. Profondément. Et lui n'avait fait que voleter sur le sien, largement ouvert à tous les courants d'air. D'où cette brume de mélancolie dans laquelle il flottait à son retour à la maison : où était Marielle ? que faisait-elle ? lui arrivait-il de penser à Basile Cretonoux de temps en temps ? Toutes questions qui resteraient plusieurs mois sans réponse.

– Qu'est-ce qui ne va pas, mon Basile, s'inquiéta Clémentine au bout de quelques jours.

– Tout va bien, maman. Pourquoi me demandes-tu ça ?

– Parce que tu n'es pas dans ton assiette. Tu as fait une bonne année à la fac. Tu devrais être content, non ?

– Mais je suis content, maman, et surtout content d'être en vacances. Si tu as l'impression que je ne suis pas très en forme, c'est sans doute dû au changement de rythme. C'est la décompression.

– La quoi ?

– Tu sais, quand pendant des mois on a travaillé dur, sans beaucoup de loisirs et qu'on s'arrête d'un coup, on a les nerfs qui se relâchent. C'est ce que j'appelle de la décompression. On se sent un peu tout drôle pendant quelque temps.

– Ah bon, tant mieux, si ce n'est que ça. Encore deux ou trois jours et il n'y paraîtra plus.

Sans doute avait-elle raison. Même l'image de Marielle allait devenir de plus en plus floue au fil des semaines et son souvenir moins lancinant. Et l'air du pays produirait son effet. De plus, pour ne pas laisser l'oisiveté, cette mère de tous les vices, le pervertir, Basile s'était trouvé un emploi pour trois mois, à partir du 1er juin.

On était le 18 mai. Pendant une quinzaine, il allait pouvoir disposer d'un peu de temps pour lui... et pour apprendre à conduire. Il s'était inscrit dans une auto-école de la place Carnot, au Puy. Déjà, à temps perdu, il avait feuilleté le Code Rousseau que son moniteur lui avait remis. Habitué à ingurgiter des tartines de droit, il n'appréhendait pas trop cette partie-là de l'examen. La conduite le préoccupait beaucoup plus ; d'après les textes réglementaires, son acuité visuelle était suffisante, mais il savait bien que son strabisme faussait un peu sa perception de la profondeur et des distances.

Il se demandait si la petite gêne qu'il avait pu ressentir en vélo ou en mobylette n'allait pas être plus handicapante quand il serait au volant d'une voiture.

Sa première leçon le rassura. Il cala deux fois, se fit reprocher de rouler trop à droite, et même une ou deux fois sur l'accotement, freina si brusquement que son moniteur faillit défoncer le pare-brise de la tête. Ce dernier réconforta néanmoins son élève en lui révélant qu'il n'avait pas l'exclusivité de ce genre d'exploit lors d'une première séance. Il lui dit même que ce n'était pas si mal pour un début.

Chaque soir, Basile prenait son Code Rousseau et partait se balader le long de l'allée du château. Il s'asseyait sur la murette qui la borde et se plongeait dans les priorités, les feux tricolores, les lignes jaunes et toute une tapée de panneaux dans lesquels il conviendrait de ne pas tomber à l'examen.

Dans les feuilles des platanes, les hannetons bourdonnaient. En les entendant, Basile pensait toujours à Paul. Un des jeux favoris de son frère, quand ils étaient plus jeunes et qu'ils allaient au mois de Marie dans la chapelle des Sœurs, c'était d'attraper assez d'insectes pour en remplir trois grosses boîtes d'allumettes et de les lâcher pendant la cérémonie. Cela créait une petite diversion qui n'aurait sans doute pas scandalisé Bernadette Soubirous, la fille du meunier de Lourdes, dont on lisait l'histoire. Soeur Marie-Pauline, si. Elle faisait alors les gros yeux du côté des garçons, sans savoir qui était le coupable, mais certaine que ce genre de bêtise ne pouvait être le fait des filles.

Le cadre champêtre et majestueux de l'endroit favorisait-il la mémorisation ? Pas forcément, mais il ne devait pas la perturber non plus. Basile avait déjà expérimenté ce lieu insolite pour travailler. L'année précédente, il aimait bien y venir, en fin d'après-midi pour faire ses révisions du Bac.

Le lundi 1er juin, il partit vers huit heures de chez lui, en mobylette, pour se rendre à Craponne. Il ne commençait le travail qu'à neuf heures, mais avait besoin d'un peu de marge pour prendre ses repères et ne pas arriver en retard. Il traversa le chef-lieu de canton et, à mi-hauteur du Boulevard du Nord, tourna à droite et s'arrêta devant un portail en fer forgé. Sur le mur rutilait une plaque dorée : Maître Charles de Partène, Notaire.

Ce dernier lui avait dit, courant février :

– Tu viendras garer ton engin dans ma cour, là, sous l'auvent. Il sera à l'abri en cas de pluie et on ne te le piquera pas.

– Quand vous aurez vu mon engin, comme vous dites, vous comprendrez qu'il serait étonnant qu'on me le pique.

– Peu importe, tu le laisseras là ; le portail sera ouvert. Le Crédit Lyonnais est à deux pas.

C'était aussi Charles de Partène qui avait joué de son influence pour que Basile obtînt ce job d'été. La banque embauchait toujours un étudiant pour remplacer les employés en congé. Parmi la pile de demandes qui atterrissaient sur son bureau, le directeur de l'agence, Victor Bontemps, devait choisir la candidature qui lui paraissait la meilleure. Sauf si quelque bonne âme lui soufflait le nom de quelqu'un particulièrement recommandable.

Charles de Partène et Victor Bontemps allaient toujours, en début d'après-midi, boire un café ensemble au Grandgousier, sur la Place du Marchedial toute proche. Ils s'étaient connus vingt ans plus tôt dans une université parisienne et s'étaient retrouvés par hasard à travailler à quelques mètres l'un de l'autre, à Craponne-sur-Arzon. Leur vieille complicité avait refait surface tout naturellement.

– Tu as bien un gars de Bellevue qui t'a envoyé une demande d'emploi pour cet été, avait demandé Charles vers la fin janvier.

– Oui, il y a quelques jours que je l'ai reçue. Mais, son CV n'a pas particulièrement retenu mon attention.

– C'est bien dommage. Là, pour le coup, tu ferais une bonne recrue, à mon avis.

– Ah bon ? Mais tu le connais comment ce jeune, toi ?

– La première fois que je l'ai vu, il était en Terminale à la Chartreuse. J'étais allé présenter la profession de notaire. Il m'a dit qu'il était intéressé et m'a demandé s'il pouvait venir me voir à l'étude. Quinze jours plus tard - c'était aux vacances de février - il a pris rendez-vous. Tiens-toi bien : j'ai passé deux heures et demie avec lui.

– Diable ! Tu n'avais rien à faire ce jour-là ?

– Oh, que si. On a bavardé, je ne sais pas, trois quarts d'heure peut-être. Il m'a posé des tas de questions...

– Et le reste du temps ?

– Eh bien il m'a dit : *"Je ne veux pas vous faire perdre toute votre matinée. Est-ce que vous accepteriez que je reste là un moment pendant que vous travaillez. Et si j'ai besoin d'une explication..."* - *"D'accord, ça marche"*, je lui ai répondu.

– Et il t'a regardé tout ce temps. Il a dû s'emmerder un peu, tu ne crois pas ?

– Ah, pas du tout. Je te jure, ce gamin, t'as pas besoin de lui répéter deux fois la même chose. Il capte à une allure. Quelque temps après, j'ai téléphoné à son lycée, parce qu'il m'avait quand même un peu "scotché". J'ai eu le Supérieur : il ne m'en a fait que des éloges. Et tu sais quoi ?

– Oui ?

– Il a eu son Bac avec mention Très Bien.

– Dans ce cas, tu lui diras, à ton protégé, qu'il a encore des progrès à faire pour rédiger un CV.

– Pourquoi ça ? s'étonna Charles.

– Il a bien marqué qu'il avait eu le Bac en 1969, mais il n'a pas indiqué de mention... ou alors, c'est moi qui ne sais pas lire.

– Pourtant il l'a bien eue. Quand j'ai vu le résultat sur *l'Éveil*, je l'ai appelé au téléphone pour m'assurer que c'était bien lui et le féliciter. Il me l'a confirmé.

– Écoute, je veux bien te croire. Je vais le convoquer pour un entretien. On verra si j'ai la même impression que toi.

– Il est en Fac à Lyon. Je ne sais pas s'il revient souvent. Tu verras bien. Tiens que je te dise aussi pour que tu ne sois pas surpris : il louche un peu, mais ça ne l'empêche pas d'être sympathique, et en plus...

– En plus ?

– Tu as là l'occasion de faire une sacrée bonne action. Les parents ne roulent pas sur l'or, tu sais. Eh bien, je ne sais pas comment ils se démerdent, mais tous leurs gamins font des études. Il est vrai que, d'après ce que je sais, ils sont tous aussi doués les uns que les autres. Et celui qu'ils ont perdu était pareil.

– Ils ont perdu un de leurs gamins ?

– Oui, il devait avoir seize ans, je crois. Mais tu dois bien te rappeler. Il s'est tué en tombant de la tour du Château d'Arzon.

– C'est cette famille ? Bien sûr que je me rappelle. C'est tellement triste : on n'oublie pas, même si on ne connaît pas directement les gens. Bon, allez, je le verrai, ton...

– Basile, il s'appelle. Basile Cretonoux.

Le premier week-end où il revint en Haute-Loire, l'étudiant rencontra Victor Bontemps. Au terme de leur entretien, le banquier l'informa qu'il l'embauchait pour trois mois. Il ne lui précisa pas que son ami Charles le lui avait vivement recommandé. Mais Basile s'en douta, car le notaire lui avait dit que Victor était un ami.

Depuis leur première rencontre en février 1969, le jeune homme et Maître de Partène se voyaient régulièrement. Ce dernier s'intéressait aux cours que suivait l'étudiant ; cela lui rappelait son jeune temps. Quant à Basile, il ne manquait jamais une occasion de lui poser des questions, voire même de débattre avec lui de sujets de droit qu'il avait eu l'occasion d'étudier.

Charles était ravi de voir l'intérêt que portait son protégé à ce métier et, intimement, il était fier aussi d'avoir été le déclencheur de cette vocation. À sa façon, il servait de deuxième père spirituel au garçon, qui ne voyait plus l'abbé Jacques Renaud depuis son départ de la Chartreuse.

– Tu sais, Basile, lui dit-il un jour, si mon étude était un peu plus importante, je t'aurais bien embauché comme saute-ruisseau.

– Saute-ruisseau ? Qu'est-ce... Vous êtes en train de vous ficher de ma figure, non ?

– Pas du tout. C'est le premier étage de notre profession. C'est un clerc qui fait des courses, porte des plis. Enfin c'était...

– Ah bon, parce que j'avais déjà entendu ce mot, mais avec un sens différent.

– Je n'en connais pas d'autre. Tu es sûr ?

– Au XIXe, c'était un objet, une sorte de crochet, très décoré même, avec lequel les dames élégantes accrochaient le bas de leurs longues robes à la ceinture, pour ne pas les salir dans la poussière ou pour sauter les ruisseaux.

– Toi, au lieu de t'appeler le petit Cretonoux, tu aurais pu aussi bien t'appeler le Petit Larousse, s'amusa Charles.

– Vous rigolez, mais j'ai cru un moment que vous vouliez me faire tenir les jupes de vos employées.

– Ça aurait peut-être été aussi intéressant que de rédiger des actes notariés, va.

Basile redoutait l'épreuve du guichet. Il allait se trouver en face de toutes sortes de gens. Ceux qui seraient patients devant son inexpérience. Ceux qui râleraient. Ceux qui feraient semblant de ne pas voir ses yeux. Ceux qui ne verraient que ça. Malgré cette appréhension, il mesurait la chance qu'il avait eue d'être retenu par Monsieur Bontemps.

Il allait découvrir un nouveau métier, très différent de celui de l'été précédent où il faisait les marchés avec un marchand de fruits et légumes. Cela ne lui déplaisait pas d'ailleurs, bien qu'il fallût se lever très tôt. Le salaire serait plus avantageux aussi et, même s'il bénéficiait pour la fac du meilleur taux de bourses, les fins de mois restaient difficiles. Charles et Clémentine les aidaient de leur mieux, mais trois enfants en études supérieures et une en pension au lycée, cela faisait beaucoup pour eux.

Contrairement à ce qu'il avait craint, les clients de la banque lui témoignèrent très vite une confiance sympathique. S'il eut affaire à quelques grincheux en trois mois, ils se comptèrent sur les doigts d'une main.

– C'est parce que tu as une bonne tête, fit remarquer son patron.

Basile avait plutôt la cote avec le directeur de la banque. En dehors du travail, il le voyait chaque jeudi au Grandgousier où il venait prendre un café avec Charles de Partène et lui. Ce jour-là, le notaire l'invitait à manger pour "couper" sa semaine. Le reste du temps, il apportait un pique-nique qu'il allait consommer généralement dans le jardin public en haut du Marchedial ou sous l'auvent qui abritait aussi sa mobylette quand il pleuvait.

Ces bonnes relations, outre le fait qu'elles le mettaient à l'aise, lui facilitèrent bien la vie aussi. Le

6 juillet, au cours de sa leçon de conduite, le moniteur lui déclara qu'il était prêt pour tenter l'examen. Une place était disponible le mercredi 15, à huit heures.

– Ce serait bien, mais je travaille, regretta Basile.

– Tu ne peux pas t'arranger pour avoir ta demi-journée ?

– Je peux toujours demander, mais...

– Écoute, tu demandes demain et tu m'appelles dans la journée. Je te garde la place jusqu'à mercredi matin.

Monsieur Bontemps ne fit aucune difficulté ; il remplacerait lui-même son employé, à un poste où on ne le voyait jamais. Basile fut très sensible à cette faveur, assortie toutefois d'un bémol :

– Bon, c'est d'accord, fit le patron, mais à deux conditions quand même : que tu le réussisses, ce permis, et que, le lendemain, tu l'arroses en payant le café au Grandgous'. OK ?

– Je ne demande pas mieux, moi, mais faudrait que vous expliquiez ça à l'inspecteur aussi.

– Tu n'auras pas besoin de moi, j'en suis sûr. Tiens, appelle ton auto-école tout de suite, lui proposa-t-il en décrochant son téléphone. Tu risquerais de l'oublier.

L'inspecteur souffrait de la prostate. Ce qui valut à Basile de devoir faire deux créneaux au lieu d'un. Devant les toilettes publiques. Il s'en sortit à peu près bien. L'inspecteur aurait pu chipoter ; sa vessie l'en dissuada.

Au terme de l'épreuve, il remit au candidat le précieux papier rose. Ainsi, Basile Cretonoux était reconnu apte à conduire un véhicule de catégorie B pour avoir su s'adapter aux besoins de la circulation automobile et accessoirement à ceux de son examinateur.

Le lendemain, c'est lui qui offrit le café.

Plusieurs fois, les jours suivants, lui revinrent en mémoire les images de sa dernière rencontre avec Marielle. Marielle et son Ami 6 rouge qui s'envolaient, poussées par un vent de liberté. C'est vrai que pouvoir conduire une voiture offrait de nouvelles perspectives. Basile avait éprouvé souvent une sorte de dépit en voyant la jeune fille capable de conduire alors que lui-même, à cette époque, n'avait même jamais essayé. Il se sentait en position d'infériorité, se trouvait bien peu dégourdi face à la décontraction avec laquelle elle circulait dans les rues de Lyon. L'obtention du permis de conduire allait corriger cela.

Il espérait surtout que ses frères, Michel et Jean, qui avaient chacun une bagnole, la lui prêteraient de temps en temps pour qu'il se fît la main.

En attendant qu'il pût s'en payer une. Mais, là, c'était une autre histoire.

15

– Pour un débutant, ce n'est quand même pas la meilleure route, s'inquiéta Charles Cretonoux.

– Tu iras doucement au moins. Tu tiendras bien ta droite, surenchérit Clémentine.

– Mais lâchez-lui les baskets, reprocha Michel. Vous savez bien que Basile est très raisonnable. Je ne lui prêterais pas ma caisse si c'était un foutraque (*).

– Un accident est si vite arrivé, murmura la mère, comme perdue ailleurs. Même si on n'est pas foutraque.

Michel regretta ce dernier qualificatif : tout le monde ne savait que trop le prix qu'avait coûté à Paul son tempérament de casse-cou. Pour autant, jamais aucun membre de la famille n'aurait employé ce terme pour désigner ce fils ou ce frère qui leur manquait tant. Michel craignit que son propos pût paraître ambigu ; il se reprit :

– Enfin, je voulais dire... je sais que Basile sera très prudent.

La banque fermait ses guichets les lundis. Ce 20 juillet, cinq jours après son succès au permis de conduire, le jeune Bellimontain allait, pour la première fois, partir seul au volant de la 2 CV de Michel. Jusqu'à Ceneuil. Joseph ne travaillait pas non plus le lundi. Jusqu'ici, c'est lui qui avait fait le déplacement car il avait une voiture. Seize kilomètres ! La distance n'effrayait pas les parents Cretonoux, la route étroite et les virages, si. De plus, le novice avait appris sur une R8, mais n'avait jamais touché à une 2 CV.

(*) un peu fou

Une 2 CV. Tu te rappelles, ami lecteur. La Deux-Pattes ! Ah ! si on l'a aimée, cette deudeuche ! Qui d'entre nous n'a pas vécu au moins une expédition mémorable à bord de cette voiture mythique ?

Ah, bon, tu ne la connais pas, toi, gentille lectrice qui pourrait croquer tes vingt ans de mille façons et accordes cependant quelques heures de ta vie à mes vieilles histoires ? Tu n'étais pas née ? Eh bien, malgré tout, je parierais qu'elle t'est plus familière que tu ne crois. Tu as sûrement au moins une scène de cinéma avec une 2 CV dans un coin de ta mémoire. Elle a été l'héroïne de tellement de cascades impressionnantes.

Déjà, au démarrage, elle te ballottait pas mal. Pour peu que ta maîtrise de l'embrayage laissât à désirer, ses cahots pouvaient t'envoyer la tête dans la bâche qui lui servait de toit.

Celle de Michel ne comprit pas instantanément ce que lui demandait Basile. Elle hoqueta, s'ébroua dans les premiers mètres, semant une certaine panique dans le quartier. Le père Martel fumait tranquillement, assis sur une souche, devant sa maison : il en lâcha sa bouffarde. Les poules du curé prenaient l'air devant le portail : elles s'enfuirent en caquetant se réfugier au fin fond du jardin du presbytère.

Basile ne se laissa pas désarçonner. Il réussit à calmer l'impétueuse Deux-Pattes. Quand il parvint à la grand-route, il maîtrisait complètement la situation. Il prit la direction de Craponne, puis, très vite, bifurqua en direction de Vorey. Très concentré, il aborda la descente sinueuse en tenant bien sa droite. Le voyage se passait sans encombre quand, au sortir d'un virage, il se trouva nez à nez avec un petit camion. Il se déporta sur le bord, mordit l'accotement. Une branche morte émergeait du fossé : le phare avant droit vola en éclats :

– Et merde, ragea le garçon.

Il s'arrêta dès qu'il le put pour constater les dégâts : la 2 CV était borgne.

– Zut ! Zut ! Et zut !

Ce fut le seul incident de parcours. La Deuche et lui firent route ensemble en parfaite harmonie jusqu'à Ceneuil. Joseph rassura tout de suite son copain : un aller et retour à Vorey et tout serait réparé. Il appela son patron et lui demanda s'il pouvait prendre un verre de phare sur une épave de 2 CV, en attente de dépeçage dans un coin de cour.

– Sers-toi. Pas de problème.

En cours de route, le mécanicien fit remarquer :

– Elle est pas trop vaillante, la caisse à ton frangin. Y aurait bien besoin de lui redonner un peu de jus.

– C'est aussi parce que je ne la pousse pas assez. C'est la première fois que je la prends.

– Quand même. En remontant tout à l'heure, si tu veux, je la prendrai pour mieux me rendre compte.

– Tu peux toujours l'essayer, mais vaut mieux ne rien y toucher sans demander à Michel.

Sur la 2 CV déjà bien disséquée, au garage, Joseph préleva encore deux organes : une ampoule et un verre. La réparation dura moins d'une minute. Restait juste une petite griffure sur le bloc de phare. Encore fallait-il le savoir. Michel n'y verrait rien et Basile préférait ne rien lui dire. Il n'aurait peut-être plus voulu lui prêter la voiture.

– Voilà. Le tour est joué, déclara Joseph. Ca te dit de revenir par Saint-Vincent ? On pourrait s'arrêter un moment près de la Loire.

Ils garèrent l'auto près du pont de Changeac et descendirent sur le bord de fleuve. Le niveau de l'eau était très bas, ce qui dégageait une vaste plage de galets. Basile en ramassa quelques-uns aux veines colorées et particulièrement polies.

– J’en donnerai à Régine. Ca fait de jolis presse-papiers.

Ils s’assirent au bord de l’eau. Le murmure d’une rivière - et en l’occurrence d’un fleuve ici - crée toujours un fond sonore sur lequel voguent plus facilement les confidences.

Les deux garçons parlèrent longtemps. De tout. De rien. Et d’autre chose encore.

– Tiens, il y a un truc que je ne t’ai pas encore dit, déclara Joseph tout de go.

– Ah ?

– J’ai une copine. Mais bon, jusqu’à ces derniers temps, je savais pas trop si c’était sérieux.

– Elle s’appelle comment ?

– Christine.

– Tu l’as rencontrée par ici ?

– À vrai dire, je l’ai ramassée au bord de la route.

– Qu’est-ce que c’est que cette connerie ?

– C’est pas une connerie, figure-toi.

– Eh ben, alors, raconte.

– Depuis que j’ai ma bagnole, je rentre tous les midis pour manger à la maison. Un jour, au mois de janvier, dans la montée sur Brigols, je me trouve derrière une mobylette qui en foutait point (*). Je ne pouvais pas doubler à cet endroit ; j’avais pas de visibilité. Je suis resté derrière un bon moment. Le pilote était tout emmitouflé dans une grosse parka noire avec une capuche. J’étais obligé de suivre ; autant te dire que ça me faisait râler.

– Oui, mais tout à coup, tu as vu que c’était une jolie fille et...

– Penses-tu. J’ai vu que dalle. Si. Son garde-boue arrière qui était tordu et le feu cassé. Je me rappelle que quand j’ai pu doubler, j’ai gueulé dans ma voiture : *“Hé, les escargots, c’est dans les orties qu’ils se baladent, pas sur les routes. Tu te traînes, vieux”*.

(*) qui allait tout doucement

– C'était un vieux ?

– Mais j'en savais rien. Emmitouflé comme il était, je n'avais rien vu. Puis, un jour du mois d'avril, je me rappelle, il faisait un temps magnifique, très doux, pratiquement au même endroit, je me retrouve coincé de nouveau derrière une mob. Je l'ai reconnue tout de suite : le garde-boue était toujours cabossé et le feu n'avait pas été changé. Mais, cette fois, on distinguait mieux le pilote, la pilote plutôt. Avec de beaux cheveux châtains qui flottaient au vent.

– Et là, tu doubles, tu lui fais une queue-de-poisson, elle se casse la figure et tu la ramasses dans le fossé.

– Rien du tout. Je l'ai doublée, oui, dès que j'ai pu... encore que j'étais moins pressé.

– Il a combien d'épisodes, ton feuilleton ?

– Jamais deux sans trois. La semaine suivante, toujours un temps superbe. À peine j'avais dépassé les dernières maisons de Vorey dans la côte, qu'est-ce que je vois ?

– Une mob qui se traîne devant toi, avec dessus une fille, les cheveux au vent.

– Eh ben, non. C'est pas la mob qui se traîne, mais la fille, à pied, qui la pousse. Je la double et je vois tout de suite pourquoi : la roue avant est à plat. Je m'arrête...

– Réflexe de mécano, forcément.

– Mécano ou pas, je vais pas laisser cette pauvre fille s'échiner à pousser sa mobylette dans une telle grimpette. Si elle a deux ou trois kilomètres à faire, bonjour.

– Et là, boum ! Coup de foudre.

– Pas tout à fait, mais c'est vrai qu'elle était mignonne. Je lui dis : "*Vous êtes en panne ?*"

– Ah oui, classique ; le coup de la panne.

– Tu peux bien te moquer. En attendant, elle m'a dit oui tout de suite.

– Dis donc : vous n'avez pas perdu de temps. Comme ça, de but en blanc, elle t'a dit oui.

– Fais bien l'idiot, va. Elle m'a dit oui, que sa roue était crevée. Je lui ai alors proposé de la démonter et de l'emporter chez moi pour la réparer le temps de midi. Et dans la foulée, je lui ai demandé où elle habitait pour la ramener chez elle. Elle est d'un village de Vorey : le Poux.

– Ca prend tournure, notre affaire.

– J'ai mis la roue dans le coffre. La fille est montée dans ma Dauphine. En chemin, on a parlé un peu. - *Vous vous appelez comment ?* j'ai demandé. - *Christine, ... mais c'est obligé qu'on se dise "vous" ? - Non. Moi je m'appelle Joseph. J'habite à Ceneuil. - Et tu vas pouvoir réparer ma roue avant de redescendre ? - C'est bon : je suis mécano. Je repasse te prendre chez toi en début d'aprèm' ; on change la roue et tu peux retourner à ton boulot... et à l'heure, si tout va bien.*

– Et ils furent à l'heure, ils se marièrent et eurent beaucoup d'enfants.

– J'sais pas ce que tu as aujourd'hui. T'arrête pas de me charrier.

– Oui, je te taquine. Mais surtout je suis très content pour toi. Donc, si je comprends bien, vous vous êtes beaucoup revus depuis et tout va bien.

– Oui. C'est une super chic fille. Dommage, elle travaille le lundi. Autrement, je te l'aurais bien présentée.

– Un de ces jours... Elle travaille le dimanche ?

– Non, elle est secrétaire dans une boîte. Elle travaille du lundi au vendredi... Et toi, à la Fac, tu ne m'as pas dit...

Basile eut un petit sourire désappointé. Lui, il avait rencontré Marielle et il ne se passait pas de jour sans qu'il pensât à elle. Mais qu'était-il pour elle ? Bonne question.

– Moi ? répondit-il après un moment de silence. Je voudrais bien que la situation soit aussi limpide que pour toi. Seulement...

– Seulement tu n'en as pas rencontré une à ton goût. C'est peut-être que tu es trop... difficile.

– Non, non. Ce n'est pas ça. En fait, j'ai rencontré une fille qui me plaît bien. On faisait partie du même groupe de travail. On a bien sympathisé, mais c'est tout. Je ne sais pas si elle éprouve un peu plus que de la sympathie pour moi.

– Et, toi ?

– Oh, moi, je pense souvent à elle. J'aurais bien aimé qu'on fasse un peu plus connaissance. En fait, je sais très peu de choses sur elle.

– Tu n'as jamais essayé de lui écrire, de l'appeler au téléphone depuis que tu es revenu de Lyon ?

– Mais je n'ai même pas son adresse, ni son téléphone. Elle habite à Bourg-en-Bresse, mais à part ça... Et puis aussi, j'ai peut-être trop idéalisé cette fille. Tu comprends, quand on sort de la Chartreuse, on n'a pas eu l'occasion d'en croiser beaucoup, surtout moi qui ne suis pas d'un naturel très hardi. Et puis...

Basile ne termina pas sa phrase. Joseph le sentit embarrassé. À la fois, il ne voulait pas être indiscret, à la fois, il aurait aimé que, avec lui, son ami pût exprimer ce qui le préoccupait, sans réserve. Il savait bien qu'il était celui à qui il se confiait le plus. Et cela fait du bien de pouvoir partager ses doutes, ses joies et ses peines. Joseph voulut le mettre à l'aise :

– Tu n'es pas obligé de tout me raconter, Basile.

– S'il y a quelqu'un à qui je peux dire des choses très personnelles, tu sais bien que c'est toi. Non, en fait, je ne sais trop comment dire... Voilà, c'est ça : c'est une fille trop bien pour moi.

– Qu'est-ce que ça veut dire "trop bien pour toi" ?

– Si tu voyais comme elle est belle. Et à l'aise, partout où elle se trouve. Alors que moi, avec mes yeux de traviole, je ne sais jamais où me mettre : je disparaîtrais dans un trou de souris, si je pouvais.

– Hum, je vois, oui. Dommage que je ne sois pas capable, comme toi, de faire des belles phrases - tu te rappelles, ça nous faisait chialer quand les profs lisaient tes rédactions - oui, dommage. Au moins je saurais te dire que... tiens, voilà,... que tu pédales à côté du vélo.

– Ce qui signifie ?

– Ben, comment dire ? Les sentiments, c'est pas d'abord une affaire de savoir si les yeux sont droits ou de travers. C'est autre chose. Tiens. Est-ce que tu penses que je suis ton ami ?

– Bien sûr. Quelle question !

– Est-ce que tu crois que je serais un peu plus ton ami si tes yeux étaient droits ?

– J'sais pas. Je ne pense pas.

– Quand je t'ai rencontré, si tu n'avais pas eu cette petite... faiblesse, je n'aurais jamais osé te parler. Comme tu étais très doué en classe, je n'aurais vu que ça et j'aurais dit comme toi : “Il est trop bien pour moi”. Tu es comme tu es, Basile et c'est comme ça que les gens qui te connaissent vraiment t'aiment bien. Ton patron à Antreuil, sa famille, le notaire de Craponne, le directeur de la banque, et tant d'autres, tu crois qu'ils ne t'aiment pas bien ?

– Si, il me semble.

– Un jour, tu trouveras une fille qui ne te prendra pas en pièces détachées : le nez, oui ; les pieds, oui ; les yeux, non... Elle s'attachera à toi parce que c'est toi, et c'est tout.

– Tu as dit tout à l'heure que tu ne savais pas faire de belles phrases. En tout cas, tu sais exprimer de belles choses. Merci, Joseph.

16

Fin septembre, Basile retrouva Lyon. Content et triste à la fois. Son appétit de connaissances et son désir d'aller au plus vite vers le métier qu'il avait choisi le rendaient impatient. L'idée de revoir Marielle aussi. En même temps, il fallait laisser Bellevue-la-Montagne et plus généralement la Haute-Loire : il se sentait plus à l'aise dans ses bottes à la campagne que dans des mocassins en ville.

Comme l'année précédente, une chambre lui avait été allouée au Bâtiment D de la résidence André Allix. Il arrivait donc en terre connue ; il n'aurait pas à apprivoiser les lieux. Son année universitaire put donc démarrer sur les chapeaux de roue.

Dès le premier jour, il eut droit à deux bises chaleureuses de Marielle. Elle lui demanda où il avait passé ses vacances. Sans doute s'attendait-elle à ce qu'il lui commente ses journées à la plage. Il déclara simplement :

– Au guichet d'une banque.

– Tu as bossé tout l'été ?

– Pas tout à fait. De début juin à fin août. Avant j'ai passé mon permis.

– Tu l'as eu ?

– Oui.

– Du premier coup ?

– Oui. Ça a bien marché.

– Bravo. Félicitations. Alors, tu n'as pu partir qu'en septembre.

– Non, je suis resté chez moi.

– Tu habites où déjà ?

La question n'était pas méchante. Pourtant Basile la reçut comme une gifle. Lui n'avait pas oublié qu'elle venait de Bourg-en-Bresse, dans l'Ain.

– Bellevue-la-Montagne. C'est en Haute-Loire. je te l'avais bien dit l'an passé, tu ne t'en souviens pas ?

– Mon pauvre ! Si je te disais... la Haute-Loire ? Je ne sais pas même où c'est. Mais Bellevue-la-Montagne, c'est joli comme nom. Il perche à combien ton village ?

– 1000 mètres, tout rond... Et toi, tu as fait quoi depuis bientôt cinq mois ? se risqua-t-il à demander.

– Ne m'en parle pas : je n'ai pas vu le temps passer. Aller voir les uns, les autres. Et puis, je suis partie presque un mois en Norvège avec des copains et copines. Puis deux semaines à Sainte-Maxime.

Basile situait bien la Norvège, pas du tout Sainte-Maxime. Il se garda bien de demander : il ne voulait pas paraître ridicule. Il imagina que ce devait être quelque plage de la Méditerranée.

– Donc, tu n'as pas bossé du tout, remarqua-t-il.

– Non, mais attends : les vacances, c'est fait pour se reposer. À propos de bosser, j'espère qu'on aura de nouveau l'occasion de préparer des trucs ensemble cette année. On avait fait une bonne équipe l'an passé, hein.

– Oui, j'espère aussi.

Il ne fallait pas être grand clerc pour comprendre que l'un et l'autre ne visaient pas forcément le même objectif. Pour Marielle, avoir Basile dans son équipe, c'était pouvoir compter sur une bonne “locomotive”. Pour lui, l'avoir, elle, dans son équipe, c'était passer des heures à ses côtés, mieux la connaître et peut-être nouer une relation plus intime. La lucidité de Basile, assez aiguisée, mesurait bien l'immense fossé qui existait entre elle, ses modes de vie, son look, et lui. Mais le non moins lucide Pascal l'avait bien dit : *“Le coeur a ses raisons que la raison ne connaît point”*. Et chez le

Bellimontain, en ce qui concernait Marielle, le coeur ne voulait pas se soumettre à la raison, si évidentes que fussent les réserves qu'elle lui soufflait.

Le brave garçon, tu le sais bien, ami lecteur, avait pensé à elle tout l'été. Maintenant, il l'avait là, devant lui, et il voulait jouer son va-tout. A son rythme bien sûr : il n'avait rien d'un foudre de guerre, ni d'un Cupidon qui tire plus vite que son ombre. Des flèches, bien sûr ; tu as bien compris qu'on ne parle pas de Lucky Luke.

Comme moi, toi qui devines bien qu'il en pince pour Marielle plus que de raison (au diable, la raison !), tu te demandes s'il ne risque pas une douloureuse déconvenue. Cette fille l'admire certainement beaucoup pour ses capacités intellectuelles, qu'elle sait d'ailleurs judicieusement mettre à profit, mais as-tu l'impression qu'il suscite en elle une émotion qui aille au-delà ? Patientons : nous verrons bien. L'avenir nous le dira.

L'avenir n'attendit pas six mois pour rendre son verdict.

Comme prévu, Marielle et Basile se retrouvèrent pour un travail de groupe, avec une fille et un garçon différents de ceux de l'équipe précédente. Leurs réunions de travail avaient lieu le vendredi et Basile attendait toujours ce moment avec une certaine fébrilité. Sachant que c'était dans le domaine intellectuel qu'il avait le plus de chances de capter l'attention de la jeune fille, il mettait les bouchées doubles pour faire progresser leur projet. Et son ardeur au travail était récompensée par de sincères éloges de la part de ses coéquipiers, Marielle en tête.

Pourtant le 26 mars, elle mit un bémol dans la partition de son concert de louanges. L'exposé qu'ils devaient présenter était bouclé, il est vrai. Elle lui dit sur un ton de reproche :

– Tu es trop sérieux, Basile. Tu ne prends jamais le temps de t'amuser.

– Tu as sans doute raison. C'est dans mon tempérament. Mais, à l'occasion...

– L'occasion ? J'en ai une à te proposer justement, lui lança-t-elle avec enthousiasme.

Basile se mit à planer sur un nuage. Elle semblait vouloir lui proposer un moment de détente, avec elle donc. Peut-être, enfin, leur relation allait-elle évoluer vers quelque chose de plus personnel.

– Dis toujours.

– Vendredi prochain, il y a une soirée organisée par un comité inter-facultés. Dans une salle municipale, près de la place Bellecour. Ça te dirait de venir ? On va faire une super-fête : on va danser ; y'aura plein de monde.

Danser ? Plein de monde ? Pas vraiment les conditions dans lesquelles le natif de Bellevue-la-Montagne se trouverait très à l'aise. Cependant, ne pas répondre à l'invitation de Marielle, c'était aussi laisser passer la chance de la retrouver dans un cadre différent... pour une relation différente. Il bouscula son appréhension.

– Pourquoi pas, après tout ? Ce sera le week-end.

– Tu verras : tu ne le regretteras pas.

Et elle lui octroya une bise chaleureuse sur chaque joue. Médusé, il se demanda un moment s'il n'avait pas rêvé. Marielle avait manifesté un plaisir évident en entendant sa réponse. Tous les espoirs étaient donc permis. Une ère nouvelle s'ouvrait pour Basile Cretonoux. Il ne la laissait pas indifférente. Les sept jours qui suivirent furent habités de rêves fous.

Le vendredi suivant - le 2 avril 1971 - l'étudiant rentra au plus vite à la résidence pour prendre une douche, s'habiller, du mieux qu'il put. Il ne lui fallait pas longtemps pour faire le tour de sa garde-robe. Il se trouva une chemisette à rayures qu'il n'avait pas beaucoup portée, un jean, un gilet : ainsi équipé, il découvrit dans sa glace un jeune homme qui lui parut assez décontracté, plutôt joli garçon même, malgré ce foutu œil vagabond.

Le bus de la ligne 30 le conduisit jusqu'à Bellecour, où Marielle lui avait donné rendez-vous. Il avait insisté pour qu'elle l'accompagnât, prétextant que cela lui éviterait de chercher la salle qu'elle-même connaissait. Elle l'attendait en effet, avec un groupe de six autres étudiants de deuxième année de droit. Il aurait préféré qu'elle fût seule. Il fit cependant contre mauvaise fortune bon coeur. La soirée ne faisait que commencer après tout : il aurait d'autres opportunités sans doute de l'avoir un peu pour lui tout seul.

– C'est qu'il est mignon comme un coeur, notre Basile, plaisanta-t-elle.

Il n'aurait trop su dire ce qu'exprimait la phrase : complicité, taquinerie amicale, moquerie peut-être. Il suivit le groupe, sans que Marielle ne lui accordât une attention particulière.

Le temps doux de ce début de printemps incitait davantage à rester dans la rue qu'à entrer dans la salle. Les nombreux étudiants, venus des différentes facultés, allaient et venaient de l'une à l'autre, des verres à la main. Basile discutait avec les étudiants de droit qu'il connaissait, sans lâcher des yeux Marielle. Elle, exubérante - elle buvait beaucoup apparemment - voltigeait d'un groupe à l'autre comme si elle connaissait tout le monde.

Pendant un moment, elle échappa à sa "surveillance". Quand il la repéra à nouveau, elle semblait l'attraction d'un groupe de garçons qui riaient beaucoup. Il la voyait de face et ne reconnaissait personne parmi la cour qui l'entourait. La silhouette de l'un de ceux qu'il apercevait de dos lui disait vaguement quelque chose. Il semblait être la cible principale de la minauderie de la jeune fille. À un moment, il se retourna. Basile crut défaillir.

Yves Fernet. Le dandy de la Chartreuse. Celui qui l'avait abreuvé de méchancetés, trop dépité que le "plouc" de Bellevue-la-Montagne pût avoir de meilleures notes que lui, qui était fils du Directeur de Cabinet du Préfet. Basile ne savait ce qu'il était devenu. Ainsi donc, il faisait ses études à Lyon. Et, ironie du sort, c'était devant lui que semblait se pâmer celle pour qui il avait dérogé à ses habitudes en participant à une soirée festive. Soirée qu'il vivait avec l'aisance d'une poule qui a trouvé un couteau ! (*)

De loin, il observa le manège. Plusieurs fois, il vit le gars et la fille sortir prendre l'air ensemble. Ils riaient, buvaient, se regardaient dans les yeux, s'admiraient. Basile retrouvait chez Fernet ce petit coup de menton d'autosatisfaction qui l'avait tant agacé à la Chartreuse. Et Marielle jouait de ses yeux de biche pour qu'il eût encore plus de raisons de lever le nez.

– Tu connais ce gars qui est avec Marielle ? osa-t-il demander au garçon qui avait fait équipe avec eux cette deuxième année et avec qui il s'entendait bien.

– Je ne sais pas son nom. Il est en fac de médecine. À part ça ?... Mais, dis donc, Basile, tu ne serais pas en train de nous couver quelque chose, toi ?

Le pauvre Bellimontain sentit le feu lui monter aux joues. L'autre devina son embarras.

– Fantasme pas trop sur elle, va. Je la connais. Je te connais. Ça ne me regarde pas, mais je crois que ce n'est pas une fille pour toi. Amuse-toi et ne t'occupe pas de ce qu'elle fait.

(*) avec l'aisance de quelqu'un très embarrrassé

Basile eut du mal à retomber les deux pieds sur terre. Et, quand il se ressaisit, Marielle Chaderneau et Yves Fernet n'étaient plus dans la salle. Après ce que lui avait dit son camarade, le garçon se demanda un moment ce qu'il faisait dans cette galère et, bien vite convaincu d'errer là comme un chien dans un jeu de quilles, il décida de rentrer.

Le coeur lourd, un goût de profonde amertume à la bouche, il sortit. Il préféra partir à pied plutôt que de prendre le bus. L'air doux de la soirée et la marche lui feraient du bien. Il allait rejoindre la passerelle Saint-Georges par la rue Sala. Il attaquerait la colline par le Gourguillon, puis la rue des Farges. Il l'avait fait plusieurs fois. Une belle trotte. Pour l'heure, le meilleur remède à sa peine.

Il prit la rue Victor Hugo. Il avait à peine fait cent mètres qu'il aperçut dans une impasse un peu sombre un couple qui se bécotait. Et plus encore. La fille lui tournait le dos. Sa robe était troussée. Basile eut le temps d'apercevoir une petite culotte blanche. Deux mains lestes s'emparèrent alors des rondeurs qu'elle voilait. La fille, craignant malgré tout d'être surprise, se retourna pour voir s'il n'y avait personne. Basile reconnut Marielle et l'entendit nettement chuchoter :

– Fais gaffe, Yves. Y'a le bigleux.

Quel zèle quand même, ami lecteur, cet Yves Fernet. Alors qu'il a dû avaler toute la semaine son content de biochimie, biologie cellulaire, biologie moléculaire, histologie, physiologie, j'en passe et des meilleures, il s'impose, à peine le week-end venu, une séance supplémentaire de Travaux Pratiques en anatomie ! Ah ? Tu n'es pas d'accord, chère lectrice, tu ne crois pas que ce soit sa soif de connaissance qui le motive d'abord ? Si tu le dis, après tout...

Basile eut l'impression que le ciel venait de lui tomber sur la tête. Avait-il bien entendu ? Ce qualificatif de "bigleux" à son endroit avait-il bien été prononcé par cette bouche, dont il attendait tant de mots doux ? Aucun doute n'était permis. Si sa vue présentait quelques faiblesses, la finesse de son ouïe compensait largement. Pour Marielle, il n'était même pas Basile ce soir. Seulement un "bigleux". Quelques heures avec ce salaud de Fernet avaient suffi à gommer son prénom pour le remplacer par un surnom. Sans doute, au cours de leurs nombreux conciliabules de la soirée, ce salaud avait-il su tracer de lui un portrait aux couleurs de la dérision. Et elle, un peu pompette, émoustillée par ce gandin dégoulinant de fatuité, était entrée dans son jeu aux dépens de celui auprès de qui elle avait, pour le moins, une dette de reconnaissance. Basile éprouva d'abord un sentiment d'incompréhension, puis d'injustice.

Il avançait dans la rue comme un zombie, sans même voir ceux qu'il croisait, complètement absorbé par une sensation de dégoût. Elle ! "Sa" Marielle qui ne quittait plus ses pensées depuis un an ! Comment pouvait-on atteindre ce degré de cynisme ? Vous inviter à une soirée, sous couvert d'amitié - *Tu verras : tu ne le regretteras pas*, avait-elle ajouté - et vous rabaisser avec une telle impudence. Mais c'était pire qu'un coup de poignard dans le dos ! Peut-être n'était-il tout simplement pas assez entreprenant ? Aurait-il été capable lui de la trousser de la sorte, d'exhiber ses fesses au premier quidam venu ? Bien sûr que non. Il n'avait pas compris que c'était ce dont elle avait besoin : atteindre un degré d'excitation tel qu'il lui importât peu de savoir où et devant qui elle s'exhibait. Mais alors, pensa soudain Basile, c'est une vraie "salope". Un mot qui n'était pas dans son vocabulaire habituel et que jamais il n'aurait cru pouvoir appliquer à Marielle.

Après les moqueries des adolescentes dans une rue de Craponne, après cette gifle qu'il venait de recevoir, il se sentait devenir méfiant envers la gent féminine dans son ensemble. Ni l'image de sa mère, ni celle de sa sœur ou de Christine, la copine de Joseph dont il avait fait la connaissance, ni celle de tant d'autres filles sympas qu'il avait croisées ne parvenaient à percer dans son cerveau embrumé. Toutes des garces, voilà la seule perception qui accaparait son esprit. Et par voie de conséquence, s'effaçait aussi la perspective d'en rencontrer une, un jour, qui verrait en lui quelqu'un et non plus seulement un "bigleux".

À quoi cela pouvait-il servir de réussir un parcours universitaire, et même brillamment, s'il devait trouver plus tard, en rentrant à la maison, la solitude pour unique compagne ? Construire un avenir ? Mais pour qui ? Et pour quoi ?

Il avait atteint la rue Sala et s'y engagea en direction de la passerelle Saint-Georges. La circulation était plus importante que dans la rue Victor Hugo ; ce bourdonnement incessant dans ses oreilles contribuait à l'état second dans lequel flottait Basile. Il ne distinguait plus rien très nettement : ni les bruits, ni les lumières de la ville. Une brume épaisse et grise s'insinuait dans les parois de son cerveau. Seuls une image - une petite culotte blanche - et un mot - bigleux - perçaient ce brouillard cotonneux. Il n'avait pas bu une goutte d'alcool et pourtant une sorte de nausée lui barbouillait l'estomac.

Le tissu de sa vie venait d'être trempé dans une teinture aux couleurs du désespoir. Même le nimbe blanc qui enveloppait la basilique Notre Dame de Fourvière, qu'il aperçut sur la colline en arrivant près de la passerelle, ne put diffuser une lueur d'optimisme sur la nuit de son tourment. Il traversa le quai de Tilsit au milieu de la circulation sans s'en rendre compte.

Il s'appuya un moment contre la rambarde de la passerelle. La Saône roulait de grosses eaux que lui avait fournies la fonte des neiges sur les Vosges et le Jura. Leur bouillonnement sous ses pieds relayait celui des images sombres qui lui submergeaient la tête. Comme il eût été précieux qu'en ce moment précis les visages aimés de tous ceux qui lui faisaient confiance fissent déguerpir celles du couple qui le hantait de ses ricanements. Mais ni ses parents, ni ses frères et sœur, ni Joseph, ni le notaire ou le banquier de Craponne, ni les Bertrand d'Antreuil, ni l'abbé Jacques Renaud ne purent se frayer un passage dans le labyrinthe de son chagrin.

Le seul visage cher qui remonta à la surface des flots de la Saône, ce fut celui de Paul, ce frère quasi jumeau, disparu depuis près de cinq ans.

Comme happé par le trou de sa nuit, Basile enjamba la balustrade.

– Noooooooon !

Le cri se perdit dans le grondement de la Saône et le ronflement de la circulation.

17

Clémentine posa son tablier sur le rebord d'une chaise. Régine arrivait du Puy avec le car de Craponne. La maman s'avança sur le pas de la porte et embrassa sa fille. Normalement, elle ne rentrait que le samedi à midi. Mais, le lendemain, les professeurs avaient une journée pédagogique. La jeune fille, en terminale maintenant, était à croquer : jolie, souriante, gentille. Elle avait dû attendre longtemps pour l'avoir celle-là, Clémentine, après la longue série des garçons, mais comme elle en était fière aujourd'hui. Elle se surprit à fredonner. Une chanson d'Hugues Aufray :

Les filles sont jolies
Dès que le printemps est là,
Mais les serments s'oublient
Dès que le printemps s'en va.
Là-bas dans la prairie
J'attends toujours, mais en vain,
Une fille en organdi
Dès que le printemps revient.

Régine regarda sa mère, étonnée :

– Il y a si longtemps que je ne t'avais pas entendue chanter, maman.

Depuis la mort de Paul. Dans cette famille où toute occasion était bonne pour lancer quelque refrain - et Dieu sait si Paul avait du talent pour cela - on n'avait plus osé entonner la moindre chanson depuis que sa voix s'était tue.

– Gai comme il était, il doit nous en vouloir, de là-haut, de ne plus chanter. Tu ne crois pas ?

– Si, peut-être.

– Et puis, quand je t'ai vue, là, toute pimpante, celle-là m'est venue spontanément à l'esprit. Tu es un véritable rayon de soleil, ma fille.

– Oh, maman, tu n'exagérerais pas un peu des fois ?

– Non, c'est vrai : toi qui arrives, cette belle journée de printemps, il faut bien qu'on arrive aussi à croire à la vie.

– Le printemps, oui, mais tu oublies ce que tu m'as toujours dit : *"En avril, ne te découvre pas d'un fil"*, la taquina Régine.

– Conseil que tu n'as guère écouté.

La jeune fille n'avait en effet qu'un petit gilet négligemment posé sur une robe d'été vert pomme. Une vapeur de tristesse embruma un instant le regard de Clémentine.

– Quand je pense que, toi aussi, tu vas t'envoler ! C'est la dernière année. Après tu feras comme tes frères : on ne te verra qu'un week-end de temps en temps.

– C'est la vie, ma petite maman... Au fait, tu as eu de leurs nouvelles cette semaine ?

– De Basile seulement. Il m'a appelée mercredi. Eh bien, je parie que tu ne vas pas me croire...

– Ah ? Ah ?

– Tu ne devinerais pas où il va aujourd'hui.

– Ben... non.

– À une soirée étudiante. Oui, ma petite, notre Basile sort ce soir. Il avait l'air tout énervé quand il m'a dit ça.

– Tiens donc. C'est plutôt une bonne nouvelle. Lui qui vit toujours comme un moine.

– Oui, c'est une bonne nouvelle. Avec ton papa, on avait même du mal à y croire.

– Il va bien, papa ?

– Ça va. Oh, il a bien toujours cette hanche qui le fait pâtir... Tiens, mais le voilà.

– Bonjour, p'pa, lui lança sa fille en l'embrassant.

– Ma Régine. Tu es belle comme le jour.

– Ce n'est pas possible. Vous vous êtes monté le coup avec maman pour m'envoyer des fleurs.

– Normal. Elles commencent à pousser, répondit Charles en riant.

– Hum, je vois. Elles ne sont pas chères. C'est pour ça.

– Mais non, mais non. Tu es la plus jolie de nos filles, je te l'assure, s'amusa le père.

– Incontestablement, convint Régine. Alors, p'pa, il paraît que Basile fait la fiesta aujourd'hui ?

– Maman t'a dit, je vois. C'est une bonne chose. Ça lui fera le plus grand bien.

Le samedi matin, jour de marché à Craponne, voit arriver de tout le canton des gens qui profitent du déplacement pour faire des courses de tous ordres, ainsi que toutes les démarches possibles et imaginables.

Comme chaque semaine, Maître Charles de Partène boucla sa porte un peu plus tôt ce vendredi soir. La matinée du lendemain s'annonçait chargée. Il estimait de son devoir de reprendre son souffle pour pouvoir l'affronter plus sereinement.

Il sortit dans sa ruelle et rejoignit le Boulevard du Nord. Le Crédit Lyonnais fermait à dix-huit heures. Si son ami Victor Bontemps n'était pas en clientèle à l'extérieur, il aurait sans doute le temps de venir siroter un Pastis au Grandgous', question de saluer ce qui semblait bien être la véritable arrivée du printemps.

Le directeur de la banque ne se fit pas prier et les deux compères allèrent s'attabler à la terrasse du café-restaurant.

– Ça remonte tout de suite le moral de pouvoir boire un coup dehors, remarqua Victor.

– Surtout après l'hiver qu'on a eu. On en a bouffé de la neige cette année.

La conversation se dispersa entre le temps qu'il faisait - sujet d'amorce incontournable -, sur le résultat des dernières élections municipales - la rue craponnaise était toujours assez agitée dans ces périodes-là -, sur l'aménagement en cours de la maison de la Grenette, juste en face. Les deux hommes se connaissaient si bien qu'il n'y avait pas de blancs dans les dialogues. À un moment, Victor demanda :

– Y'a longtemps que tu n'as pas eu des nouvelles de notre Basile ?

– Pas plus tard qu'hier, au courrier.

– Ah ? Et ça va ?

– Ça a l'air de très bien aller même. C'est quand même un drôle de petit bonhomme. Il me remerciait pour la vingtième fois peut-être de l'avoir aiguillé vers le droit. Pourtant, honnêtement, je n'ai pas fait grand-chose. J'ai juste présenté mon métier ; ça a fait tilt chez lui. À l'époque, il ne savait pas trop vers quoi s'orienter. Alors je suis arrivé là un peu comme le Messie.

– Tu parles d'un Messie ! Enfin, si c'est lui qui le dit. Ce qui est certain, c'est que s'il y a des jeunes qui ne savent dire ni bonjour, ni merci, ce n'est pas son cas.

– En plus, cette fois-ci, il m'a semblé plus détendu dans sa lettre. Tu sais comme il est d'habitude : gentil, curieux, mais pas trop exubérant. Il ne fait pas de bruit, hein ?

– Non, en effet. Ça ne l'empêche pas d'être sacrément efficace au boulot.

– Tu vois, jc nc t'avais pas dit de conneries. Tu vas le reprendre cette année ?

– C'est un peu pour ça que je te demandais de ses nouvelles. L'an passé, je lui ai dit que je serais content s'il revenait. Lui aussi d'ailleurs. Donc, je pense que c'est bon, mais il faudra bien qu'il me le confirme. C'est bien le moment maintenant.

– Je voulais lui envoyer un mot ; je le lui dirai.

– Ça fait un an. Tu te rappelles ? demanda Christine en plongeant ses yeux marron dans ceux de Joseph.

– Oui, un an que je faisais du dépannage dans la montée de Brigols.

Ils avaient décidé de fêter l'anniversaire de leur rencontre par un dîner en amoureux à la Marmotte, ce premier vendredi d'avril. Il n'y avait pas grand monde le soir dans ce restaurant, près de la gare. Ils pourraient donner libre cours à leurs souvenirs et à leurs émotions sans être dérangés.

– Du dépannage au noir, commenta la demoiselle.

– Tu parles du cambouis sur mes doigts ?

– Mais non, idiot, lui assena-t-elle, en lui ébouriffant les cheveux. Remarque, je crois que notre histoire a eu une influence sur la couleur de tes ongles.

– C'est vrai, reconnut Joseph. Je passe beaucoup de temps à les nettoyer maintenant. Tu as fait plus fort que ma mère ; elle, elle y avait renoncé.

Elle lui prit les mains, les examina attentivement et ne les lâcha pas. Même manœuvre avec les yeux.

– C'est de loin, ajouta Joseph, le plus agréable dépannage que j'aie jamais fait.

– Et moi, le plus joli coup de la panne !

– Ah, toi aussi ?

Christine fronça les sourcils et enchaîna très vite :

– Parce qu'il y en a une autre qui te l'a fait ?

Joseph éclata de rire.

– Plusieurs même. Et je me suis toujours fait avoir.

Elle était perplexe. Il préféra mettre fin à ce jeu :

– Non. C'est mon ami, Basile, qui m'avait dit la même chose quand je lui ai raconté notre histoire.

– Basile. Il y a un moment qu'on ne l'a pas vu. Qu'est-ce qu'il devient ?

– Il n'est pas revenu beaucoup de tout l'hiver. Tu sais, c'est un bosseur. Même le week-end.

– C'est un intello, que veux-tu ? Il doit un peu s'ennuyer quand il est avec nous.

– Tu aurais tort de croire ça. Il est très doué, et cultivé même, mais très simple. Lui, c'est un véritable ami. Dommage que...

– Dommage que quoi ?

– Il se fait tout une histoire avec le problème de ses yeux. Ça le met mal à l'aise ; en fait, il n'a pas vraiment confiance en lui.

– Je comprends que ça le complexe. Pourtant, s'il oubliait un peu qu'ils sont de travers, il prendrait le temps de regarder aussi leur couleur. Il a des yeux d'un vert magnifique... et tellement expressifs, même s'il louche.

– Mais dis donc, toi...

– Je n'aurais pas eu la chance de t'avoir connu avant, je crois que j'aurais bien essayé de le draguer, vois-tu.

– Faudra donc que je te surveille. D'un autre côté, j'aime t'entendre dire ça. Il croit tellement que jamais une fille ne s'intéressera à lui à cause de son strabisme qu'il arriverait presque à m'en convaincre.

– Il a un peu raison. Au premier abord, ça surprend et ça peut en faire fuir certaines. Mais dans celles qui prendront le temps de le connaître, il en fera craquer plus d'une.

– À vrai dire, je crois qu'il est amoureux d'une étudiante qui est en Droit avec lui. Mais comme toujours, il n'ose pas. Il ne sait que dire qu'elle est trop bien pour lui.

– Ah bon ? Qu'est-ce qu'elle a de plus que les autres, celle-là ? grommela Christine, avec une pointe de jalousie.

– Mais rien sans doute. Enfin, d'après lui, elle est super belle...

– Super belle... Super belle... Pffft !

Pierre fit claquer la portière de sa 4 L. Depuis deux ans, il avait changé de voiture : à cinq dans la 4 CV, ils étaient vraiment trop à l'étroit, les Bertrand. Et, s'il avait eu les moyens, il aurait bien pris une R 12 break, parce que dans les cahots, entre Antreuil et Craponne surtout, les trois gamins, derrière, étaient bousculés les uns sur les autres et n'arrêtaient pas de se chamailler.

Son énervement ne venait pas de là. Il avait reçu des papiers de la Mutualité Sociale Agricole, une affaire de foncier et d'assiette. Pierre Bertrand n'y comprenait rien. Il lui semblait seulement que ce papier, à renvoyer avant le 8 avril (on était le vendredi 3) risquait de lui faire payer plus cher des cotisations qu'il jugeait déjà excessives. Il était allé voir le technicien agricole à Craponne et ne l'avait pas trouvé. La portière de la 4 L n'y était pour rien, mais il fallait bien qu'il passât ses nerfs sur quelque chose.

Sa femme, Jeanne, donnait du grain aux poules dans la cour. Il n'eut pas besoin de lui faire un dessin : elle l'avait entendu refermer la voiture, grogner quelques termes pas très catholiques et vu sa mine renfrognée.

– Ça a pas fait ? demanda-t-elle.

– Il n'y était pas. Je sais pas à quoi on les paye, tous ces jean-foutre (*).

– Tu sais, il faut qu'il aille aussi dans les fermes. Il ne peut pas être toujours dans son bureau. Tu l'appelleras lundi. On aura encore deux jours pour répondre.

– J'avais presque envie de téléphoner à Bellevue. Peut-être que Basile vient ce week-end. Lui, instruit comme il est, il comprendrait tout de suite ce que c'est, ce merdier.

– Oh, tu peux toujours demander. Sûr que, s'il est là, il se fera un plaisir de venir nous aider. Maintenant qu'il

(*) un incapable

a le permis, c'est rien à faire de venir jusqu'ici. Ça ferait plaisir aux petits de le voir.

Pierre entra dans la maison. Il eut Clémentine, qui lui indiqua que son fils ne venait pas à Bellevue.

– Tant pis pour nous, soupira Pierre. Remarque, d'un autre côté, je suis bien content. Elle m'a dit qu'il avait une fête ce soir à Lyon. Il a bien besoin de s'amuser un peu. Il s'est pas régalé tous les jours, le pauvre garçon.

Tu y crois, toi, à la télépathie, ami lecteur ? Si ce n'était pas de la foutaise tout ça, il serait passé quelque chose entre tous ces gens et lui au moment même où il broyait du noir : il aurait capté à distance tous ces messages d'amour, d'amitié, de confiance. Il aurait perçu la conviction de Christine qui était persuadée "qu'il en ferait craquer plus d'une". Et l'autre, cette Marielle si peu farouche, elle aurait pu allumer le fils du Chef de Cabinet tout à son aise. Il s'en serait moqué comme de sa première chemise.

Mais non, balivernes que la télépathie. La chaleur de leurs sentiments à son égard n'a pu l'atteindre alors qu'il glissait vers le froid de la nuit.

Toi qui le connais bien maintenant, ne crois-tu pas qu'il aurait mérité d'entendre quelques notes d'espoir au lieu d'être abasourdi par la percussion d'un mot chargé de moquerie et le tumulte des eaux ?

18

– Noooooooon !

Malgré le grondement de la Saône et le ronflement de la circulation, le cri résonna dans la torpeur qui noyait l'esprit de Basile. Ce dernier tourna la tête vers le milieu de la passerelle. Trois silhouettes s'agitaient.

– Noooooooon ! Lâchez-moi ! Fichez-moi la paix !

La voix d'un enfant, un jeune garçon. Lui, le pauvre étudiant de Bellevue-la-Montagne, c'était une voix de fille qui l'avait étourdi, qui avait fait de lui cette espèce de fantôme, hagard, plongé dans la nuit. Maintenant c'était cette voix de gamin qui dégringolait sur sa conscience. On avait meurtri son innocence ; d'autres meurtrissaient l'enfance à quelques mètres de lui. Au point où il en était, il n'avait plus rien à perdre. Il sauta sur la passerelle et fondit sur le petit groupe en hurlant.

L'auraient-ils vu venir, les deux loubards qui agressaient le garçon auraient doucement rigolé et lui auraient réglé son compte vite fait bien fait. Sous l'effet de la surprise - et des décibels, car Basile, qui avait beaucoup chanté, savait donner de la voix -, ils crurent sans doute que fondait sur eux une meute sauvage. Ils déguerpirent sans même se retourner.

– Ça va ? p'tit gars, interrogea Basile, d'une voix rassurante.

– Oui, merci. Heureusement que vous êtes arrivé. Ils voulaient me piquer mon cartable.

– Ils t'ont tabassé pour un cartable ?

Tabasser était un bien grand mot. Néanmoins, le garçon avait la lèvre en sang et le haut de son survêtement déchiré.

– Ils devaient penser qu'il y avait de l'argent peut-être.

– Tu les connaissais ?

– Non. En fait, je ne les ai pas bien vus.

– Et tu vas où ?

– Je rentre chez moi, rue Vaubecourt. Je venais de chez un copain. J'y fais mes devoirs parce que mes parents rentrent tard le vendredi.

– Ça ira ? Elle est loin ta rue ?

– Non, pas très loin, mais...

L'enfant jeta un regard apeuré dans la direction où étaient partis ses agresseurs.

– Je vais t'accompagner. Comme ça, je saurais où est la rue Vaubecourt... De toute façon, j'ai bien le temps.

– Merci. Merci beaucoup.

Ils longèrent la Saône un moment, puis traversèrent le Quai Maréchal Joffre pour entrer dans la rue où habitait le garçon. Ils la remontèrent sur deux cents mètres environ. Le garçon s'arrêta devant une belle façade, aux balcons ornés de superbes balustrades en fer forgé.

– C'est là que j'habite.

– Bon, eh bien, je vais te laisser puisque tu es arrivé. Au fait, tu ne m'as pas dit comment tu t'appelles.

– Jean-Luc. Je m'appelle Jean-Luc Baylet.

– Et tu as quel âge ?

– Douze ans. Mais... Monsieur... je crois que maman va me gronder.

– Parce que ton survêt' est déchiré et que tu saignes ? Elle va croire que tu t'es battu ?

– Je ne crois pas, non. Elle va me reprocher de ne pas vous avoir dit d'entrer.

– Tu crois vraiment ?

– J'en suis sûr. Quand je lui dirai que vous m'avez sauvé la vie...

– Sauvé la vie ? C'est pas un peu exagéré ? Allez, je vais saluer ta maman pour que tu ne sois pas grondé.

La famille Baylet vivait dans un grand appartement, cossu. Basile était dans ses petits souliers en franchissant le seuil. Par chance, il était plutôt mieux habillé que d'habitude puisqu'il s'était mis sur son 31 (un 31 à la hauteur de ses maigres moyens, bien sûr) pour plaire à Marielle.

Quand elle vit son garçon blessé, avec son blouson déchiré et, derrière lui, ce jeune homme qu'elle ne connaissait pas, Madame Baylet eut une moue de surprise :

– Jean-Luc, qu'est-ce qui se passe ?

Le fiston narra sa mésaventure et le rôle du monsieur qui l'accompagnait. La maman se confondit en remerciements et voulut absolument que l'étudiant attendît le retour de son mari pour le lui présenter. Basile se dit que s'ils étaient quatre ou cinq dans la famille, à attendre le retour de chacun, il allait y passer la nuit. Pour l'heure, il patientait devant un verre de jus de pommes.

Quand le mari rentra, il fallut à nouveau raconter l'agression de Jean-Luc. Et Basile répéta aussi qu'il était en deuxième année de droit, qu'il logeait à la résidence universitaire André Allix.

– Vous n'êtes donc pas Lyonnais, constata Monsieur Baylet.

– Non, je viens de la Haute-Loire.

– La Haute-Loire ? Tiens donc. De quel endroit ?

– Oh, c'est un petit bourg. Vous ne devez pas connaître. Bellevue-la-Montagne.

– Mais si. Je sais très bien où se trouve Bellevue-la-Montagne.

– Eh bien, vous êtes le premier Lyonnais que je rencontre, depuis bientôt deux ans, qui ait entendu parler de mon village !

Alors, le père de Jean-Luc expliqua que son père était né à Malbost, dans la commune de Saint-Pal-en-Chalencon. Il était venu travailler à Lyon, où lui, Claude Baylet avait vu le jour et toujours vécu. Cependant, il allait souvent passer ses vacances à la ferme chez ses grands-parents paternels.

– On y va encore de temps en temps, car j'ai hérité de leur maison. Il y aurait beaucoup d'aménagements à faire. Là-haut, on doit être à vingt-cinq kilomètres de Bellevue, à tout casser.

Il était plus de neuf heures et le Bellimontain ne savait trop comment prendre congé. Il cherchait ce qu'il convenait de dire, quand Claude Baylet proposa :

– Vous pourriez manger avec nous, si vous n'avez rien de spécial.

– Merci beaucoup... mais j'ai déjà mangé, mentit Basile. Je ne vais pas vous déranger plus longtemps. Merci de votre accueil.

Et il ajouta pour se donner une contenance :

– Ça va mieux, Jean-Luc ?

– Oui. Merci beaucoup, répondit le jeune garçon.

Au moment où il lui serrait la main, la maman de Jean-Luc demanda à Basile :

– Vous prenez votre bus à Bellecour.

– Euh... non. J'étais parti pour remonter à pied. C'est d'ailleurs ce qui a fait que je me suis trouvé sur la passerelle en même temps que Jean-Luc.

– Mais vous n'allez pas faire tout ce trajet à pied à cette heure. C'est le meilleur moyen pour vous retrouver en face de ces loubards. À part eux, il ne doit pas y avoir grand monde dans les rues maintenant.

– Mon épouse a raison. Je vous ramène. Par Choulans, c'est l'affaire de cinq minutes.

– Je peux venir avec toi, papa ?

Basile n'eut pas le temps de refuser. Claude avait déjà pris les clefs de sa voiture et Jean-Luc son survêtement déchiré, malgré les remontrances de sa mère qui lui faisait remarquer qu'il pourrait trouver autre chose à se mettre.

Dans les virages de Choulans, l'étudiant de Bellevue se cramponnait à la poignée de la puissante 504 gris métallisé. Malgré une montée digne d'un pilote de rallye, le chrono dépassa les cinq minutes. Diable. On était à Lyon, pas à Malbost : il y avait aussi des feux rouges !

Quand Claude déposa son passager devant la résidence, il remarqua :

– Et vous allez passer tout le week-end enfermé là-dedans ?

– Oh, vous savez, là ou ailleurs, quand on bosse, on ne voit pas bien la différence.

– Quand même. Et si je vous disais de venir manger avec nous dimanche ? Vous avez vraiment été sympa avec notre petit gône. Sans vous, je ne sais pas ce qui aurait pu lui arriver. Et puis le reste de la famille serait heureux de faire votre connaissance. D'accord ?

– Je veux bien passer si vous le souhaitez, mais pas aller vous déranger au moment du repas, alors que vous êtes en famille.

– Teuh, teuh, teuh ! Vous ne dérangerez rien du tout. Et puis, faut pas vous sentir gêné. On ne fera rien de spécial parce que vous êtes là. On comprend bien que les jeunes n'ont pas envie de tout un tralala trop guindé. Allez, ça nous fera plaisir. Et puis, tiens, ce sera encore plus simple : je viens vous chercher, ici, dimanche à midi, d'accord ?

– Oui, on vient vous chercher, surenchérit Jean-Luc. Super, papa !

Comment résister à une double invitation aussi chaleureuse ? Cela aurait-il été bien correct d'ailleurs ? Certes, le standing des Baylet ne correspondait pas du tout au mode de vie de Basile et il risquait de paraître assez emprunté. Pourtant, en dépit des signes extérieurs de richesse qu'il avait pu voir chez eux, ces gens-là paraissaient sans manières. De plus, après le séisme qui l'avait secoué ce soir-là, il valait peut-être mieux qu'il sortît un peu de ses 9 m^2, où il risquait de ruminer ses malheurs pendant deux jours.

D'ailleurs, Claude ne lui laissait guère le choix.

– Bon... Eh bien..., hésitait Basile

– À dimanche, conclut Monsieur Baylet.

Parce qu'il ne savait trop dans quel guêpier il s'était fourré, la perspective de ce rendez-vous occupa souvent l'esprit de l'étudiant. Cela permit de glisser quelques intermèdes entre les autres séquences - à vrai dire toujours la même qui tournait en boucle dans sa mémoire : cette fille qui exhibait ses fesses dans la rue et le traitait de "bigleux". Qu'elle pût s'abandonner aux caresses entreprenantes d'un séducteur de l'acabit de Fernet, il pouvait le lui pardonner. Après tout, il devait bien l'accepter, son ex-condisciple de la Chartreuse avait plus d'atouts que lui pour faire chavirer les demoiselles. On était là dans l'ordre normal des choses, se disait le très raisonnable Basile.

En revanche, qu'elle osât, elle, Marielle, la fille pour qui il avait tant travaillé, l'identifier sous la seule appellation de "bigleux", lui que ce handicap faisait souffrir depuis toujours, cela le révoltait au-delà du supportable. Et, comble de méchanceté, elle lui jetait le poids de sa souffrance à la figure au moment même où elle l'avait invité à venir s'amuser un peu. Il se demandait comment il allait réagir quand elle se trouverait en face de lui quelques jours plus tard.

Le samedi, il eut l'opportunité de lui mettre de côté un chien de sa chienne. Lors de leur dernière séance de travail, où elle avait une fois de plus reconnu l'excellence de son ouvrage, elle lui avait confié un pensum supplémentaire :

– Tu feras la répartition des tâches pour l'exposé, hein, Basile ? L'an passé, tu avais fait ça de main de maître, comme le reste d'ailleurs.

Et lui, bonne poire une fois de plus, avait accepté. Elle lui avait dit pour le faire sortir de sa tanière ce vendredi soir : "*Tu verras : tu ne le regretteras pas*". À son tour, elle n'allait pas regretter de lui avoir confié cette mission.

Il s'était ingénié, l'année précédente, pour se l'attacher, à lui laisser les parties les plus faciles de l'exposé. En effet, il fallait que celui ou celle qui était en train d'intervenir fût à même de répondre aux questions ou du professeur ou des étudiants. Elle avait joué sur du velours. Et avait pu, ensuite, aller se tortiller devant l'enseignant.

Il mit la même application, le samedi après-midi, à répartir les rôles entre eux quatre de façon à lui attribuer les aspects les plus ardus. Si elle contestait cette distribution, dans leur réunion de groupe du milieu de semaine, il faudrait dire pourquoi. Ce serait déjà une petite revanche : les deux autres au moins pourraient apprécier. Si elle acceptait, il y avait gros à parier qu'elle allait patauger. Ça lui rabattrait un peu le caquet.

Et si, par hasard, elle s'en sortait bien, Basile n'aurait pas tout perdu. Le seul fait de lui préparer une chausse-trappe - anodine toutefois - lui permit d'évacuer en partie son amertume. Aussi, dans la soirée du samedi, il pensa plus souvent à sa journée du lendemain qu'à celle de la veille. Il dormit beaucoup mieux que la nuit précédente. Et c'est presque serein qu'il occupa sa matinée du dimanche en attendant midi.

Un léger coup de klaxon. La 504 s'arrêta juste devant lui. Jean-Luc bondit du siège passager avant pour lui laisser la place.

– Bonjour. Je peux passer derrière, tu sais, remarqua-l'étudiant.

Le gamin était déjà installé sur la banquette arrière. Basile s'assit à côté du chauffeur qui lui serra la main. Ce n'était pas Monsieur Baylet.

– Bonjour. Gérard Baylet. Je suis le frère de l'affreux jojo qui est derrière.

– Enchanté. Basile. Mais il doit vous... te l'avoir dit.

– Et comment ! Il ne m'a parlé que de toi depuis hier. Tu es vraiment son héros.

– Parfaitement, s'exclama Jean-Luc. Sans lui, je serais peut-être dans la Saône à cette heure.

Les deux jeunes gens parlèrent de leurs études. Gérard avait deux ans de plus que Basile et se préparait à être ingénieur, à l'INSA. L'étudiant de Bellevue, qui appréhendait quand même ce repas chez les Baylet, se sentit rassuré de voir qu'ils avaient un fils guère plus âgé que lui, et, apparemment très décontracté. Ce dernier le mit à l'aise tout de suite :

– Ça te fait sans doute tout drôle de rappliquer pour déjeuner dans une famille que tu ne connais pas. Surtout, te complique pas la vie. Chez nous, c'est sans chichis. D'ailleurs, on n'a pas, comme toi, les deux pieds en Haute-Loire, mais au moins un orteil... et ce serait plutôt le gros ! fit Gérard en riant.

– Et voilà ! On est arrivé, déclara Jean-Luc. Vous reconnaissez la rue, Monsieur Basile ?

– Il se contentera de Basile, va, lui siffla son grand frère.

– Et ça me vieillirait moins aussi si tu me tutoyais, ajouta le “Monsieur” en question.

Ils entrèrent dans la maison. Comme le vendredi soir, ils ne prirent pas l'ascenseur. Deux étages par les escaliers, on avale ça sans s'en rendre compte à leur âge. Ils montèrent tranquillement cependant. Basile n'aurait pas voulu débouler tout essoufflé et rouge comme une pivoine chez ses hôtes, Monsieur bien sûr, et Madame encore plus.

Et il eût freiné encore s'il avait su qu'il y avait aussi une demoiselle. Cette dernière vint leur ouvrir la porte. Il ne fut pas frappé par sa beauté parce que, à vrai dire...

Mais bien sûr, je te vois rappliquer avec tes gros sabots, ami lecteur ! Je n'ai pas eu le temps de terminer ma phrase que, déjà, tu as imaginé la suite. Eh oui : la petite Baylet n'est pas belle. Donc, ça fera la paire avec le petit Cretonoux et son oeil qui se défile. Désolé, mon ami, mais je suis au regret de te dire que tu as faux sur toute la ligne. S'il n'a pas été frappé par sa beauté, c'est seulement à cause du contre-jour. Un détail toutefois qu'il a repéré tout de suite, c'est qu'elle est rousse. Parce que, crois-moi, une chevelure rousse au soleil, ça t'en met plein les mirettes. Bon, où en étions-nous avant que, une fois de plus, tu me fasses perdre le fil de cette histoire ?

– Bonjour, Basile, dit-elle. Sois le bienvenu. Jean-Luc nous a tellement parlé de toi. Je suis sa grande sœur, Charlotte.

– Bonjour... Charlotte. Enchanté.

Il avait hésité une fraction de seconde avant de prononcer son prénom. Il ne voulait pas se montrer incorrect par trop de familiarité. Mais après tout, elle venait de le tutoyer, de l'appeler Basile comme s'ils se connaissaient depuis toujours. En outre, cette liberté de ton collait assez bien à ce que lui avait dit Gérard à propos de leur famille. Alors, pourquoi compliquer les choses simples ?

Madame Baylet s'avança à son tour :

– Ah, Basile, entrez donc. Nous sommes heureux de vous revoir. Jean-Luc surtout. Vous l'avez impressionné, vous savez, en vous précipitant sur ses agresseurs.

– Pourtant, je ne suis pas spécialement baraqué, s'amusa le jeune homme. Il n'y a pas de quoi être impressionné.

– Si, justement. C'est d'autant plus courageux que vous n'avez pas spécialement le physique de l'emploi et qu'ils étaient deux en face.

– S'ils avaient cherché la bagarre, on aurait été deux aussi, hein, Jean-Luc ?

En guise de réponse, le gamin adressa à son nouveau copain un sourire complice. On passa à table. Sans être un repas de cérémonie, ça valait amplement le resto U. Contrairement à ce qu'il craignait, Basile se sentit bien, un peu comme si ces gens qu'il connaissait depuis l'avant-veille, et certains du matin même, étaient de vieilles relations. Il est vrai que, autant les parents que les enfants, tous firent assaut de simplicité pour qu'il en fût ainsi.

Au fil des conversations, Basile apprit que Charlotte avait dix-neuf ans, qu'elle était en première année de Fac de Lettres. Quand il s'en alla, le soir, elle lui dit :

– On est tous les deux en cours sur les quais, à quelques mètres l'un de l'autre. J'espère qu'on aura l'occasion de se revoir un de ces jours.

– Eh bien, à bientôt, donc.

19

Si la gifle cinglante qu'avait prise le pauvre Bellimontain le vendredi soir cuisait encore dans un coin de son coeur, l'image de Marielle s'était considérablement défraîchie dans son esprit. Pour une double raison.

Déjà, d'elle-même, par son attitude, elle avait suscité chez le garçon un dégoût tel que, malgré ses allures de pin-up, elle lui apparaissait plus quelconque maintenant.

Et puis, ce dimanche, il avait rencontré Charlotte et son air enjoué. Elle avait un style de relations très spontané. Une façon d'être beaucoup moins intimidante pour le campagnard qu'il était. En plus, ses arrière-grands-parents étaient paysans à Malbost, en Haute-Loire.

La petite Baylet occupa beaucoup ses pensées toute la soirée. Il se rendit compte assez vite cependant qu'elle lui était plus sympathique que de raison. Qu'il allait à nouveau se mettre à rêver d'une fille qu'il connaissait bien peu. Et qu'il y avait gros à parier qu'il se préparait ainsi un nouveau revers sans doute aussi douloureux que celui qui n'avait même pas encore commencé à cicatriser.

Un de ces jours, à la sortie de la Fac, il risquait de se trouver nez à nez avec elle, main dans la main avec un beau garçon. Ce n'était pas parce qu'elle avait passé l'après-midi en famille qu'elle n'avait pas un amoureux après tout. Et, même sans cela, qui était-il, lui, Basile Cretonoux, avec son œil à la dérive, pour avoir une chance de plaire à une fille comme elle ?

Elle, au fait, t'en ai-je parlé, ami lecteur ? Ah, non, c'est vrai, nous ne l'avions croisée qu'à contre-jour. Tel que je t'imagine, tu dois vitupérer contre moi au motif que je discours sur cette jeune personne sans même te l'avoir vraiment présentée. Pardonne-moi, mais les convenances et moi, tu sais...

Donc, en quelques mots, pour satisfaire ta légitime curiosité, quelques précisions sur cette Charlotte Baylet. Déjà, cela m'étonnerait fort que tu aies pu la voir, dans le début des années soixante-dix, avec le bandeau de Miss France sur son maillot de bain. Elle ne répond pas vraiment à l'ensemble des critères de ces reines de beauté. Pense donc : elle a au moins deux centimètres de tour de taille en trop, qui lui manquent en hauteur. Deux fois plus de taches de rousseur que nécessaire. Un petit nez retroussé qui jappe à la lune. Des yeux, bien droits certes, mais d'un vert qui mériterait d'être un peu plus soutenu. Le roux des cheveux, à l'inverse, est vraiment trop flamboyant : tu ne vois que ça.

D'accord, si tu oublies d'apporter avec toi ta toise, ton mètre de couturière et ta loupe, si tu la regardes globalement et non comme un intendant qui fait de la comptabilité analytique, tu as devant toi un joli brin de fille. Pas le genre canon à te bombarder au premier regard ; plutôt le genre banderille à te titiller le coeur jusqu'à ce qu'il s'emballe et que tu ne le contrôles plus.

Et notre ami Basile, lui, est venu sans ses instruments de mesure. Il a fait une lecture globale de l'image qu'il avait en face de lui. Agréable à regarder. D'autant que la moindre étincelle dans la conversation fait pétiller un sourire espiègle sur son frais minois. Le genre de frimousse qui captive ton attention d'abord, avant de prendre toutes tes sensations dans les filets de la complicité.

Les rêves de Basile se révélèrent des utopies. Les jours passaient. Charlotte ne passait pas... sur le quai Claude Bernard. Du moins pas au même moment que lui. Il en arriva à se demander si, après avoir exprimé le vœu de le revoir "un de ces jours", elle n'avait pas craint qu'il ne lui collât aux basques. Il en vint même à se dire qu'elle devait soigneusement éviter le Pont de l'Université, et pour cela passer derrière la Fac, gagner l'Avenue Berthelot, puis rejoindre son quartier par le Pont Gallieni. Plutôt faire un petit crochet que de s'embarrasser d'un gros crampon.

Peut-être ce "black-out" lui permit-il d'être plus disponible pour établir un solde de tout compte avec Mademoiselle Marielle Chaderneau. Cela se fit en trois temps.

Selon la préparation qu'il avait faite à sa demande, il distribua à chaque membre du groupe de travail son rôle pour le jour de l'exposé. Elle prit connaissance du sien. Il l'observait à la dérobée. Elle pinça les lèvres avant de lui glisser :

– Merci, c'est sympa.

– Mm… ouais. C'est aussi ce que j'ai pensé vendredi soir.

– Écoute, Basile, il faut que...

– Non, non, ne te fatigue pas. Je n'ai pas besoin d'écouter plus. Ce que j'ai entendu se passe de développement. C'est très clair, même pour un bigleux.

Et il la quitta. Sans se retourner. Elle le regarda s'en aller, hésita à le rattraper, puis grommela :

– Et merde, tiens !

Ils s'aperçurent plusieurs fois le lendemain. Il ne chercha pas à l'approcher. De son côté, elle n'osa pas. L'exposé était fixé au vendredi. Le jeudi, elle fit une tentative à l'heure où ils se retrouvaient d'habitude pour faire le point sur leur projet. Elle le rejoignit à la sortie du cours.

– Basile, j'aimerais te parler, juste un moment.

– Tiens donc ! Tu as besoin d'un coup de main pour demain, ricana-t-il. C'est vrai que je peux encore avoir au moins cet intérêt-là.

– Écoute, Basile, j'ai eu un mot maladroit l'autre soir, c'est vrai. Mais, je te le jure, jamais, avant, ce mot ne m'était venu à l'esprit en pensant à toi. Tu sais bien que j'ai beaucoup d'admiration pour toi.

– Pas autant que pour les talents de Fernet, apparemment.

– Je m'en fous de Fernet. Pendant tout le temps qu'on est restés ensemble, chaque fois qu'il parlait de toi, il employait ce mot. Je l'ai repris bêtement quand je t'ai aperçu. J'étais à moitié saoule, je n'en suis pas fière, tu sais.

– Peut-être. Avant, je t'aurais crue sur parole. Depuis vendredi, je n'ai plus confiance, et pas seulement à cause de ce mot qui m'a fait mal, mais en raison de toute ton attitude. Tu as l'art de presser le citron et, quand il n'y a plus rien à en tirer, à jeter l'écorce.

– Je vois bien que, quoi que je puisse dire... Bon, eh bien, à demain pour l'exposé. Tu as pris une belle revanche dans la répartition. Tu m'as refilé le plus difficile.

– C'est vrai. Après tout, ça fera une moyenne avec l'an passé, non ?

– Si tu le dis... Allez, au revoir.

– Attends, Marielle. Permets-moi de te dire quelque chose. Depuis que j'ai eu l'âge de comprendre ma différence, j'ai souvent dû subir le regard ironique des autres ou leurs paroles. C'est vrai pour tous ceux qui ont un handicap, quel qu'il soit : non seulement, c'est pour eux une souffrance au quotidien, mais encore, comme si cela ne suffisait pas, il faut que d'autres viennent retourner le couteau dans la plaie. Ça fait beaucoup. Et si, en plus, cela vient de quelqu'un pour qui on a de l'amitié, on vit cette attitude comme une véritable trahison. Peut-être, un jour, j'arriverai à te pardonner, mais aujourd'hui cette douleur est encore trop vive.

Marielle baissa les yeux. Il la laissa. Elle prit alors la mesure de la peine qu'elle lui avait causée. Elle se rendit compte aussi que, pour quelques heures d'amusement avec un m'as-tu-vu, elle avait perdu une amitié à laquelle elle tenait plus que ce qu'elle aurait pu imaginer.

Le vendredi, elle évita le désastre. Sa présentation fut terne ; celle de Basile brillante. Aussi, c'est à lui - et en partie aux deux autres - qu'on posa des questions. De Marielle, on fit un peu comme si elle n'existait pas. Et elle se garda bien de se mettre en évidence.

Cette prestation tourna la page de ce qui avait permis le balbutiement d'une relation entre Marielle Chaderneau et Basile Cretonoux. Les vacances de Pâques arrivaient. Elles permettraient à chacun d'aller se changer les idées loin de Lyon.

Loin de Lyon, cela signifiait aussi, pour le vacancier bellimontain, loin de Charlotte. Il ne l'avait pas revue depuis son dimanche chez les Baylet. Le vendredi soir, après les cours, il avait attendu près de trois quarts d'heure sur le quai, le dos tourné au Rhône, à surveiller les allées et venues devant la Fac de Lettres. Un dernier regard quand Michel s'était arrêté pour le prendre avec sa poussive Deux-Pattes. Il s'était bien gardé de lui demander d'attendre encore quelques minutes. D'abord parce qu'il n'avait pas envie de révéler à son frère les achoppements de sa vie sentimentale, à l'état embryonnaire d'ailleurs. Ensuite, parce que, quand on monte à bord d'un véhicule dont on n'est pas sûr qu'il vous portera jusqu'au bout du voyage, on se garde bien de se mettre en retard avant le début de l'expédition.

Même si, en avril, on a déjà de belles soirées devant soi, autant ne pas tenter le diable. Si la 2 CV devait rester en rade dans la rude grimpette après Firminy, par exemple, autant éviter de devoir faire du stop à la nuit tombante.

Après Givors, Michel confia le volant à son cadet. À contrecoeur car il aimait bien conduire, mais par devoir - et obéissance à ses parents aussi - afin que Basile ne perdît pas la main. Ce changement de chauffeur ne contribua pas à raccourcir la durée du déplacement. La Deuche n'était pas fougueuse, son pilote pas davantage. Aussi le crépuscule commençait à plier bagage quand ils s'arrêtèrent devant la maison Cretonoux.

Basile, entre son histoire de coeur avec Marielle, terminée avant d'avoir vraiment commencé, et celle avec Charlotte, pas commencée du tout, flottait dans un léger vague à l'âme. L'accueil chaleureux de Charles, Clémentine et Régine, dissipa pour la soirée les brumes de sa mélancolie.

– Alors, ta soirée étudiante, vendredi passé ? s'enquit Régine. C'était comment ?

– Ben... pas mal, osa mentir le garçon. Encore que moi, tu sais, ce n'est pas tout à fait mon truc, donc je n'y suis pas resté très longtemps.

Il se garda bien de confesser comment elle avait failli se terminer. Il eut un frisson en imaginant ce qui aurait pu se passer si Jean-Luc n'avait pas été agressé à quelques mètres de lui.

– Sinon, quoi de nouveau ? demanda Clémentine.

– Rien de bien extraordinaire. Si, j'ai reçu un petit mot de Maître de Partène. Il faudrait que je passe voir Monsieur Bontemps pour travailler à la banque cet été. Il veut bien me reprendre, seulement il faut que je le lui confirme sans tarder.

– Le mieux, c'est que tu y ailles dès demain. C'est un bon travail et bien payé. Tiens, tu m'emmèneras au marché demain, si Michel n'a pas besoin de la voiture, et tu iras à la banque pendant que je ferai mes courses. D'accord, Michel ?

– Oh, s'il veut. Moi, demain, je fais la grasse mat'.

La soirée s'écoula dans la douce chaleur familiale. Les parents posaient plus de questions à Basile qu'à son frère. Ce dernier, il est vrai, avait trois ans de plus et menait sa barque à sa guise. Il se trouvait à l'aise partout. Charles et Clémentine savaient bien que, pour leur Basile, ce n'était pas aussi évident ; aussi, ils avaient tendance à le couver un peu.

Une fois seul dans sa chambre, Basile retourna à Lyon - par la pensée, s'entend - en beaucoup moins de temps qu'il n'en avait fallu à la 2 CV pour parvenir à Bellevue-la-Montagne. La jolie blonde et la pétillante rousse se partagèrent son temps de veille avant que le sommeil ne mît fin à leurs assauts. Les yeux bleus de Marielle le regardaient, embrumés de tristesse, et il ne pouvait s'empêcher de regretter le gâchis qu'avait été leur dernière semaine. Alors, ceux de Charlotte lançaient quelques éclairs dans le noir, assez brillants pour évoquer la clarté des étoiles et semer quelques graines d'espoir, mais si fugitifs aussi qu'ils en paraissaient inaccessibles.

– Tu as bien dormi ?

– Mm... oui, maman, répondit Basile, en étouffant un bâillement.

– Hum... On ne dirait pas.

– En fait, j'ai mis du temps à m'endormir, donc il m'a manqué quelques heures de sommeil.

– Ah bon ? Tu as des soucis ?

– Oh non. C'est peut-être que j'étais énervé à la pensée d'être en vacances. En tout cas, ça va faire du bien. Tu te rends compte, un mois que je n'étais pas revenu.

La 2 CV s'appliquait dans la montée de Pigeyres. Comme chaque fois qu'il passait à l'embranchement de Sereys, Basile pensa à Paul avec tristesse. Il se douta que les mêmes souvenirs de ce terrible chemin de croix devaient envahir l'esprit de sa mère à cet endroit-là. Il préféra ne pas en parler, sans trop savoir s'il valait mieux se taire ou partager son sentiment.

Sur la ligne droite des "Bois de Chomelix", la bagnole reprenait du courage. À un moment, Clémentine demanda :

– Et les dimanches, tu ne trouves pas le temps trop long ?

– Ça dépend. Des fois oui, des fois non. Figure-toi que, dimanche passé, je suis allé manger chez des gens en ville. Des Lyonnais.

– Mais c'était qui, ces gens ?

Et il raconta. L'agression de Jean-Luc sur la passerelle Saint-Georges, sans bien sûr préciser qu'au moment où il avait bondi sur les deux énergumènes, il se trouvait en position d'équilibriste sur la balustrade, prêt à sauter dans la Saône. Le retour au domicile du jeune garçon. L'accueil très sympathique de toute la famille...

– Tu es fou, mon petit. Ils auraient pu te tuer, ces voyous.

– Peut-être. Et le gamin ? Tu ne crois pas qu'ils auraient pu le tuer aussi ?

– Oui, bien sûr, soupira-t-elle.

Elle le regarda, comme surprise que ce fût bien son Basile qui avait réagi ainsi. Prise d'une panique rétrospective. Et fière de lui malgré tout.

20

Au Crédit Lyonnais, c'était samedi matin. Ailleurs aussi, il est vrai. Seulement voilà : le samedi matin, jour de marché à Craponne-sur-Arzon, les banques sont particulièrement fréquentées. Entre ceux qui viennent déposer l'argent gagné pendant la semaine et ceux qui viennent chercher celui qu'ils vont casser pendant le week-end, il faut arriver à se faire sa place au soleil. Basile attendit donc bien une demi-heure avant que Victor Bontemps ne l'aperçût.

– C'est sans doute moi que tu veux voir, Basile.

– Si vous avez un petit moment, oui ; sinon, je reviendrai un autre jour.

– Non, non. Cinq minutes, et je suis à toi.

Le directeur fit entrer son visiteur dans son bureau et l'invita à s'asseoir.

– Je vois que mon ami Charles t'a rappelé mon existence.

– Rassurez-vous : je ne l'avais pas oubliée. Mais je ne viens pas souvent.

– Alors, on te voit cet été ?

– Si vous voulez de moi, ce sera avec plaisir.

– Tu le sais bien. Je te l'avais dit l'an dernier quand tu es parti. Je vais préparer le contrat et tu passeras un de ces jours pour le signer.

– Je peux venir dans le courant de la semaine prochaine ; je suis en vacances.

– Veinard, va. Tu trouves juste, toi, d'avoir des vacances alors que moi qui travaille... ceinture !

– D'accord, vous travaillez, je le sais. Mais vous croyez que je passe mon temps à enfiler des perles, moi ?

Cette liberté de ton de la part d'un jeune vis-à-vis de son employeur aurait pu paraître bien irrévérencieuse. En fait, la responsabilité en revenait à moitié à Victor Bontemps et à moitié à Charles de Partène. Dans leurs rendez-vous du mercredi, l'été, au Grandgous', ils aimaient beaucoup taquiner le jeune homme. Comme ce dernier avait l'esprit vif, il ne se priva bientôt plus de leur répondre. Et eux, se piquant au jeu, ne l'en titillèrent que davantage. Inconsciemment peut-être, ou alors parce qu'ils avaient perçu que cela faisait un bien fou à ce garçon trop réservé. Bien sûr, une fois au guichet, celui-ci adoptait une attitude beaucoup plus conforme au respect de la hiérarchie.

Toujours est-il que les trois mois passés à Craponne avaient permis à Basile de gagner en confiance. Il en avait bien conscience et l'idée de revenir travailler dans ces conditions le séduisait.

Il retrouva sa mère devant l'étal d'un marchand de vêtements. Elle s'apprêtait à faire une folie devant une robe d'été toute fleurie dans laquelle elle voyait déjà voleter sa Régine.

– Quand je pense, lui reprocha Basile, que moi, depuis que je suis né, j'ai passé mon temps à finir les fringues de mes frères ! Elle est bien vue, quand même, ma petite sœur.

– Tant pis pour toi. Si tu avais été une fille, comme je l'avais espéré avant ta naissance, tu en aurais eu autant qu'elle. Tout était bien prévu : tu te serais appelée Claudette, Julie, Marie et Agathe.

– Bon sang ! Rien que ça.

– En plus, on a failli ne pas arriver au Puy. Il faisait une burle épouvantable. Ah, on peut dire que tu as commencé ton existence dans des conditions assez difficiles.

C'était bien la première fois qu'elle faisait allusion au dépit qu'elle avait eu à la naissance de son cinquième enfant. Basile aurait pu en être blessé si, depuis, sa mère ne lui avait pas montré autant de tendresse qu'aux autres et plus d'attention même pour compenser la fragilité due à son handicap.

– Pardonne-moi, maman, plaisanta-t-il. Si j'avais su avant, j'aurais fait un effort.

Elle rit à son tour. Ce Basile, les premières semaines de déception passées, l'avait beaucoup accaparée. Et aujourd'hui encore, elle appréhendait l'avenir pour lui. Elle craignait que ses yeux fantaisistes fissent peur aux demoiselles et que jamais il n'en trouvât une pour bâtir un foyer. Bien sûr, s'il évoquait lui-même ce problème, elle savait lui démontrer qu'il avait tellement d'autres qualités que cette loucherie paraissait bien accessoire. Sans doute pour essayer de s'en convaincre elle aussi.

– Tiens, proposa-t-elle soudain, pour qu'il n'y ait pas de jaloux, trouve-toi un pantalon. Les tiens ont déjà bien travaillé. Maintenant que tu vas manger en ville chez les bourgeois, il ne faut pas être trop déguenillé.

– Non, maman, tu n'y es plus. Vous avez assez de choses à payer avec papa. Moi, j'ai tout ce qu'il me faut. Je plaisantais tout à l'heure.

– Je sais bien, mais ce ne sera pas un luxe d'avoir un pantalon de plus. Tu sais, on n'est pas bien riches, c'est vrai, mais on n'est pas à la rue non plus. Allez, ça me fera plaisir.

– Toi alors ! Il vaudra mieux que j'évite, à l'avenir, de t'accompagner au marché.

Quand ils revinrent à Bellevue, Régine épluchait des pommes de terre. Clémentine lui montra la robe. La jeune fille prit à peine le temps de se laver les mains ; elle voulait l'essayer tout de suite. Dès qu'elle l'eut passée, elle vint faire son petit défilé de mode dans la cuisine. Le vêtement lui seyait à merveille et l'habillait d'une fraîcheur printanière. Elle pivota plusieurs fois sur elle-même avant de demander :

– Alors ?

– Tu es une vraie princesse, ma fille.

– Tu vas mettre tous les Bellimontains en émoi, ajouta Basile.

Crois bien, chère lectrice, que Régine Cretonoux n'avait pas attendu la robe fleurie pour leur faire tourner la tête aux jeunes coqs de Bellevue-la-Montagne. Vive et jolie, et fort aimable en prime, elle les tourneboulait au premier sourire. Comme toutes ses semblables, d'ailleurs - toi aussi bien qu'elles. Il vous suffit de sortir le grand jeu pour que nous, pauvres hommes si vulnérables, perdions aussitôt les pédales.

Pour lui, passer quelques jours à Bellevue sans en profiter pour retrouver Joseph, l'espace d'une journée au moins, cela ne se pouvait concevoir. Il l'appela à l'heure du repas avant son départ au boulot. Ils convinrent de passer l'après-midi du dimanche ensemble. Ils termineraient la soirée à la Marmotte.

Le lendemain, pour descendre à Vorey, Basile, plus expérimenté que la première fois où il avait conduit sur cette route, ne cassa pas de phare. Il gara son véhicule devant la gare. Joseph l'y attendait, appuyé sur la carrosserie d'une superbe R8 Gordini d'un beau bleu de France souligné de deux bandes blanches sur le capot et sur le toit.

Il avait le bras autour du cou de Christine.

– Wouah ! s'exclama Basile, en voyant la bagnole.

– Comme tous les mecs, ton pote, fit remarquer la jeune fille à son compagnon. Il a devant les yeux une voiture et une femme : qu'est-ce qu'il voit ? La bagnole.

Basile avait entendu. Il s'approcha de Christine, lui fit trois bises et déclara, avec une galanterie dont lui-même ne se serait jamais cru capable :

– Mais chère Madame, si j'avais pu me le permettre sans offenser la bienséance, c'est bien à votre intention qu'aurait jailli mon cri d'admiration.

– Bon sang ! fit Joseph. Si tu nous parles ce charabia tout l'après-midi, on n'y comprendra que dalle !

– Bon. Autrement dit, Christine, poursuivit le Bellimontain, j'ai été surpris en voyant cette belle bagnole. Toi, je te connaissais déjà et je ne vais pas, chaque fois que je te rencontre, pousser un cri d'admiration parce que, l'autre jaloux, il serait capable de me mettre son poing dans la figure.

Tous trois se mirent à rire, contents de s'amuser et surtout heureux de se retrouver. Ils montèrent dans la R8, les deux amoureux devant, Basile derrière. Pour montrer comment ses 95 CV avalaient les côtes, Joseph dirigea son bolide vers la montée sur Roche-en-Régnier. Sur la route étroite et sinueuse, Christine se cramponnait des deux mains au tableau de bord, tandis que Basile se cramponnait, lui, pour ne pas laisser remonter son repas de midi qui s'affolait dans son estomac.

– Joseph, à ce train-là, je crois que les petits pois de ma mère ne vont pas tarder à se balader sur ton siège arrière.

Argument efficace. Le conducteur leva le pied. Il ne voulait pas prendre le risque de faire tacher le tissu du siège arrière. De toute façon, la démonstration était faite.

– C'est une véritable bagnole de rallye, ce truc, siffla Basile, à qui la baisse de régime du moteur permettait de retrouver quelques couleurs. Je ne sais pas comment tu fais pour te payer ça.

– Je gagne ma vie correctement, maintenant que je suis ouvrier. Et puis, faut bien reconnaître que, en travaillant dans un garage, on a plus de chances de trouver de bonnes occas'.

– Quand tu voudras te payer une voiture, tu sauras à qui t'adresser, suggéra Christine.

– Oui, mais faut faire vite, avant la fin mai, ou attendre un an après, précisa Joseph.

– Ah ? Ça y est ? Le petit père Debré t'a convoqué ?

– Comme tu dis, oui. Je suis incorporé au début juin. Enfin, il a eu la bonne idée, l'an passé, de ramener le service militaire à douze mois. Toujours ça de gagné.

Le strabisme de Basile lui avait au moins valu de gagner un an pour ses études. Lors des “trois jours”, il avait été exempté. Il estimait que c'était une bien maigre compensation : s'il avait eu le choix entre douze mois d'armée, et même seize ou plus, et “avoir les yeux en face des trous”, il n'aurait pas hésité une seconde.

De Roche-en-Régnier, ils allèrent jusqu'au village de Chalencon, une merveille médiévale, et au Pont du Diable. Près de Saint-Julien-d'Ance, ils firent à pied le tour de la coulée de lave de Bouriane, et revinrent à Vorey par Saint-Georges-Lagricol et Saint-Pierre-du-Champ. Les occasions de s'émerveiller ne manquèrent pas et la conversation ne connut pas de temps mort.

Pendant leur halte au sommet de la coulée de lave, Christine s'enquit :

– Et cette Marielle dont tu nous avais parlé, au fait, quand est-ce que tu nous l'amènes ?

À l'expression du visage de Basile, la copine de Joseph se rendit compte qu'elle n'avait peut-être pas amorcé ce sujet-là de la meilleure façon possible. La réponse ne la surprit donc pas :

– Celle-là ? Il y a plus de chances que je finisse dans un monastère que venir me balader par ici, un jour, avec elle.

Ils n'osaient trop lui poser de questions, mais parce qu'il se sentait totalement en confiance avec eux, c'est lui qui détailla de A à Z tout ce qui s'était passé entre eux la semaine précédente. Plusieurs fois, alors qu'il était en Terminale, il avait parlé de Fernet à Joseph. Ce dernier n'en revenait pas : ainsi donc, après avoir enquiquiné son ami pendant sa dernière année à la Chartreuse, le dandy avait réussi à lui pourrir encore la vie à Lyon deux ans après. Il est de ces coïncidences ! Le brave mécano sentait la colère le gagner.

– Ton Fernet, vois-tu, je ne l'ai jamais vu, mais d'après ce que tu m'en dis, il vaudrait mieux pour lui qu'il ne se trouve jamais dans mes jambes.

– Laisse courir, va, l'apaisa Basile. J'y ai trouvé au moins un avantage : cela m'a ouvert les yeux sur Marielle que je regardais avec beaucoup trop de naïveté.

– C'est quand même une belle garce, commenta Christine.

– Peut-être. Peut-être pas, nuança sa pauvre victime. J'ai réussi à l'envoyer bouler cette semaine et pourtant elle m'a bien un peu... ému malgré tout.

– Toi, tu es trop bon, lui reprocha la jeune fille. Il me semble que ce doit être une très bonne comédienne, ta Marielle. Ça ne me regarde pas, mais, à ta place, je garderais mes distances.

– Tu as sûrement raison. Seulement, des filles, y'en a pas des pleins wagons qui me courent après pour être franc. Alors quand une s'arrête un moment, il m'est difficile de la laisser partir.

– Ne baisse pas les bras trop vite, Basile, conseilla Christine. Y'en aura pas des pleins wagons, mais y'en aura d'autres qui "s'arrêteront", comme tu dis. Joseph, lui, ne peut pas le savoir et donc pas davantage te le dire, mais moi je le sais parce que je suis une fille.

Réconforté par ce qu'il entendait, l'étudiant de Bellevue eut envie de confier aussi à ses amis sa rencontre avec Charlotte et comment il avait fait la connaissance de la famille Baylet (sans préciser à quel exercice il se livrait sur la passerelle le vendredi soir : il les eût affolés pour rien).

Il avoua qu'une fois encore il prenait certainement ses désirs pour des réalités. Preuve en était le “silence” de la sympathique rousse depuis. Avec l'art consommé qu'ont les filles pour inventer des scénarios hautement crédibles, Christine trouva des tas de bonnes raisons pour justifier ce “silence”. Vraisemblables ou pas, Basile ne demandait pas mieux que de les croire. La copine de Joseph parvenait à souffler sur les braises d'un espoir que les cendres de la désillusion étouffaient de plus en plus.

Les deux amoureux voreysiens évoquèrent aussi leurs propres projets pour après l'armée. À ce stade de leur relation, ils étaient bien décidés à se marier au plus vite, au retour de Joseph. Ils ne pouvaient pas ne pas lui en parler : ils le firent sans ostentation, le plus délicatement possible, pour que leur bonheur ne vînt pas contraster plus encore avec ses propres déboires.

– Je suis très heureux pour vous, se réjouit Basile. Oui, très heureux.

– Nous aussi, on sera très heureux quand tu auras trouvé celle avec qui tu feras ta vie. Parce que tu la trouveras, pour moi, il n'y aucun doute, déclara Christine.

– Et, va savoir, ajouta Joseph : on ne fait pas la course, bien sûr, mais rien ne prouve qu'on la gagnerait, même si on a une longueur d'avance aujourd'hui.

21

Il ne restait que quelques semaines de cours à Basile avant de terminer sa deuxième année de droit. Sauf accident, il passerait en troisième année sans aucune difficulté. Malgré les turbulences sentimentales qui bousculaient sa paisible existence d'étudiant, il n'avait pas baissé la garde pour son travail universitaire. Il savait où il voulait aller : il ne lâcherait pas la proie (professionnelle) pour l'ombre (affective).

En cours, il se cramponnait au sujet traité et ne se laissait pas distraire. Sans grand mérite d'ailleurs : les questions de droit le passionnaient. Dans sa "cellule" de la résidence André Allix, une fois plongé dans ses bouquins, il n'avait pas trop de mal non plus à se concentrer.

Avait-il tiré un trait définitif sur sa relation avec Marielle ? Ils s'apercevaient de loin, se croisaient. Aucun des deux ne voulait ou ne pouvait faire un premier pas vers l'autre. Basile ne savait pas si elle voyait toujours Yves Fernet. Il évitait d'y penser car cela l'agaçait : lui revenait alors le sourire moqueur du play-boy, tant à la Chartreuse que pendant cette maudite soirée dans le quartier de Bellecour.

Et Charlotte ? Que devenait Charlotte ? Les premiers jours du troisième trimestre n'offrirent pas plus d'opportunités de la croiser que les derniers du précédent. Basile, quand il voulait bien laisser la priorité à la raison, convenait avec lui-même de la candeur dont il avait fait preuve : il avait rencontré une fille sympathique un dimanche après-midi et, sur-le-champ, il s'était monté le bourrichon, dans l'espoir d'une aventure. À croire qu'il était incapable de tirer la leçon de la triste expérience qu'il venait de vivre. Il se morigénait en des termes que, Dieu merci, lui seul entendait : *"Qu'est-ce que tu peux être benêt, mon pauvre Basile ! Elle n'en a rien à f... de toi. Arrête de faire le niais et descends de ton nuage. T'es vraiment trop con"*. Cette version de ses propres réprimandes à lui-même connaissait un certain nombre de variations, toutes du même tabac.

Mais la raison n'avait pas toujours la priorité. Jamais même, au moment où il quittait la Fac. Il sortait sur le quai Claude Bernard, regardait à droite, à gauche, commençait à partir, revenait comme s'il avait oublié quelque chose, allait s'asseoir sur le mur qui borde le quai. Bref, faisait durer le... déplaisir. Aucune Charlotte en vue. Et pourtant, il ne l'aurait pas loupée quand même : une rousse au soleil, ça ne passe pas inaperçu !

Une rousse au soleil ! C'est la vision qui le frappa le jeudi 29 avril. Il sortait du vénérable palais d'Abraham Hirsch, où il avait la chance de poursuivre ses études, quand il l'aperçut, assise sur le mur, quasiment au même endroit que lui la veille. Il ne distinguait pas vraiment ses traits - elle était de l'autre côté de la rue et, une fois de plus, le contre-jour venait s'en mêler - mais il eut la certitude que c'était Charlotte.

Le feu passa au vert au moment où il allait traverser. Il dut patienter. Halte salutaire pour calmer les battements de son coeur. Enfin il put rejoindre la silhouette qui, là-bas, semblait attendre quelqu'un. Si c'était bien elle, qu'allait-il lui dire ? Qu'allaient-ils se dire ? Leur dernière - et seule - rencontre datait déjà de près de quatre semaines et, de plus, ils n'avaient jamais été seuls ce jour-là. *"J'espère qu'on aura l'occasion de se revoir un de ces jours"*, avait-elle dit quand il avait quitté l'appartement, le dimanche, en fin de soirée. Un lien bien ténu.

À trois mètres d'elle, il la reconnut. À deux mètres, il constata qu'elle n'avait pas spécialement le sourire. À un mètre, il s'entendit reprocher :

– Enfin !... Tu cherches à m'éviter ou quoi ?

Elle ne manquait pas d'audace, la gonzesse. Et lui, alors, n'aurait-il pas pu lui retourner le même grief ? Sûrement, mais cette entrée en matière était plutôt de bon augure : elle l'avait cherché, comme lui. Trop heureux de la remontrance, il sourit.

– Bonjour quand même, Charlotte.

Il s'avança et lui fit deux bises, sans trop presser le mouvement. En Haute-Loire, on a droit à trois : ici, lésé sur le nombre, il fallait bien qu'il se rattrapât sur la durée.

– Bonjour, Basile. J'ai bien cru que tu avais quitté la ville.

– Il y a eu les vacances. Je suis remonté en Haute-Loire.

– Je m'en doute. Mais avant les vacances ? Et depuis que tu es rentré ? Où étais-tu passé ?

– Je pourrais te poser la même question. Tous ces jours, j'ai eu beau me faire un torticolis à tourner la tête à droite, à gauche, pour essayer de t'apercevoir. Rien.

Elle sourit. Il retrouva ce minois espiègle, ces yeux verts pétillants qui n'avaient plus quitté sa mémoire. Aussitôt, il ajouta :

– Mais je suis heureux de te revoir. Oui, je suis très heureux.

– Moi aussi. Je n'y croyais plus. Heureusement que Jean-Luc parle souvent de toi, autrement je me serais demandé si je n'avais pas rêvé.

– Je pourrais te donner mes horaires de cours. Comme ça, si tu as envie de me revoir, tu sauras à quelle heure je risque de sortir.

– Pourquoi si j'ai envie ? Toi, tu n'as pas envie ?

– Bien sûr que si.

– Alors pourquoi tu ne veux pas mes horaires ?

– Je les veux bien, mais je préférais que ce soit toi qui me les proposes.

En même temps son œil droit s'accrocha tant bien que mal au regard de Charlotte. Elle ne chercha pas à lui faire lâcher prise. Ce fut Basile qui revint sur terre le premier.

– Dis, Charlotte...

– Oui ?

– Tu rentres chez toi maintenant ?

– Euh... oui... Je n'ai plus de cours.

– Moi non plus. Je pourrais t'accompagner jusqu'à la rue Vaubecourt, si tu veux.

– Euh... non... Tu ne vas pas te mettre à raccompagner toute la famille. Jean-Luc, c'est un gamin, mais moi, je suis une grande fille.

Il fut surpris et prit un air désappointé. Elle se mit à rire.

– Mais bien sûr que si que j'ai envie que tu me raccompagnes. Je te faisais marcher.

– C'était aussi ma proposition : marcher. Alors... marchons.

La rue Vaubecourt se situe tout près des facs. Tu parles d'un trajet, ami lecteur. Cinq minutes. Tu crois, toi, qu'en cinq minutes, ils vont pouvoir faire connaissance ? Alors qu'ils auraient sûrement tant de choses à se dire. Des semaines de rendez-vous manqués, l'un qui attend l'autre de "moins cinq" à "et dix" et l'autre qui attend l'un de "et quart" à "la demie", et pour rattraper tout ce temps perdu, cinq malheureuses minutes, au milieu des passants, des voitures, des bus... Qu'est-ce que tu ferais, toi, à leur place ? Tu lorgnerais sur le premier bistrot venu, et tu irais prendre un verre, question de te donner un peu de marge. Parce que cinq minutes, franchement...

– Je t'offre quelque chose ?

Ils avaient fait une bonne partie du chemin. Sans grande intimité. Ici, ils s'écartaient l'un de l'autre pour éviter un passant, là pour ne pas marcher sur un pigeon. Ils parviendraient au but, le domicile de Mademoiselle Baylet, après avoir échangé seulement un certain nombre de banalités. C'était frustrant.

– Oui, je veux bien, répondit-elle.

Se seraient-ils déjà révélé un amour réciproque, ils auraient pu faire leur la noble citation d'Antoine de Saint-Exupéry :*"Aimer, ce n'est pas se regarder l'un l'autre, c'est regarder ensemble dans la même direction"*. Mais, au stade où ils en étaient quelques minutes après leurs retrouvailles, regarder ensemble dans la même direction - rue Vaubecourt - avait moins d'intérêt que de se regarder l'un l'autre de chaque côté d'une table de café.

Donc, ils se regardèrent. Souvent. Longuement.

Et ils burent. Du coca. Et les paroles l'un de l'autre.

– C'est étonnant, confia Charlotte. Tu es le premier garçon que j'ai admiré avant même de l'avoir vu.

– Ah ?

– Quand je suis rentrée le vendredi soir et que j'ai appris ce que tu avais fait pour Jean-Luc, ça m'a... bouleversée. Les gens sont tellement indifférents, de nos jours, à ce qui se passe autour d'eux que, tout de suite, j'ai fait de toi une sorte de héros.

– Rien que ça ?

– Parfaitement, oui. J'étais impatiente de te connaître. J'y ai beaucoup pensé le samedi. Et puis, c'est vrai, le dimanche, j'ai été un peu déçue.

Basile eut un petit froncement de sourcil. Cette fille ne faisait pas dans la dentelle. Elle lui balançait son handicap à la figure sans même le minimum de formes. Ça avait au moins le mérite d'être clair.

– J'imagine, oui, admit-il. Tu attendais un héros avec la gueule d'Alain Delon. Et tu te retrouves en face d'un mec qui louche comme ce n'est pas possible.

– Quoi ? Mais qu'est-ce que tu racontes ? Je ne parle pas de ça. J'ai regretté que, ce jour-là, on n'ait jamais été seuls une minute pour pouvoir bavarder.

– Excuse-moi. Je n'avais pas compris. Malgré tout, tu dois bien avoir été un peu déçue par mes yeux aussi.

– D'abord, je te signale que je savais que tu avais ce problème. Maman me l'avait dit.

– Tu vois bien. C'est la première chose qui saute aux yeux... si je puis dire.

– Mais bien sûr que ça se voit. Si maman me l'a dit avant, c'était pour éviter que j'aie un mouvement de surprise quand je suis venue vous ouvrir. Car elle avait très envie que tu te sentes à l'aise tout de suite. Voilà, c'est aussi simple que ça. Si tu avais les yeux... enfin, je ne sais pas comment dire... des yeux droits, ce serait tant mieux. Ce n'est pas le cas ? OK. Mais ce n'est pas vraiment un problème non plus. Je suis bien rouquine, moi, et alors ?

– Mais tes cheveux sont magnifiques, justement.

– S'ils te plaisent à toi, j'en suis heureuse. Peut-être que d'autres s'enfuient en poussant des hurlements d'épouvante...

Basile ne put s'empêcher de rire. Cette fille le surprenait par ses réparties. Elle était nature. Lui, il n'arrêtait pas de se compliquer la vie, de chercher comment se torturer. Elle, elle balayait d'un revers de manche les pieds de nez de la vie.

– Tu crois, reprit-elle, que la direction des yeux, la forme du nez, la largeur des oreilles, la couleur des cheveux peuvent vraiment jouer sur la sympathie qu'on peut avoir pour quelqu'un ?

– Sans doute un peu. Ça dépend de la gravité du handicap.

– Ça voudrait donc dire qu'on laisserait de côté quelqu'un qui pourrait être gentil, intelligent, amusant et tout ce que tu veux, tout simplement parce qu'il a un défaut physique ? Et, inversement, on admirerait quelqu'un qui est bien foutu, même si c'est un parfait crétin, qu'il est con comme un balai et méchant comme la peste ? C'est ça, hein ?

Basile Cretonoux de Bellevue-la-Montagne qui avait assez facilement réponse à presque tout, du moins quand il se sentait en confiance, resta sans voix devant l'argumentation de cette fille. Avec son petit air malicieux, elle l'obligeait à se poser quelques questions de fond sur ce que peut être une relation humaine vraie.

– Alors ? Tu es devenu muet, en plus ? le secoua-t-elle.

Il aurait pu en prendre ombrage. Les propos étaient vifs. La bouche assez mordante - ce qui n'est pas contre nature, même les chiens savent ça ! - ; heureusement les yeux cajolaient pour faire pardonner cette brusquerie. Cette caresse du regard déstabilisait le garçon ; jamais une fille ne l'avait fixé ainsi.

– Toi, alors, toi, alors... répétait-il. Tu ne t'embarrasses pas de formules. Tu dis les choses comme elles viennent.

– Assez, oui. Je ne suis donc pas très fréquentable. Et dire que j'allais te demander quand on pourrait se revoir pour reparler un peu de tout ça.

– Je ne sais pas trop. Ma mère m'a bien recommandé de faire attention à mes fréquentations. Et comme tu dis que tu n'es pas très fréquentable, il faut que je me donne du temps pour peser le pour et le contre. Faut pas brusquer les choses. On pourrait dire... demain ?

Elle secoua la tête un instant, en lui décochant un sourire déjà très complice.

– Tu vois, quand tu oublies tes petits tracas, tu sais être assez taquin. C'est comme ça que la vie est belle.... Bon, le vendredi, j'ai un cours de piano à dix-neuf heures, puis une heure de solfège en plus.

– Tu sors de la Fac à quinze heures trente. Avec un peu de bonne volonté, tu arriverais à me caser un créneau de cinq minutes quelque part, non ?

– Ça ne m'intéresse pas vraiment, lâcha-t-elle avec une moue qui laissa Basile interloqué. Enfin, je veux dire que ça ne m'intéresse pas, si ce n'est que pour cinq minutes.

Il soupira. Elle jouait à lui faire des frayeurs. Plus ils avançaient dans leur tête-à-tête, plus il découvrait son côté facétieux. Il en était la victime. L'heureuse victime, car ses façons d'être et de faire lui plaisaient de plus en plus.

Pour les deux bises de l'au revoir, il n'expédia pas cela comme une formalité. Il prit bien le temps de laisser ses joues râpeuses chatouiller la peau douce du visage de Charlotte. Et de crainte que, de son côté, elle accélérât trop la manœuvre, il plaça ses deux mains en coquille autour de son cou pendant qu'il l'embrassait.

– À demain, Basile, souffla-t-elle.

– À demain.

Elle resta sur le seuil pour le regarder partir. Quand il se retourna, elle alla cueillir de la main un baiser sur ses lèvres et le lui envoya. Poli - et surtout comblé - il le lui rendit.

22

Toi qui connais bien notre Basile maintenant, cher ami lecteur, tu n'as pas manqué de noter son sérieux dans les études, un sérieux que rien ne semble devoir ébranler. Et tu l'admires sans doute pour cela. À moins que cette trop grande sagesse ne t'agace un tantinet.

Et tu te demandes peut-être ce qui pourrait bien le distraire de son travail. Un tremblement de terre ? Un gain de 300 millions de francs au Loto ? Une rencontre avec la Reine d'Angleterre sur le marché de Craponne-sur-Arzon ?

Non ! Pas besoin d'aller chercher si loin d'après toi. L'heure passée avec Charlotte Baylet dans un bar de la rue Sainte-Hélène à Lyon devrait déjà pas mal lui secouer le cocotier. Tu n'as pas forcément tort.

Ce vendredi matin, après une nuit où il avait eu du mal à trouver le sommeil, Basile arriva à la Fac à la dernière minute, les traits tirés, les cheveux en bataille. Il avait un cours de droit du travail : on traitait ce jour-là du droit de grève.

La grève, Basile Cretonoux ne la connaissait qu'en théorie, ou presque. Il lui revint en mémoire la seule fois où il l'avait pratiquée... parce qu'il n'avait guère eu le choix. C'était en mai 1968, pendant son année de Première. Même si les événements nationaux tombaient au compte-gouttes dans l'enceinte assez close de la Chartreuse, les remous qu'ils occasionnaient provoquaient de légères répliques sismiques chez les élèves de Brives.

Au plus fort de la tension dans le pays, un groupe de sa classe, un peu plus dégourdi que le reste de l'effectif, décréta qu'il ferait grève pendant le cours de Grec de l'abbé Ferdinand Bolly, cet éminent helléniste capable de tenir le crachoir à Socrate lui-même. Le professeur entra dans la salle de son pas lourd, s'assura d'un coup de mâchoire que son dentier - turbulent, on s'en souvient - ne prenait pas la clé des champs, puis invita les élèves à ouvrir leur livre.

Nul ne bougea. Georges Grégoire, le meneur du mouvement, indiqua au professeur que, par solidarité pour les masses en lutte, l'ensemble de la classe avait décidé de se mettre en grève. Pour l'abbé Ferdinand Bolly, c'était une première. Jamais son autorité qui avait tenu en respect des générations d'élèves n'avait été ainsi bafouée. Il drapa ses rondeurs dans une dignité offensée et sortit sans un mot.

Quelques minutes passèrent. Puis, la porte s'ouvrit et le préfet de discipline entra. Il n'avait pas usurpé son titre, celui-là ; face à son regard sévère, les potaches filaient droit. Il s'approcha d'une table où quatre d'entre eux jouaient à la belote.

– Est-ce qu'un seul d'entre vous serait capable de m'expliquer pourquoi il fait grève ?

Un débat hautement social allait-il s'ouvrir ? Que nenni. La seule réponse qu'obtint le représentant de l'ordre du petit séminaire fut un vigoureux...

– Atout ! lancé par le meneur qui abattit d'un geste déterminé sa dernière carte sur la table.

Mais c'était mai 1968. Et, ce 30 avril 1971, dans l'amphi, la situation était nettement plus calme. Pourtant Basile Cretonoux mettait en pratique ce droit social au programme de la séance. Dans une version très léthargique certes : son corps ne faisait pas grève, il occupait une place ; en revanche, son esprit ne fonctionnait pas du tout au même rythme que d'habitude.

La vérité mérite un peu plus de nuance : son cerveau n'était pas vraiment au ralenti. Toutefois, à la différence de l'habitude, au lieu de réserver la totalité de ses neurones à la question savamment développée par le professeur, il les partageait entre le sujet en question et une jolie rousse. Celle-ci, sans aucune gêne, avait décidé de squatter la moitié du terrain et avait même tendance, la gourmande, à grignoter souvent la part de l'autre occupant.

D'où elle était installée dans l'amphi, Marielle Chaderneau pouvait observer de profil son ancien coéquipier. Elle devinait, aux airs absents qu'il prenait quelquefois, que le professeur ne captait pas la totalité de son attention. Déduction logique : autre chose devait l'accaparer. Mais quoi ? Et si c'était elle ? Elle l'avait atteint dans ce qu'il avait de plus vulnérable, son strabisme. Elle comprenait qu'il pût lui en vouloir ; elle s'en voulait tellement elle-même. Sous l'effet de l'excitation et de l'alcool, elle avait emboîté le pas à quelqu'un - le séduisant Yves - qui n'avait pas la même dimension humaine que Basile. Et elle se surprenait même à penser que l'originalité du regard de ce dernier lui conférait un charme particulier. Comme elle aurait aimé recoller les morceaux !

A priori, le mal était fait. Comment aurait-il pu pardonner son attitude qui l'avait tellement meurtri ? Pourtant, lors de leur brève conversation d'avant les vacances de Pâques, même s'il avait été inflexible, elle avait cru percevoir sur son visage plus de tristesse que de haine. Comme s'il regrettait ce final si lamentable. Alors, sans se bercer de trop d'illusions, elle parvenait à se convaincre qu'il y avait encore quelque chose à tenter. Elle lui demanderait pardon une nouvelle fois. Il avait trop de bonté pour y rester insensible.

De toute la journée, elle ne parvint pas à le croiser seul pour amorcer un brin de conversation. La chance parut tourner à la fin du dernier cours. Il quitta sa place dans les premiers. Elle s'approcha de la sortie de la salle pour l'intercepter au passage. Quand il l'aperçut, il eut un vague sourire : c'était mieux que rien, pensa Marielle.

– Basile ?

– Oui ?

– Ca va ?

– Bien.

– Tu as un moment ? Je voudrais te dire quelque chose.

– Tu tombes mal. Je suis très pressé. On m'attend.

– Tu n'as même pas deux minutes pour m'écouter ?

– Une à la rigueur. Que veux-tu ?

Une minute ! Où était-il le temps où tout lui était prétexte pour rester le plus possible avec elle ? Il la regarda : elle avait un air de chien battu ; sa lèvre tremblait.

– Tant pis. Ce ne sera pas long. Je voulais seulement te demander pardon. J'ai été nulle et dégueulasse avec toi, alors que tu as toujours été gentil, toi. Je m'en veux terriblement. Je ne pense qu'à ça. J'aimerais tellement que tu puisses garder au moins un petit souvenir de notre amitié.

Elle se mit à pleurer. Embarrassé, il cherchait que lui dire, mais déjà elle était partie cacher ses larmes ailleurs.

Le garçon hésita un moment. Devait-il essayer de la retrouver pour la réconforter ? Certes, elle ne le méritait pas, mais Basile ne savait pas faire durer la rancune. Il lui en avait beaucoup voulu et, en même temps, il avait bien du mal à l'enterrer dans l'oubli. Voir des larmes couler, pour lui, de ses beaux yeux bleus l'avait troublé. En plus, Charlotte devait être dehors à l'attendre. Tout à coup, il se demanda ce qui lui arrivait : il s'était mis dans la tête depuis toujours qu'aucune fille ne s'intéresserait jamais à lui. Or, là, dans le même quart d'heure, l'une allait noyer son chagrin parce qu'il la fuyait et l'autre devait s'impatienter dehors à le regarder venir.

Il regarda sa montre, poussa un soupir et sortit d'un pas pressé. De l'autre côté de la rue, personne en vue. Pas la moindre tignasse rousse. Il consulta à nouveau sa montre. Ils s'étaient donné rendez-vous entre 15 h 30 et 15h45. La grande aiguille venait de sauter par-dessus le 10. Il avait plus de cinq minutes de retard. Il jeta un coup d'œil sur le pont de l'Université. Au cas où, lasse de faire le pied de grue, elle serait déjà partie, elle ne pouvait être bien loin. Il ne la vit pas.

Il s'installa à sa place habituelle, sur le mur en bordure du Rhône. De là, il pouvait apercevoir l'entrée de la Fac de Lettres. Des étudiants allaient et venaient mais aucun ne ressemblait à Charlotte.

En revanche, de sa Fac à lui, il vit sortir Marielle. N'écoutant que son bon coeur, il se leva pour l'appeler, mais au même moment, il vit débouler sur sa droite une silhouette qui courait littéralement. Oui, elle courait. Elle courait à sa rencontre ! Il regarda ses pieds pour éviter de croiser le regard de la demoiselle Chaderneau. De toute façon, celle-ci était bien trop absorbée dans ses pensées pour l'apercevoir. Elle s'engagea sur la place Ollier et disparut à ses yeux. Il avait donc tout loisir pour suivre Charlotte qui, essoufflée, ne tarda pas à le rejoindre.

– Excuse-moi, dit-elle en l'embrassant. J'ai été retenue par la prof. Il y a longtemps que tu es là ?

– Une demi-heure en gros.

– C'est sympa de m'avoir attendue.

– Non, je charrie. Moi aussi, j'étais en retard. Je viens d'arriver.

– Chameau ! Tu me fais marcher.

– Tu avoueras que je suis à bonne école depuis hier.

Ils se taquinèrent encore un moment, sur le trottoir du quai Claude Bernard. Puis Charlotte déclara :

– On ne va pas rester plantés là. La Fac, on la voit assez. Tu veux aller où ?

– C'est toi la Lyonnaise. Moi, je ne connais que le trajet des Quais à ma résidence.

– Est-ce que ça te dirait qu'on aille s'asseoir sur quelque banc tranquille, place Bellecour par exemple ?

– Bellecour ? Bof. Ca ne me tente pas plus que ça. C'est trop... la ville.

Il n'allait pas lui dire le souvenir récent et cuisant qu'il avait de ce quartier-là.

– Ce n'est pas sur ton trajet, la place Bellecour. Tu vois que tu connais finalement plus Lyon que tu veux bien le dire.

– Mais, Bellecour, tout le monde connaît.

– Bon, alors, les bords de Saône, ça te dit ?

– Va pour les bords de Saône.

Arrivés sur le quai de Tilsit, ils passèrent devant la passerelle Saint-Georges. Charlotte voulut faire un pèlerinage à l'endroit précis où le chevalier sans peur et sans reproche avait couru sus à l'ennemi. Basile jeta un œil aussi sur l'endroit de la balustrade où il s'était perché. Sans faire le moindre commentaire.

Ils avancèrent en direction du Pont Bonaparte, empruntèrent l'escalier qui permet d'accéder à la berge du fleuve. Quelques arbres poussaient là entre le mur et l'eau. Ils profitèrent de leur ombrage.

La veille, ils avaient parlé d'eux, des yeux de l'un, des cheveux de l'autre, de leur rencontre, de leurs études. Ils élargirent le tour d'horizon. Basile raconta son enfance à Bellevue, son adolescence, la mort tragique de Paul. La narration de l'accident et l'évocation de la souffrance de toute la famille touchèrent profondément Charlotte. Elle l'écouta parler de ce frère si proche, une boule d'émotion dans la gorge. Pendant un moment, le regard rivé sur la Saône, Basile laissait parler son coeur. Il ouvrait à l'étudiante assise à côté de lui une des portes les plus secrètes de son être. Elle entrait dans sa vie par le chemin rocailleux de son chagrin. À l'instant où il lui confessait l'immense solitude qu'il avait ressentie à son retour à la Chartreuse, accentuée par l'absence de Joseph, son meilleur ami, elle le sentit au bord des larmes. Elle posa doucement la main sur sa jambe.

– Il fait quoi, ton ami Joseph maintenant ? Tu le revois ?

– Nos chemins se sont éloignés. Il est mécano dans un garage. Mais on prend un temps pour se retrouver à toutes les vacances. Bien sûr, je ne sais pas ce que la vie nous réserve, mais il me semble que, avec tout ce qu'on a partagé, les bons et les mauvais moments, ce lien ne peut pas se casser.

À son tour, Charlotte situa la famille Baylet. Basile les avait tous vus le dimanche où il avait mangé chez eux, mais ne les connaissait pas vraiment. Elle lui apprit que son grand-père, Eugène Baylet, celui qui était né à Malbost, était venu travailler à Lyon après la Première Guerre Mondiale. Il tenait un magasin de vêtements du côté de la cathédrale Saint Jean. Son fils, Claude, le père de Charlotte, avait repris l'affaire et l'avait développée. Il possédait maintenant plusieurs boutiques en ville qui employaient une trentaine de salariés. Madame Baylet le secondait, dans le domaine de la comptabilité, les matins seulement. La jeune fille précisa que son père travaillait beaucoup et reconnut que sa réussite les mettait largement à l'abri du besoin.

Basile était conscient de l'écart qui existait entre le niveau de vie de leurs deux familles. La petite épicerie de sa mère lui semblait d'un autre âge par rapport aux boutiques que dirigeait Claude Baylet. Cela le démoralisa un peu. Même à supposer que Charlotte lui prêtât suffisamment d'intérêt pour imaginer faire un bout de chemin avec elle, il se voyait mal dans le salon de l'appartement cossu de la rue Vaubecourt, en train de parler de la vingtaine de Bellimontaines qui passaient chaque jour chez eux et en ressortaient avec un kilo de sucre, un paquet de pâtes et une boîte de petits pois.

Charlotte regarda l'heure.

– Avant que j'aille à mon cours, on a le temps de passer prendre quelque chose à la maison, si tu veux.

– Ça me gêne. Ta mère va trouver que je m'incruste chez vous. Deux fois déjà...

– Tu aurais tort de te formaliser pour ça. Mes parents ont l'habitude de nous voir rappliquer avec des copains ou des copines. En plus, elle est prévenue. Je l'ai avertie que je viendrais peut-être avec toi.

– Ah bon ?... Quelle a été sa réaction ?

– Ben... une réaction normale. Elle m'a dit qu'elle serait contente de te revoir, que ça lui faisait plaisir que nous nous soyons revus.

– Tu dis ça, mais, avec toi, on n'est jamais sûr de rien.

– Merci pour la confiance. Mais enfin, même si tu as une semaine de cours dans le citron, tu as le droit de réfléchir encore un peu. Pourquoi ma mère accepterait que je vienne avec des copines et des copains - certains quelquefois qui ne lui plaisent qu'à moitié - et pourquoi ne serait-elle pas contente que je lui en amène un qu'elle trouve très sympathique ?

23

Même si le bus N° 30 ne descendait pas les virages de Choulans à la même allure que la R8 Gordini de Joseph avalait les lacets vers Roche-en-Régnier, le navire était secoué d'un fort roulis. Basile, seul sur son siège, en ce début d'après-midi, ne risquait pas d'être projeté sans cesse sur un voisin. Au contraire, de l'autre côté de l'allée, un jeune homme basculait régulièrement sur sa voisine dans les courbes à droite, politesse qu'elle lui rendait dans le sens inverse. Aucun des deux ne semblait importuné par ces turbulences. La preuve : entre deux virages, ils profitaient d'un bref retour au calme pour s'embrasser à bouche que veux-tu.

Passe-temps qu'ils prolongèrent d'ailleurs, en ligne droite, le long du Quai Fulchiron. À les voir ainsi s'entre-dévorer, Basile se demandait s'il lui arriverait un jour de se trouver avec une fille qui manifesterait la même gourmandise à son endroit. Réservé de nature, il ne lui déplaisait pourtant pas de caresser l'idée qu'un jour il pût, à bord du bus de la ligne 30, consommer les courbes de Choulans et les lèvres de Charlotte avec la même insatiabilité.

Charlotte ! Bien qu'il craignît toujours de s'emballer trop vite et de tomber de haut ensuite, force était de constater qu'il se passait quelque chose entre eux. C'était bien elle qui, la veille, après le verre pris à son domicile avec sa mère, avait proposé de passer l'après-midi de ce samedi au Parc de la Tête d'Or. Tous les Lyonnais connaissent ce vaste espace de détente au coeur de la Capitale des Gaules. Basile, lui, Lyonnais de trop fraîche importation, n'y avait encore jamais mis les pieds.

– Comment ? Tu n'es jamais allé au Parc de la Tête d'Or ? s'était exclamée la jolie rouquine. Il est urgent de réparer cette grave lacune. Tu verras, c'est immense.

– Avec toi comme guide, je ne risque pas de me perdre. Alors, c'est d'accord, bien sûr.

Voilà pourquoi, ce samedi, en début d'après-midi, l'étudiant bellimontain voyageait à bord de la ligne 30 tandis que ses rêves vagabondaient sur les images de Charlotte. Elle lui avait fixé rendez-vous au terminus, à Bellecour. De quel augure était-ce ? Son dernier (et unique) rendez-vous avec une fille, à cet endroit, lui laissait un bien triste souvenir. Allait-il vers une nouvelle désillusion ? Ou au contraire la rencontre d'aujourd'hui effacerait-elle définitivement les séquelles de la précédente ?

De fantasmes en questionnements, Basile n'avait pas vu le temps passer : le trajet avait été si bien occupé que le dernier arrêt le surprit. Il regarda autour de lui : pas de doute, on était à Bellecour.

À l'arrêt du bus, une tête rousse flamboyait au milieu de toutes les autres chevelures plus discrètes : Charlotte l'attendait.

Ils marchèrent jusqu'à Gambetta pour prendre la ligne 4 en direction du Parc. Ils s'assirent l'un à côté de l'autre. Les rues étaient rectilignes. Hélas. Aucune force centrifuge pour pousser les jeunes gens l'un contre l'autre, au grand dépit de Basile qui eût préféré de loin un tracé "à la Choulans".

Ils entrèrent par la Porte des Enfants du Rhône et longèrent le Lac en direction de la Roseraie.

– Tu ne devinerais pas combien il y a de variétés de roses à cet endroit, paria Charlotte.

– Pas du tout, non. Comment veux-tu que je sache ? Cinquante peut-être.

– Tu peux multiplier largement par six.

Le nombre importait peu à Basile en vérité. S'il avait pu se le permettre, il se serait contenté d'en cueillir une et de la lui donner. La blanche, pour commencer, eût été fort convenable, elle qui exprime la pureté des sentiments. Il aurait pu se risquer aussi sur une orange pour manifester son désir. La rouge, symbole de passion, paraissait prématurée : Charlotte aurait trouvé ce garçon bien entreprenant.

Entreprenant, lui, Basile ? Je vois que ça te fait sourire, chère lectrice. Toi, qui n'es pourtant pas une allumeuse de première ligne, mais qui ne détestes pas pour autant provoquer quelque compliment masculin, tu le trouves un peu timoré. Permets-moi de te dire que ça me paraît bien sévère comme jugement. D'abord, n'oublie pas qu'il est novice en la matière - ou presque - et que son premier pas a trébuché il n'y a pas si longtemps du côté de Bellecour. Ça ne rend pas spécialement audacieux. Bien sûr, Charlotte lui a donné bien des signes de l'attention qu'elle lui prête. Mais Marielle aussi l'avait invité à une soirée détente avec elle... Et d'autres, il est vrai. Dans le cas présent, la jolie rouquine joue certes sur un registre plus personnel... Tu aurais dit "intime" ? Hum ! Faut voir. Ne brûle pas les étapes.

Pas à pas, confidence après confidence, ils arrivèrent au coeur de la pelouse des Ébats. Diable ! Un nom à vous donner le tournis. Plusieurs bancs n'avaient pas encore trouvé preneur. Ils posèrent leur candidature - et leurs fesses par la même occasion - sur l'un d'entre eux gentiment bordé d'arbustes qui conférait à l'endroit un caractère tout à fait "intime" *(Finalement, c'est toi qui avais raison, chère amie).*

La magie du lieu - mais oui, ça existe - opéra très vite. Basile entoura de son bras la tête de sa compagne et posa la main sur son épaule. Les doigts de Charlotte vinrent jouer sur cette main et bientôt s'entrecroisèrent avec ceux du garçon. Ainsi attachée à lui, elle pouvait vaciller : elle ne sombrerait pas. Alors, elle vacilla. Sa tête pivota doucement pour se retrouver nichée au creux de l'épaule de Basile. Ce fut, pendant quelques minutes, une histoire sans paroles. Chacun écoutait le doux frémissement de ses sensations. Basile émergea le premier :

– Comme on est bien ici.

– Tu ne regrettes donc pas d'être venu visiter le Parc de la Tête d'Or ?

– Non, l'endroit est paradisiaque. Et toi, plaisanta-t-il, dans le rôle d'Ève, tu es superbe.

– Zut, j'ai oublié les pommes.

– Laisse faire. Ça nous évitera bien des pépins.

Ces plaisanteries permettaient de temporiser. De contrôler encore quelques minutes leur émoi. Ils attendaient et appréhendaient en même temps l'instant où leur sentiment réciproque briserait la digue de leur retenue.

– Il y a deux jours encore, je n'aurais pas pu imaginer pouvoir vivre un tel moment, confia Basile.

– Moi non plus. Pourtant, ça n'a rien d'extraordinaire. Demande aux arbres qui nous entourent : ils doivent en avoir vu d'autres.

– Oui, bien sûr. Mais pour moi... c'est... enfin ça me semble... irréel... impossible à cause de... enfin, tu sais bien...

Elle releva la tête et le regarda d'un air sévère.

– En effet, je crois savoir. Tu veux me parler de ton œil, c'est ça ?

– Ben... oui... tu comprends.

– Oui, je comprends, lança-t-elle en élevant la voix. Je vais te dire un truc, moi : je connais un garçon de Bellevue-la-Montagne que je trouve très sympathique. Ce qui m'énerve, par contre, c'est qu'il ne cesse de prendre son œil pour le nombril du monde et qu'il n'arrête pas de tourner autour.

– Mais, Charlotte...

– Mais quoi ? Tiens, regarde-moi. Avec l'oeil droit ou avec le gauche ; je m'en fous. Mais regarde-moi.

Il plongea son œil droit dans les prunelles vertes : l'une pétillait de malice, l'autre débordait de tendresse. Lui, qui n'en avait qu'un en ligne, réunit tous ses sentiments dans le même. Cela lui donna une intensité telle que ceux de Charlotte en furent comme aimantés. Inévitablement, cela attira leurs visages l'un vers l'autre. Leurs lèvres aussi. Leurs lèvres encore plus vite que le reste. Quand elles se rencontrèrent, elles décidèrent, d'un accord tacite, de passer un moment ensemble. Un bon moment. C'est Charlotte qui mit fin à leur entretien passionné : elle retira les siennes du débat.

– Voilà, c'est bien fait ! gronda-t-elle. Tu l'as bien cherché.

– Mais, Charlotte...

– Puisque tu ne me crois pas quand je te le dis, avec ça, tu as la preuve maintenant.

– La preuve ?

– Oui, la preuve que je t'aime. Qu'est-ce que tu me ramènes toujours tes yeux comme une barrière ? Je t'aime comme tu es, tu ne peux pas le comprendre, ça ?

Et elle se mit à pleurer d'énervement. Basile, complètement désemparé, ne put que répéter :

– Mais, Charlotte...

Il l'attira contre lui, fourragea de ses doigts dans les cheveux roux. Enfin, il parvint à articuler :

– Moi aussi, Charlotte, je t'aime. Je t'aime. Et je suis tellement heureux de pouvoir te le dire.

Les lèvres prirent le relais à nouveau. Un long baiser au goût salé des larmes de la jeune fille.

Ils avaient oublié qu'ils étaient venus là pour que Basile pût découvrir le Parc de la Tête d'Or. Il restait du chemin à faire. Ils le firent. À leur rythme. Main dans la main. Avec des haltes fréquentes. Il eût été dommage de laisser leurs lèvres oublier le savoir-faire qu'elles venaient d'acquérir. Ils révisèrent donc tout au long du parcours. Sans modération.

Ils déambulèrent longuement dans le parc zoologique. La tête de la girafe condescendit à se pencher vers eux pour saluer leur tout frais bonheur. L'éléphant se fit discret pour ne pas casser la porcelaine de leur amour. Trois chevrettes s'émurent d'un bêlement romantique en les voyant enlacés. Seuls, les babouins ne comprirent rien à l'événement : ils s'interpellaient et ricanaient au passage des deux amoureux en se grattant sous les aisselles.

– On rentre à pied jusqu'à Bellecour ? demanda Charlotte.

– Si tu veux.

Ils empruntèrent les quais du Rhône, rive gauche, puis rejoignirent la rive droite par la passerelle du Collège. Sur le quai Jules Courmont, Charlotte demanda à son ami de l'attendre un instant. Elle entra dans une cabine téléphonique. Il lui sembla qu'elle parlait vite, comme si elle était particulièrement excitée.

– Voilà. Tout est arrangé, fit-elle en le rejoignant. Ça va aller.

– Pourquoi ? Y'avait un problème ?

– Oui, j'avais rendez-vous dans un quart d'heure avec un copain. Je lui ai dit qu'on remettait à demain après-midi... au Parc de la Tête d'Or, c'est pratique ce coin, non ?

Et elle éclata de rire.

– Petite peste, va !

– Non, j'ai appelé ma mère. Tu manges à la maison ce soir. Après, on te ramènera en voiture à la cité.

– Encore ? Tu exagères. Mais qu'est-ce qu'ils vont penser tes parents ? Hier déjà...

– Et puis aujourd'hui... Et pourquoi pas demain, après tout ?

– Tu es folle. Ta mère va se demander ce qui t'arrive. Elle va commencer à se poser des questions.

– Pas vraiment puisqu'elle connaît la réponse. Je lui ai dit qu'on s'aime et que je ne veux pas te savoir tout seul dans ton resto U ce soir.

– Tu lui as dit ça ?

– Ben oui. Fallait pas ?

– Je trouve que tu vas vite en affaires. Tu m'as revu avant-hier, puis hier. Aujourd'hui, tu es sûre que tu m'aimes, mais, dans une semaine, quand tu me connaîtras mieux, tu n'éprouveras peut-être plus le même sentiment.

– Je sais qu'on ne peut jurer de rien. Pourtant, je ne crois pas. Je t'ai retrouvé il y a deux jours seulement, c'est vrai. Seulement, ça fait un mois que je n'arrête pas de penser à toi.

Il tendit les bras. Elle vint s'y lover. Il caressa son dos, son cou, ses cheveux. Il la serra contre lui et repartit à la conquête de ses lèvres. Ces gestes, qu'il croyait interdits au bigleux qu'il était, lui venaient tout naturellement, aussi sûrs que s'il sortait d'un stage intensif de formation amoureuse. Lui, Basile Cretonoux, le "plouc" de Bellevue-la-Montagne, comme avait dit Yves Fernet en regardant les résultats du Bac !

Une jolie fille, citadine, et d'une grande ville en plus, s'abandonnait à ses gestes tendres et lui répétait des mots qui ne l'étaient pas moins. Il repensa à ce que l'abbé Jacques Renaud lui avait dit, puis Joseph en des termes assez semblables, et Christine lors de leur dernière rencontre à Vorey : *"Parce que tu la trouveras, celle avec qui tu feras ta vie, pour moi, il n'y aucun doute"*.

Il espéra que cette prédiction se réalisait aujourd'hui sous les traits de Charlotte. Un peu inquiet malgré tout, il ajouta :

– Quand même, tu as de drôles de façons de présenter les choses à ta mère. Un coup de fil : *"Tu peux ajouter une assiette ce soir ; j'ai un amoureux depuis une heure et je veux l'inviter à dîner"*.

– Tu sais, moi, je ne suis pas très classique dans mes manières. En fait, j'ai surtout une mère avec qui je m'entends très bien. On est très complices. Je ne lui cache pas grand-chose. En plus, je ne lui ai pas vraiment fait une révélation aujourd'hui. Hier déjà, après que tu sois parti, elle m'a dit : *"Depuis le jour où Basile est venu manger à la maison, rien qu'à te regarder quand on prononçait son nom, j'ai compris que tu en pinçais pour lui"*.

C'est Claude Baylet qui ouvrit la porte :

– Ah ! Basile ! Quel plaisir de te revoir !

– Tu tutoies ce garçon ? s'étonna Sylvie, son épouse.

– Ce n'est pas le pape, quand même. Et heureusement pour moi, s'esclaffa Charlotte. Je suis sûr qu'il préfère que papa le tutoie, et toi aussi maman. Hein, Basile ?

– Oh oui. Pour moi, c'est tellement mieux.

24

Clémentine hocha la tête. Longuement. Comme si elle voulait laisser tout le temps à la nouvelle qu'elle venait d'apprendre de bien se diffuser dans tous les recoins de son cerveau.

– Charlotte, c'est un bien joli prénom, remarqua-t-elle. Tu m'avais bien dit que tu étais allé manger chez des Lyonnais, mais tu m'avais caché le plus important, petit cachottier.

– À ce moment-là, je pensais beaucoup à elle, c'est vrai, mais je n'osais pas trop croire que ce soit réciproque. Il aurait été un peu tôt pour en parler.

– Elle, elle est étudiante, comme toi. Et ses parents, qu'est-ce qu'ils font, s'enquit Charles.

– Ils sont commerçants. Ils vendent des vêtements.

– Ils ont un magasin à Lyon même ? voulut savoir Clémentine.

– Euh... oui. À Lyon, oui.

– On dirait que tu n'en es pas bien sûr.

– Si. Si. En fait, ils en ont plusieurs... avec des employés... et tous à Lyon.

La maman hocha encore la tête. Longuement. Elle cherchait à lire sur le visage de son mari s'il pensait bien la même chose qu'elle. Elle soupira et dit :

– C'est des gens de la haute, donc. On n'est pas bien du même milieu. Si un jour elle vient à la maison, ta Charlotte, elle risque d'être surprise et de... ne pas vouloir revenir.

Basile se mit à rire. Il se doutait bien que la première réaction de ses parents serait celle-là. Autant ils se réjouissaient qu'il eût rencontré une fille et commencé à vivre une belle histoire avec elle, autant ils mesuraient la profondeur du fossé entre leur niveau de vie et le sien. Leur fils voulut donc, par son rire, leur montrer qu'il n'y avait pas lieu de s'alarmer.

– Tu sais, maman, j'ai eu la même réaction que toi. C'est normal. Et puis, maintenant que je les connais mieux, je n'appréhende plus du tout que Charlotte vienne à la maison. C'est vrai qu'ils sont plus riches que nous, beaucoup plus riches sûrement, mais ils ne sont pas fiers.

– Quand même, quand même..., répéta Charles.

– D'ailleurs, le grand-père de Charlotte, il est né dans une ferme. Pas loin d'ici, même.

– Ah, bon ? Où ça, interrogea le père que ce détail géographique commençait à rasséréner.

– Dans la commune de Saint-Pal-en-Chalencon, à Malbost. Tu connais, papa ?

– Je vois où ça se situe, mais c'est un peu à l'écart de la route de Saint-Pal ; je n'y suis jamais allé.

– Tiens, j'ai une idée. Je pourrais vous y emmener avec la 2 CV de Michel un de ces jours.

Basile était rentré de Lyon en début de semaine. Le coeur gros. Pourtant, il fallait bien revenir. Il allait commencer à travailler au Crédit Lyonnais le mardi suivant. Pour trois mois. Une éternité loin de Charlotte. Aussi l'idée d'aller gratter un peu le terroir pour retrouver quelque lointaine racine de sa bien-aimée ne pouvait qu'adoucir son cafard.

La quinzaine de maisons de Malbost se prélassaient au soleil en ce dernier samedi de mai. C'était jour de répit. En effet, la position du hameau sur un plateau ouvert à tous les vents fait que Éole s'invite plus souvent que les habitants ne le souhaiteraient. Vous croyez manger dehors ? Mettez les assiettes en grès plutôt que celles en carton. Sinon votre salade composée risque fort d'aller se décomposer sous la table, ou même chez le voisin. Or ce jour-là, le temps était calme. Pas un souffle ne risquait d'emporter votre chapeau de paille.

Le jeune Bellimontain gara la 2 CV à l'entrée du village. Où pouvait être la maison natale du grand-père Eugène ? Il se trouverait sûrement quelque bonne âme pour renseigner ces quatre touristes. Oui, quatre : Régine, que Basile avait mise dans la confidence de ses amours, avait absolument voulu venir. Elle avait ressenti une joie profonde quand son frère lui avait révélé l'existence de Charlotte. Déjà, alors qu'elle ne l'avait jamais vue, la jeune Lyonnaise lui était devenue très sympathique, pour ce qu'elle apportait à celui qui était le plus proche de ses frères.

Jamais vue ? Pas tout à fait d'ailleurs. Car Basile n'était pas revenu les mains vides. Il avait bien une dizaine de photos ; l'une d'entre elles avait beaucoup ému Régine. Les deux amoureux étaient appuyés contre un mur, en bordure de la Saône : le garçon avait passé son bras autour du cou de son amie et l'attirait à lui. Sur leur visage souriant, on aurait pu voir scintiller des perles de bonheur. La petite sœur de Basile croisait les doigts, dans l'espoir que rien ne viendrait jamais ternir la couleur de ce rêve.

Les promeneurs avaient fait cent mètres à peine, quand ils croisèrent une paysanne du village, sous un chapeau de paille justement, puisque le vent folâtrait ailleurs ce jour-là. Basile s'adressa à elle :

– Bonjour, Madame, excusez-moi de vous importuner. J'ai rencontré, à Lyon, un monsieur Claude Baylet qui m'a dit que son père était né dans votre village. Comme on passait dans le coin, on s'est arrêtés. Le père de ce monsieur s'appelait Eugène. Est-ce que ça vous dit quelque chose ?

– Chez Baylet, oui. Oh, il n'y a plus personne maintenant. Moi, l'Eugène, je n'en ai pas grand souvenir.

Forcément, il était parti en ville tout de suite après la Première Guerre Mondiale. Or, la femme qui leur parlait devait avoir dans les quarante ans. Elle n'était donc pas née à l'époque.

– De temps en temps, ajouta-t-elle, son fils vient passer quelques jours, mais c'est rare. Du coup, on ne le connaît pas bien. C'est peut-être celui que vous avez rencontré.

– Ce n'est pas impossible, convint Basile. Il a trois enfants : deux garçons et une fille.

– Ça doit être ça. La petite est facile à repérer, va : elle a des cheveux d'un roux... magnifique. Oui, elle est vraiment belle, cette petite... et marrante. Elle n'a pas la langue dans sa poche, je peux vous le dire. Et elle aime bien taquiner. Finalement, c'est celle que je connais le mieux de la famille.

Basile était aux anges. Devant ses parents, une personne qu'il ne connaissait ni en blanc ni en noir dressait un portrait tout à fait flatteur de sa bien-aimée. Il sentit que sa sœur lui pressait le bras pour lui signifier combien elle aussi appréciait cette présentation.

– Et c'est où, cette maison Baylet ? reprit le garçon.

– C'est l'avant-dernière, au bout du village, vous ne pouvez pas vous tromper. Une vieille ferme. Il y a une grande cour avec un pommier au milieu.

– Merci beaucoup, Madame, dit Basile avec sincérité.

– Merci, merci, merci, reprirent les trois autres.

Ils venaient de quitter cette personne fort avenante quand ils entendirent, derrière eux, une voix masculine qui appelait :

– Alors, Marthe, tu viens ? Il faut y aller.

– J'arrive, j'arrive, Antoine. Je renseignais des gens qui cherchaient la maison des Baylet.

La vieille ferme ne payait pas de mine. Il était manifeste qu'elle n'avait pas été ouverte depuis longtemps. Des orties avaient envahi les trois quarts de la cour. L'extrémité du chéneau de la façade s'était décrochée et pendait lamentablement.

À quoi tiennent les choses quelquefois ! Cette décrépitude rassura les parents Cretonoux. Leur maison à eux, pour modeste qu'elle fût, avait quand même une autre allure. Si Charlotte vivait quelquefois ici avec ses parents, elle pouvait venir à Bellevue sans problème. Et, pour loger là, même en vacances, ces Baylet ne devaient sûrement pas être des lève-nez, même s'ils avaient des sous. Charles et Clémentine en étaient persuadés maintenant. Ils pourraient recevoir la demoiselle de Lyon.

Elle vint. Ce grand jour avait été fixé au 27 juin. Elle posa le pied sur le quai de la gare de Vorey à 18 h 20. Si elle avait le permis depuis quelques mois, elle avait très peu conduit. Ses parents ne voyaient pas l'intérêt d'une voiture dans l'immédiat : quel intérêt en ville, alors que les transports en commun permettent d'aller facilement où on veut, lui disaient-ils. De temps en temps, son père lui prêtait le volant de la 504, qu'elle trouvait trop encombrante pour elle. De plus, elle ne s'imaginait pas partir toute seule jusqu'en Haute-Loire avec cette grosse bagnole.

Basile l'attendait. Depuis un quart d'heure au moins. Il avait compté large. Pour rien au monde, il n'aurait voulu qu'elle risquât de se morfondre, ne serait-ce que trente secondes, seule devant la gare. Il la vit. Il se serait presque pincé pour être sûr de ne pas rêver.

Une chemisette blanche légère, un pantalon de toile vert d'eau. Ces teintes claires soulignaient le flamboiement de ses cheveux. Elle s'avança vers lui, souriante.

Il lui ouvrit ses bras ; elle s'y abandonna. En la serrant contre lui, il pouvait éprouver, à travers la fine étoffe de ses vêtements, la souplesse de son corps. Cela provoquait en lui un vif émoi. Il se laissait griser par la caresse de cette jeune poitrine sur son torse. Il restait sans voix, comme frappé de stupeur face à cette apparition. Muet aussi parce qu'il n'avait pas d'autre choix : Charlotte s'était emparée de ses lèvres et ne semblait pas pressée de lui rendre l'usage de la parole.

Certes, il parvint à glisser quelques mots : *"Ma petite Charlotte... Mon amour... Ma princesse..."*, mais n'eut guère le temps de se préoccuper de la syntaxe des phrases. La forme de ce discours semblait convenir tout à fait à la jeune fille. Elle comprenait parfaitement la teneur du message, aussi elliptique que fût son expression.

Autour d'eux, tous les autres passagers du train, descendus en gare de Vorey, s'étaient dispersés. Sur la place, il ne restait qu'eux... et la 2 CV ! Dans le même temps, Basile remarqua le grand vide de la place et Charlotte la présence de la voiture.

– Wouah ! La voiture de mes rêves ! s'exclama-t-elle.

– Tu es à peine arrivée et déjà tu te moques.

– Pas du tout. Je ne voudrais pas te vexer, mon Babas, mais j'ai été amoureuse des 2 CV bien avant de te connaître.

Et elle s'empressa de l'embrasser encore pour qu'il ne fût pas jaloux. Une fois assise dans la voiture, elle crut bon de lui fournir une preuve supplémentaire de ses sentiments avant de le laisser démarrer.

– J'ai promis à Joseph et Christine d'aller boire un coup avec eux avant de monter à Bellevue. Tu veux bien ? demanda Basile.

– Je veux tout ce que tu veux. Et j'ai très envie de connaître tes amis. Je sais combien ils comptent pour toi. Donc, ils comptent pour moi aussi.

Le bar où Joseph avait donné rendez-vous à son copain se trouvait à la Place des Moulettes. Situé au premier étage, il était accessible par un escalier extérieur. Christine et son mécano, appuyés à la barrière du balcon, virent arriver la 2 CV. Ils s'empressèrent de descendre pour accueillir ses passagers.

Après les présentations, ils disposèrent d'un quart d'heure pour faire un peu mieux connaissance. Puis se donnèrent rendez-vous pour une balade du côté d'Allègre le lendemain après-midi. Basile et Charlotte prirent ensuite la route de Bellevue. Ils longèrent l'Arzon et, avant d'entamer la montée, s'arrêtèrent au bord de la route. Pour laisser souffler la Deudeuche, bien sûr ! Et comme il fallait, tant bien que mal, meubler cette halte technique, ils se lancèrent dans un festival de baisers et caresses. L'Arzon les accompagnait d'un doux murmure et, dans les branches, les oiseaux piaillaient commentaient à tout va. Les deux amoureux, eux, étaient seuls au monde. Quand ils repartirent, le moteur de la Deux-Pattes avait eu largement le temps de refroidir.

Clémentine avait mis les petits plats dans les grands. Charles était rentré de bonne heure pour prendre une douche et mettre des habits propres. Régine s'était maquillée et avait revêtu la jolie robe printanière que sa mère avait achetée sur le marché. La maison avait eu droit à un sévère nettoyage de printemps, le deuxième de la saison donc.

La demoiselle de Lyon pouvait venir. On la recevrait avec les égards dus à son rang de citadine.

Au début du repas, les parents Cretonoux, un peu crispés, surveillaient leurs mots et leurs gestes pour ne pas faire d'impair. Au deuxième plat, ils commencèrent à rire des propos très décontractés de Charlotte. Ils repensèrent d'ailleurs à ce qu'avait dit la dame Marthe à Malbost : *"Oui, elle est vraiment belle, cette petite... et marrante. Elle n'a pas la langue dans sa poche, je peux vous le dire. Et elle aime bien taquiner."* Quand la Lyonnaise se leva pour débarrasser la table, puis prit un torchon pour essuyer la vaisselle, ils furent persuadés qu'ils n'avaient pas besoin de s'embarrasser de simagrées.

Peut-être cette attitude de Charlotte, qui se comporte comme en pays conquis, choque-t-elle un brin ton sens des convenances, chère lectrice. Elle vient pour la première fois dans cette maison et ce débordement de familiarité te semble excessif. A priori, j'avais eu la même impression que toi. Point trop n'en faut, quand même !

Depuis, j'ai appris le fin mot de l'histoire. La petite Lyonnaise était dans ses petits souliers aussi, figure-toi. Elle se demandait si elle saurait trouver le juste milieu entre une manière d'être trop guindée ou, à l'inverse, trop décontractée. Mais Basile l'avait encouragée à la plus grande simplicité, au motif que c'était le meilleur moyen pour que ses parents, soucieux de la bien recevoir, fussent très vite à l'aise. Bravement - et conformément à son tempérament aussi - Charlotte avait adopté une stratégie plutôt offensive. Son charme et sa gentillesse avaient fait le reste.

– Tu crois qu'elles vont jacasser toute la nuit ? demanda Charles vers deux heures du matin.

– J'ai l'impression que cette petite est aussi pipelette que ta fille, alors..., remarqua sa femme.

L'hébergement avait fait l'objet d'un débat chez les Cretonoux. Où allait coucher la demoiselle ? Déjà, la recevoir ainsi sous leur toit embarrassait les parents. On risquait de jaser dans le quartier, parce que sa présence pendant deux jours n'échapperait pas aux yeux avertis qui observeraient derrière les rideaux dans plusieurs maisons.

– On ne va tout de même pas l'envoyer à l'hôtel, s'énerva Basile.

– Et non, mon garçon, mais... moi, je ne suis pas allée coucher chez ton père la première fois où j'ai mis les pieds dans sa maison.

– Tu oublies, maman, que tu étais à Bellevue et lui aussi. Vous pouviez vous voir tous les jours puis rentrer chez vous à pied. Mais elle habite à Lyon et moi je suis ici.

– Eh oui, faire tant de chemin pour une seule journée, ça ne vaut pas bien la peine, convint Clémentine.

Seulement dans leur petite maison de Bellevue, il n'y avait pas de chambre d'amis. Et on n'allait pas l'installer dans celle de Jean et Michel, même s'ils n'étaient pas là.

– Tu ne voudrais quand même pas qu'elle aille coucher avec toi, Basile. Vous vous connaissez depuis deux mois à peine.

– Dans ce cas, proposa Régine, elle viendra dormir dans ma chambre. Mon lit est assez grand. Tu crois qu'elle serait d'accord, Basile ?

– Il faut lui en parler mais, telle que je la connais, elle ne fera pas la difficile.

Voilà pourquoi les parents Cretonoux avaient du mal à dormir. Leur parvenait de la chambre à côté le bruit étouffé d'une conversation, de rires aussi. On avait mis dans le même lit deux filles qui avaient quelques mois de différence et bien des confidences à se faire sur le même garçon. De sa chambre, Basile lui aussi devait percevoir les chuchotements, car il ne dormait sûrement pas. Au supplice de savoir sa bien-aimée si proche de lui sans pouvoir la serrer dans ses bras.

Pour les deux amoureux, le soleil brilla de tous ses feux, et le dimanche, et le lundi... jusqu'à 19h02, où le dernier train de la soirée, un train sans pitié, emporta une Charlotte bien triste. Elle pourrait cependant partager son cafard avec quelqu'un. Joseph faisait partie du même convoi : il retournait à La Valbonne, dans la région de Lyon, au terme de sa première permission.

Ce fut l'occasion pour Charlotte d'apprendre un certain nombre de détails des années de collège de Basile. Ce dernier les avait évoquées avec elle pour parler de Joseph, mais sans trop s'étendre sur la question. En arrivant à Lyon, elle avait une double confirmation de ce qu'elle avait pressenti. Son Basile, qui n'en avait jamais fait étalage devant elle ou les siens, avait été de loin l'élève le plus brillant de sa classe. Elle en conçut une grande fierté. Il s'était lié avec un jeune garçon de Ceneuil et cette amitié, qui les avait beaucoup aidés l'un et l'autre, ne leur avait jamais fait défaut par la suite. Charlotte ressentait ce témoignage de fidélité avec beaucoup d'émotion.

– Alors ma fille, ce séjour en Haute-Loire ? s'enquit Sylvie Baylet en embrassant sa fille à Perrache.

– Oh, maman, merveilleux. C'était merveilleux.

25

– Si un jour on m'avait dit que je serais aussi impatient de revenir à Lyon, je ne l'aurais pas cru, avoua Basile.

Il commençait sa troisième année de droit le surlendemain. L'année précédente, il s'était contenté de revenir à Lyon la veille de la rentrée. Le contexte avait beaucoup changé.

Depuis la fin juin, Charlotte et lui s'étaient revus tous les quinze jours. Une fois, le garçon venait à Lyon ; la suivante, son amie le rejoignait à Bellevue. Que le temps leur avait paru long, en semaine bien sûr, mais plus encore le week-end où ils ne se voyaient pas.

Cette année encore, Basile avait une chambre à la cité André Allix. Il la trouva bien austère quand il s'y installa. Le chemin des études restait encore long. Il avait effectué la moitié de la première étape qui devait le conduire, sauf accident, à la maîtrise de droit privé. Ensuite, deux parcours différents permettaient d'accéder au diplôme d'aptitude aux fonctions de notaire : soit un cursus universitaire de trois ans, soit la voie professionnelle, de même durée. Les deux possibilités incluaient un stage de deux ans.

Basile ne savait trop quelle option il prendrait après la maîtrise mais, quelle qu'elle fût, il lui restait encore cinq ans avant de pouvoir exercer le métier qu'il avait choisi. Charlotte, elle, s'orientait vers l'enseignement des Lettres. Même si elle avait un an de moins que son ami, elle terminerait ses études avant lui logiquement.

Ils souffraient de leurs longues séparations et n'imaginaient guère de vivre à distance, entre Bellevue et Lyon, et même entre la résidence universitaire et la rue Vaubecourt, pendant encore plusieurs années. Pourtant ni l'un ni l'autre n'aurait voulu sacrifier les études et hypothéquer le projet qu'il s'était fixé.

Toutes ces questions, qu'ils avaient déjà beaucoup abordées ensemble, occupaient l'esprit de Basile ce matin tandis qu'il se rendait à pied à la Fac pour sa première journée. Il préférait marcher plutôt que de prendre le bus : cela lui laissait du temps pour donner audience à ses pensées.

Intermède au milieu de ses questionnements quant à l'évolution de sa relation avec Charlotte, l'image de Marielle Chaderneau surgit dans son esprit au moment où il franchissait le Rhône sur le pont Gallieni. De temps en temps, elle passait en courant d'air dans un quartier de sa mémoire. Ce jour-là, elle y fit une halte plus prolongée.

Il allait la revoir. Comment se comporterait-elle avec lui ? Bien sûr, il avait tourné la page et pourtant l'attitude qu'elle adopterait à son égard ne le laissait pas indifférent. Essaierait-elle de se rapprocher, de se faire pardonner ? Et lui, comment allait-il réagir ? La tenir à distance, avec même une certaine condescendance ? Il pouvait se le permettre. Quelques mois avant, il avait beaucoup rêvé d'elle. Aujourd'hui, il avait Charlotte. Sa vie avait radicalement changé. A la limite, il aurait pu se moquer éperdument que la Bressane ne vît en lui qu'un "bigleux". Eh bien non, il ne s'en moquait pas. Secrètement, il espérait bien exister encore un peu pour cette trop jolie fille qui l'avait tant tourneboulé pendant plus d'un an. Basile n'en était pas à une contradiction près ; sans doute son grand coeur n'y était-il pas pour rien. Toujours est-il que la pensée de cultiver une rancune tenace contre celle qui l'avait beaucoup blessé ne lui venait même pas à l'esprit. Il espérait donc vivre une relation simple, apaisée, et sans aucune ambiguïté, avec Marielle.

Il se torturait l'esprit pour rien. Il ne la vit pas. Ni le premier jour, ni le lendemain, ni jamais. Elle s'était volatilisée. Il s'était retrouvé plusieurs fois dans des groupes où la question était venue sur le tapis. Qu'était devenue Marielle ? Personne n'en savait rien. Au terme de sa deuxième année, elle était admise, sans brio, sans problème particulier non plus, en troisième. On supputa qu'elle devait continuer dans une autre ville universitaire et bientôt personne n'en parla plus. Basile laissa quand même une petite place dans un coin de son coeur, non pas à la petite dévergondée de la rue près de Bellecour, mais à la jolie étudiante qui avait longtemps ensoleillé son groupe de travail. Petit à petit, l'image de Marielle Chaderneau, sans s'effacer, devint plus floue au fil des mois, comme voilée par un filigrane de nostalgie.

Dans un autre registre, la famille de Partène et Victor Bontemps, par voie de conséquence, habitaient de plus en plus le décor dans la vie de Basile. Comme l'année précédente, durant l'été, celui-ci avait repris ses habitudes au Grandgous' les mercredis après-midi pour le café, mais s'y était ajouté le vendredi aussi. Car Charles et son épouse avaient estimé qu'il pouvait bien venir déjeuner avec eux un jour de plus par semaine. Pour peu que son travail au Crédit Lyonnais durât encore trois ans, à n'en pas douter, il y prendrait pension cinq jours sur cinq à la fin.

Si Charles avait bien réussi professionnellement, il avait du mal - et sa femme avec lui - à faire le deuil de ce qu'il considérait comme son plus grand échec. Il n'avait pas eu d'enfants. Un moment, le couple de

Partène avait envisagé l'adoption, puis le temps avait passé trop vite et ce projet n'avait jamais vu le jour. Basile était un garçon attachant ; le notaire et sa femme l'avaient pris sous leur aile comme un fils.

Charles veillait avec un soin jaloux sur les études de son protégé. Il l'encourageait à donner le maximum de lui-même, lui prodiguait des conseils, lui exposait, en respectant l'anonymat de ses clients, des situations qui lui mettaient un pied dans le monde du notariat avant même qu'il eût commencé la formation spécifique qui l'y conduirait. Cet accompagnement eut au moins un gros avantage ; alors que l'esprit du garçon risquait de plus en plus de se laisser happer par les charmes de sa jolie Charlotte, la confiance que le notaire lui témoignait lui créait quelque obligation de résultat.

D'un commun accord, les deux amoureux décidèrent de se voir le moins possible pendant la semaine. La seule faveur qu'ils s'accordaient, quand leurs horaires s'y prêtaient, était de faire un bout de chemin ensemble pour rentrer chez eux le soir. Basile escortait son amie jusqu'à la rue Vaubecourt, puis continuait seul son chemin vers la résidence universitaire, où il faisait le maximum pour s'avancer dans son travail. Charlotte, de son côté, faisait preuve de la même application.

Le week-end, en revanche, ils se voyaient beaucoup. Pour deux raisons. D'abord, ils en avaient envie ! Ensuite, même si les trois mois passés au Crédit Lyonnais avaient renfloué les caisses de l'étudiant, il avait souhaité continuer à les approvisionner pendant l'année. Pour Charlotte, le besoin de travailler n'était pas aussi vital ; toutefois, par solidarité avec Basile et pour conquérir un brin d'indépendance vis-à-vis de ses parents, elle tenait à avoir un job pour les samedis, elle aussi. Les sept boutiques du père Baylet leur permirent de trouver facilement. Claude embauchait régulièrement des étudiantes les samedis, ce qui permettait de libérer des employées, mères de famille, ce jour-là. Sa fille eut donc une place toute trouvée. Mais Basile, lui, se voyait mal en train de conseiller les clientes sur le choix d'une jupe et encore moins d'un soutien-gorge, même si la vue de dessous arachnéens ne lui procurait pas d'allergies a priori.

Sylvie, la maman de Charlotte, avait estimé que la gestion des stocks lui passait par-dessus la tête et qu'un coup de main, une fois par semaine, lui permettrait de souffler un peu. Ce poste-là convenait beaucoup mieux au candidat bellimontain. Claude avait toutefois tenu à bien cadrer la situation.

– Déjà, il faut savoir, Basile, que, si je t'embauche, c'est pour tous les samedis. Donc, pour rentrer à Bellevue...

– Vous savez, je ne monte pas souvent en Haute-Loire. J'irai quelques jours à toutes les vacances, en semaine. Charlotte pourrait venir avec moi, si vous le permettez...

– À propos de Charlotte, vous travailleriez tous les deux au magasin de la place Bellecour, enfin je veux dire elle au magasin, toi au bureau. Mais je vous paierais pour bosser, pas pour vous courir après. Bon, si vous vous croisiez à un moment où ce n'est pas trop la bourre, il n'y aurait pas de retenue sur salaire pour un petit bisou de temps en temps. Seulement, le boulot d'abord...

– Tu peux avoir confiance, papa. Tu comprends bien que, pour nous, c'est une solution inespérée. On saura la mériter, hein, Babas ?

– Oui, bien sûr. Vous pouvez compter sur nous. On ne va pas bousiller une si belle aubaine.

Les études de l'un et de l'autre ne souffrirent ni de ce surcroît de travail, ni de leur relation. Ce fut l'inverse peut-être. Parce qu'ils savaient où ils voulaient aller, chacun pour soi, mais aussi pour offrir le meilleur de lui-même à l'autre, ils s'encouragèrent mutuellement :

– Quand tu es dans tes bouquins, Babas', je veux que tu m'oublies complètement, recommanda la petite Baylet.

– Donc, il faut que je mette ta photo à la corbeille à papier, parce que si je la laisse sur mon bureau...

– Au contraire. Laisse-la. Tu auras l'impression d'être surveillé. Ainsi, tu te tiendras à carreau.

Comme prévu, aux différentes vacances, les jeunes gens partirent passer quelques jours à Bellevue. A bord de la voiture de Basile. Avec ses maigres économies, quelques centaines de francs de ses parents, un prêt de Claude Baylet, sans intérêt et avec un échéancier ajustable, il avait pu acheter au patron de Joseph une Dauphine d'occasion. Son copain, militaire, ne pouvant s'occuper de l'achat lui-même, retenu qu'il était à assurer la sécurité du pays, avait beaucoup insisté auprès du garagiste :

– Je tiens vraiment à ce qu'il ait une voiture en bon état et à un bon prix. Il faut que vous fassiez ça pour moi.

– Rassure-toi, Joseph, je ne m'en moquerai pas. Tu verras.

La voiture avait dix-sept ans. Elle avait appartenu à un vieux monsieur qui ne pouvait plus conduire. Elle avait été entretenue, bichonnée et avait peu roulé. Non, le patron de Joseph ne s'en était pas moqué.

Et Basile n'était pas peu fier d'entrer dans Bellevue-la-Montagne au volant de sa Dauphine vert pomme, avec à ses côtés son amie aux cheveux couleur de feu.

Là-haut, pendant toute cette troisième année, lors de leurs visites, Charlotte continua à partager la chambre de Régine. Les jeunes gens savaient combien Clémentine tenait à ce qu'il en fût ainsi, jusqu'au jour, si Dieu le voulait, où ils passeraient devant Monsieur le Maire et Monsieur le Curé.

À Lyon, les Baylet avaient des principes plus élastiques. Il ne fallut pas longtemps à Charlotte pour persuader sa mère, très complice avec elle, et dans la foulée son père, qu'il était absurde que chaque samedi soir Basile retrouvât sa cellule "monastique" à la résidence André Allix. Rue Vaubecourt, on avait une chambre d'amis. Mais la fille de la maison démontra qu'il était absurde d'avoir à entretenir deux chambres, laver deux paires de draps, etc... alors que ni son ami ni elle ne voyaient d'inconvénient majeur à se serrer un peu. On ne crut pas bon de faire part aux parents Cretonoux de cet arrangement technique.

Pendant les vacances de Pâques, les deux tourtereaux partirent un jour pour une virée touristique dans le Meygal. Le soleil tournait à plein régime, la Dauphine aussi. Dans la forêt, entre Boussoulet et Queyrières, ils offrirent une récréation à leur véhicule pour le remercier de ses bons et loyaux services. Le pique-nique dans le sac à dos, ils partirent à pied sur le sentier, en direction du sommet du Testavoyre.

Point culminant du massif, à 1 436 mètres d'altitude, le Testavoyre est pratiquement accessible au premier quidam venu, et donc forcément à toi qui n'es pas le premier venu, pour peu que tu ne sois pas en sandalettes quand même. Parvenu au sommet, tu ne regretteras pas d'avoir malmené quelque peu tes chevilles sur les blocs de phonolithe (tu sais, la "pierre qui chante" comme aurait su t'expliquer le bon père Ferdinand Bolly, à la

Chartreuse, celui-là même qui aurait pu tailler une bavette avec Héraclite). De là-haut ton œil sautille sur les sucs yssingelais, caresse le Velay, les Cévennes, que sais-je encore... le Mont Blanc lui-même, si le temps est clair. Naturellement entre toutes ces bosses, il y a des creux. Et dans les creux, bien sûr des villages nichés au coeur d'un écrin de verdure.

Un panorama fabuleux.

Un décor de rêve pour des amoureux.

Tu imagines donc bien, ami lecteur, que nos deux amis s'en sont mis plein les mirettes. Contemplation du paysage partagée néanmoins avec la contemplation réciproque qui les a occupés un moment aussi.

Le pique-nique terminé, Basile, assis sur l'herbe, accueillit sur ses genoux les bouclettes rousses de Charlotte. Moment de grande tendresse et de douce volupté. De dialogue et de confidences aussi.

– Ce pays est magnifique, s'épancha Charlotte. Je suis tellement heureuse ici, en Haute-Loire. Enfin, pendant la journée... La nuit, c'est trop frustrant : te savoir là, de l'autre côté de la cloison et...

– Je sais, bien sûr. Pour moi, c'est bien la même chose. Et pire encore.

– Pourquoi pire ?

– Toi, au moins, tu as Régine : vous vous payez de belles tranches de rigolade.

– Tu as une sœur adorable, faut bien le reconnaître, mais il n'empêche que je lui ferais volontiers une infidélité, s'amusa Charlotte.

– J'aimerais bien, moi aussi. Seulement, je ne veux pas heurter mes parents, maman surtout. Elle a ses principes. Pour nous, ils paraissent un peu figés. Malgré tout, j'ai un grand respect pour mon père et ma mère, pour leur droiture.

– Tu sais, je les aime beaucoup aussi. Et, même dans leur code moral qui nous bride un peu, je trouve qu'il y a une certaine... je ne sais pas trop... une certaine noblesse. Et je sais qu'ils ont fait beaucoup de sacrifices pour vous. Je ne l'oublie pas, Basile. Ça force l'admiration.

– J'aime t'entendre parler d'eux ainsi ; ça me touche énormément.

– Ce n'est pas que de la diplomatie, crois-le bien. Je suis sincère. Il n'empêche que ces nuits à Bellevue...

– Que faire ? En réalité, il n'y a pas cinquante solutions. Je n'en vois qu'une.

– Oui ?

– Il faudrait qu'on se marie, Charlotte, et...

– ... le tour serait joué !... Tu le penses sérieusement ?

– Et toi, tu n'y penses jamais ?

– S'il me tombait 100 francs du ciel chaque fois que j'y pense, je gagnerais beaucoup plus que chez le père Baylet.

Il la regarda longtemps. Intensément. Comme pour scruter ce qui se passait dans cette petite tête en feu. Quand leurs yeux eurent bien travaillé, leurs lèvres prirent le relais. Puis, Charlotte décrocha brusquement :

– Et qu'est-ce qui empêcherait après tout ? demanda-t-elle.

– Quoi ? De nous marier ?

– Il me semble que c'était ça le sujet en effet. On n'était pas en train de parler du prix du camembert, ni de l'âge de la reine d'Angleterre, le taquina-t-elle.

– L'âge de sa majesté, peu importe. Le nôtre ? Aussi bien chez Baylet que chez Cretonoux, ils vont nous trouver un peu jeunes. On n'a pas de situation. Ils vont dire qu'on met la charrue avant les bœufs.

– Ah, là, c'est Monsieur le jeune homme raisonnable qui parle. C'est du Basile Cretonoux pur jus ou je ne m'y connais pas. Et alors ? Tu es majeur, et moi j'aurai vingt et un ans l'an prochain.

– Et on vivra de quoi ?

– Et maintenant, on vit de quoi ? On n'est pas obligés de s'installer comme un vieux couple, dans des jolis meubles et des charentaises rembourrées. Même si on campe, je m'en fiche. Il n'y a qu'un meuble qui me paraît indispensable pour le moment.

– Ah ?

– C'est toi. Mais peut-être que Monsieur n'a pas envie de quitter sa tranquille chambrette de la cité.

– Idiote ! Tu sais bien que je ne peux plus la voir.

– Alors, c'est que Monsieur craint que sa future épouse ne l'empêche d'étudier sérieusement.

– Question concentration, avec toi à côté, ce ne sera pas facile tous les jours.

– Bon, je vois. Monsieur met le problème sur la table et dès qu'on veut poser quelques jalons, il trouve un tas de contre-indications. Très bien, n'en parlons plus.

– Enfin, Charlotte, j'aimerais bien, moi, mais...

– Taratata ! Toi, tu aimes bien rêver, mais tu ne veux pas te retrousser les manches pour que tes rêves se réalisent...

– Charlotte, je te jure. Bon sang, écoute-moi.

Dans l'apprentissage des charmes du mariage, ils avaient commencé par un classique : la scène de ménage. Un câlin sur l'oreiller et tout serait oublié. Et non, justement, puisqu'ils n'avaient pas encore le feu vert pour faire oreiller commun.

La chamaillerie aurait donc pu ternir cette belle journée. C'eût été dommage. À défaut d'oreiller, ils se firent un petit câlin au sommet du Testavoyre.

26

En évoquant la question du mariage au sommet du Testavoyre, les deux étudiants lyonnais avaient entrouvert une porte qu'il leur avait été impossible de refermer. Du coup, dès le samedi soir suivant, pendant le repas en famille chez Baylet (seul Gérard était absent), Charlotte voulut tâter le terrain. Il leur semblait qu'il valait mieux commencer par un test à Lyon plutôt qu'à Bellevue.

– Si, tout à coup, on vous annonçait qu'on veut se marier, Basile et moi, qu'est-ce que vous en diriez ?

Une première réponse jaillit dans la bouche de quelqu'un à qui on ne demandait rien.

– Ouais ! Super ! s'était écrié Jean-Luc.

– Attends, mon garçon, le reprit sa mère. Je ne crois pas que ta sœur ait dit qu'elle allait se marier, mais que peut-être...

– Comme dans beaucoup de choix, enchaîna Claude en recadrant le débat, cela présente sûrement des avantages et des inconvénients.

Les deux jeunes gens, quand ils se retrouvèrent seuls, se dirent leur étonnement réciproque devant la réaction très calme et sereine de Sylvie et Claude, alors qu'ils s'attendaient à tout autre chose, du genre :

– Mais vous n'y pensez pas. Vous vous rendez compte de ce que cela signifie ? Vous êtes encore des gamins. Et on ne se marie pas tant qu'on n'a pas de situation.

Non, les parents Baylet avaient analysé la situation avec beaucoup de pragmatisme. Et, au terme de la réflexion commune, divers constats s'étaient imposés. Priorité numéro un, les études : Charlotte et Basile n'allaient-ils pas se laisser aller ? Le risque existait. Cependant les parents semblaient plutôt confiants : ils savaient que chacun des deux jeunes était bien déterminé à aller jusqu'au bout. Jusqu'alors, leur relation n'avait pas entraîné de baisse de régime de ce côté-là. On pouvait même penser qu'elle les motivait encore davantage.

Deuxième interrogation : leurs sentiments réciproques avaient été passés au crible d'une année entière maintenant. Était-ce suffisant ? Les parents Baylet confessèrent que, au fil des mois, ils avaient été de plus en plus convaincus que Charlotte et Basile étaient faits l'un pour l'autre. Certes, reconnaissaient-ils, rien n'est jamais totalement acquis dans ce domaine ; toutefois, en dépit de leur jeune âge, Claude et Sylvie les jugeaient très mûrs et leur amour paraissait solide.

Autre aspect du problème : vivre ensemble, oui, mais où et comment ? Il restait au moins deux ans de vaches maigres pour l'un comme pour l'autre : Charlotte pour arriver à la maîtrise, après laquelle elle espérait trouver un poste d'enseignante ; Basile pour effectuer une cinquième année, après la maîtrise de droit privé, au centre régional de formation professionnelle notariale. Ensuite, il aurait deux ans de stage dans une étude, mais là il serait rémunéré.

– Si tu restes à la maison jusqu'à la fin de tes études, Charlotte, remarqua sa mère, c'est bien nous qui allons les payer, te nourrir, et tout le reste. Donc, je ne vois pas pourquoi, on ne continuerait pas à le faire d'ici que tu aies un travail.

– Et toi, Basile, tu vas bien conserver ta Bourse. Plus votre travail des samedis tous les deux. Bon, ce n'est pas le Pérou, mais c'est régulier au moins.

Se marier, c'était aussi disposer d'un chez eux. Qu'ils aient leur intimité, même si les parents espéraient bien qu'ils seraient souvent là :

– À midi, vous vous débrouilleriez avec votre resto U, proposa Sylvie. Le soir, avant de rentrer chez vous, vous pourriez venir travailler à la maison - on ne manque pas de place - et manger avec nous. Il ne faut pas que les questions domestiques prennent trop sur votre emploi du temps. Et ici, qu'on fasse les courses et le repas pour quatre ou six, ça ne change pas grand-chose.

– Ma petite maman, tu es vraiment merveilleuse !

– Eh oui, se vexa Claude. Et le père, c'est la dernière roue de la brouette, comme d'habitude.

– Mais non, mon petit papa. Toi aussi, tu nous aides tellement.

– Surtout, j'avais une proposition à vous faire, moi aussi.

Claude était propriétaire d'un immeuble où était situé un de ses magasins, avenue Jean Jaurès, pas très loin des Facs. Au premier étage, il y avait un F 2 qui faisait fonction de débarras.

– Ce n'est pas trop en état pour l'habiter tel quel. Il y aurait des réparations à faire, surtout les tapisseries et peintures. Le reste fonctionne correctement. Mais même un peu rafraîchi, ce ne sera pas un palace.

– On s'en fiche. Ça nous irait très bien.

– Et pour le loyer, interrogea timidement Basile, faudrait compter combien ?

Claude se mit à rire, comme si la question lui paraissait totalement incongrue.

– Est-ce que tu me vois louer un débarras comme appartement ? Et à ma propre fille ? Bon, vous payerez l'eau et l'électricité : il y a des compteurs séparés.

Contrairement à ce qu'avait dit Claude, le débarras n'était pas si délabré que ça. Quand ils allèrent le visiter, les deux jeunes furent emballés à l'idée de bâtir leur nid dans ces quelques pièces.

– La remise en état, on s'en occupe, déclara Charlotte.
– Tu as déjà fait ça ? s'enquit Basile.
– Non, mais on apprendra.
– Le résultat risque d'être étonnant. Je pense que, pour commencer, on pourrait inviter mon père à venir nous montrer. Il sait faire ; c'est lui qui a arrangé toute notre maison à Bellevue, de la cave au grenier.

Grisés par leurs projets, les deux amoureux avaient oublié un détail cependant. Ils avaient déjà "embauché" Charles, avant même d'avoir parlé de leur projet de se marier, avec les parents Cretonoux. Si cela était passé comme une lettre à la Poste chez Baylet, les parents de Basile, pensait ce dernier, allaient afficher beaucoup plus de réticences.

En cette année 1972, le 1er mai tombait un lundi. Un week-end à rallonge. Les jeunes gens décidèrent d'aller le passer à Bellevue. Ils partirent dès le samedi, après le travail au magasin. Ils arrivèrent assez tard et, conscients que l'annonce de leurs intentions pouvait perturber la nuit de Charles et Clémentine, ils ne les évoquèrent pas le soir même.

Le lendemain, à table, la famille se trouvait presque au complet. Seuls manquaient le Charles-fils d'avant-guerre, sa femme et leurs deux enfants. Jean et Michel étaient présents tous les deux, ce qui était assez rare, et Régine, élève à l'école d'infirmières du Puy, avait ses deux jours aussi. Au début, Charlotte se montra réticente pour aborder le sujet devant eux tous. Il lui semblait que ce serait plus facile avec les parents seuls. Encore aurait-il fallu trouver le moment propice. Basile, lui, estimait au contraire que, les autres présents, c'étaient autant de renforts possibles en cas de besoin. La suite lui donna raison : il connaissait bien son monde.

– Mais vous n'y êtes plus, mes pauvres petits, s'exclama Clémentine. Vous êtes bien trop jeunes. Il faut se fréquenter assez longtemps pour savoir si on pourra se supporter.

– Il faudrait finir vos études d'abord, ajouta Charles,

– Oh, tu sais, papa, intervint Michel, moi je connais un certain nombre d'étudiants qui sont mariés ou qui vivent en couple. Ça ne les empêche pas de bosser.

– Si c'est leur choix, surenchérit Jean. Moi, personnellement, je ne me mettrais pas la corde au cou si vite. Mais, après tout, chacun fait bien comme il le sent.

Jean avait quatre ans de plus que son jeune frère, candidat au mariage. Il avait connu un certain nombre d'aventures sentimentales sans suite et, pour l'heure, il n'avait guère envie d'encadrer sa liberté.

Régine y alla, elle aussi, de son petit couplet :

– De tous, en dehors de Basile bien sûr, c'est moi qui connais le mieux Charlotte. Je ne me fais pas de souci, comme toi maman, sur le sérieux de leurs sentiments. Y'a qu'à les voir se chamailler pour un oui ou pour un non, juste question de se faire encore plus de bisous ensuite, pour voir qu'ils sont faits pour aller ensemble.

Face à ce tir groupé, les parents amorcèrent un repli stratégique, sans capituler pour autant.

– Bon, on va prendre le temps d'assimiler cette nouvelle, conclut Clémentine. On en reparlera.

L'après-midi, Charlotte et Basile descendirent jusqu'à Vorey où ils voulaient faire part de leur dessein à leurs amis Christine et Joseph.

– Je parie que vous allez nous battre sur le fil ! avait reconnu Joseph, beau joueur.

– Un jour, rappela Christine, tu avais dit à Basile quelque chose comme ça : *“Si on faisait la course, il n'est pas certain qu'on la gagnerait”*.

– Et on va perdre, au train où vous êtes partis. Mais on est tellement contents pour vous.

Le mariage des deux voreysiens était fixé au 14 octobre de cette année 1972. Les étudiants souhaitaient, eux, mettre en place leur nouveau statut avant la rentrée universitaire. De ce fait, ils coifferaient Christine et Joseph sur le poteau, de trois ou quatre semaines sans doute.

– Aïe ! Ça va faire deux grosses bringues bien rapprochées... si on est invités, du moins, fit Joseph.

– Testa d'ase (*) ! l'insulta son copain en patois, en lui donnant une bourrade sur l'épaule. J'aurai peut-être bien besoin d'un témoin, non ?

Restait quand même à convaincre les parents Cretonoux. La reprise du débat eut lieu dans la soirée. Jean et Michel étaient partis en vadrouille, Régine se baladait avec une copine. Les vieux mariés et les futurs se retrouvèrent à quatre autour de la table. Basile avait fourbi ses arguments et s'était notamment livré à un calcul sur un point auquel il n'avait jamais prêté attention.

– C'est vrai que nous sommes jeunes, admit-il d'entrée.

– Ah ! Tu vois bien, se rengorgea sa mère, heureuse que son fils se rangeât à ses sages observations.

– Mais, au fait, si mes calculs sont bons, mon frère Charles est né en 1939 ; toi, papa, en 1917 et maman en 1918. Vous aviez 22 et 21 ans quand vous l'avez eu. Vous connaissant, j'imagine que vous n'aviez pas fait Pâques avant les Rameaux, donc vous deviez être mariés depuis un an ou presque. Ce qui ferait 21 ans pour toi et 20 pour maman. Et Charlotte et moi, on a quel âge ?

(*) Tête d'âne

Tu le sais bien, ami lecteur, et peut-être cela t'est-il arrivé aussi. Nous, les parents, qui, dans un grand souci de protection des petits de notre couvée, voulons leur placer des balises assez resserrées, oublions quelquefois qu'à leur âge, nous étions comme eux.

Basile vient donc de porter l'estocade. Que pourraient rétorquer les parents sans se désavouer eux-mêmes ? Pourtant Clémentine va tenter un baroud d'honneur.

– Ce n'est quand même pas comparable, mon Basile. Ton papa et moi, on se connaissait depuis plus longtemps.

– Forcément. Vous étiez à la Maternelle ensemble.

– Bien sûr, mais on s'est fréquentés plus longtemps. Et puis, il y a eu le temps des fiançailles.

– Les fiançailles ? On se dispensera de cette étape. Ça ne se fait plus, ça.

Clémentine rendit les armes.

– Bon, puisque vous le voulez vraiment comme ça. Tu sais, ma petite Charlotte, si on a essayé de freiner le mouvement, ce n'est pas à cause de toi. On est très contents que Basile t'ait rencontrée. Oh oui, on est bien contents. Tu nous crois au moins ?

La jeune fille se leva, s'approcha de sa future belle-mère et lui déposa un grand baiser sur la joue.

– Bien sûr que je le sais, maman Clémentine. Je le sais depuis le premier jour où je suis venue.

Clémentine attrapa au vol une petite larme qui commençait à couler sur sa joue.

– Tu es une bonne petite, toi, dit-elle.

– Puisque c'est décidé comme ça, nous, on fera tout ce qu'on peut pour vous aider, ajouta Charles. Ce sera vraiment de bon coeur, même si ce n'est pas grand-chose.

– Ne crois pas ça, papa. Si tu acceptes de venir quelques jours à Lyon, tu vas pouvoir nous rendre un grand service au contraire.

Le 23 septembre 1972, devant les hommes et devant Dieu, Charlotte Baylet devint Madame Cretonoux, à Bellevue-la-Montagne. Avec par ordre d'entrée sur les marches des escaliers de l'église, au son de la Marche Nuptiale de Mendelssohn :

- Basile au bras de Clémentine Cretonoux, qui avait un mouchoir dans l'autre main ;
- Sylvie Baylet au bras de Charles Cretonoux ;
- la famille du marié et ses invités, dont Joseph et Christine, Charles de Partène et Madame, Victor Bontemps et son épouse, la famille Bertrand d'Antreuil ;
- la famille de la mariée et ses invités ;
- Charlotte, tout en blanc et roux, superbe et flamboyante, au bras de Claude Baylet, chancelant d'émotion.

Les décors étaient de Régine Cretonoux ;

Et les costumes de Claude Baylet.

Les registres reçurent les signatures de Basile et Charlotte Cretonoux, pour attester de leur engagement, celle de l'abbé Romans, curé de la paroisse, pour avoir reçu leur consentement, ceux de Joseph Darne et de Gérard Baylet pour affirmer ce dont ils avaient été les témoins.

27

– Et vous arrivez à bosser, le soir, dans ce joli nid d'amour ? s'étonna Christine tandis que la maîtresse de maison guidait la visite de leur appartement de l'avenue Jean Jaurès.

– Au début, c'était un peu la panique, faut bien le reconnaître. Au bout d'un mois, on a vraiment attrapé le taureau par les cornes. On s'est donné un règlement strict... et on s'y tient.

– Madame s'est réservé la deuxième chambre, celle où vous allez dormir, précisa Basile. C'est son bureau. Moi, j'ai la table du séjour.

– Dès qu'on revient de chez mes parents, jusqu'à 22 heures au moins, on n'a pas le droit de se parler, sauf si, exceptionnellement, l'un a besoin de l'autre pour son travail. Mais comme on n'a pas les mêmes matières, c'est très rare.

– En tout cas, fit Joseph que le sujet des études passionnait moyennement, vous avez drôlement bien agencé cet appart'.

– Mon père nous a beaucoup aidés en fait, avoua Basile. Il avait établi son campement ici pendant les travaux. Les parents de Charlotte voulaient le loger chez eux, mais il se sentait plus à l'aise ici. Il nous a fait un boulot dingue la première quinzaine de septembre.

– Il est vraiment très doué, approuva chaleureusement sa belle-fille. Croisons les doigts pour que ça dure : on a eu beaucoup de chance jusqu'ici.

Monsieur et Madame Darne étaient venus en cette mi-janvier fêter avec leurs amis les trois mois de leur mariage... et faire les soldes.

Arrivés le vendredi soir, ils passèrent leur samedi à se balader dans Lyon, mais comme il faisait plutôt frisquet, ils restèrent bien moins longtemps dans les rues que dans les magasins. Ils s'occupèrent donc essentiellement à acheter des vêtements, tandis que dans le même temps Charlotte et Basile s'activaient à en vendre dans le magasin Baylet de Bellecour. C'est d'ailleurs dans ce magasin que les Darne firent les meilleures affaires, en repartant, elle avec un superbe manteau noir et lui un blouson marron en peau de porc.

Le séjour fut un enchantement pour tous les quatre. C'était la première fois qu'ils avaient autant de temps pour échanger. Leurs chemins professionnels différaient totalement. Chacun pouvait donc s'ouvrir à ce qui faisait l'univers de l'autre. A s'écouter, à se confier, à se dire leurs espoirs et leurs rêves, ils laissèrent grandir encore la belle amitié née entre Basile et Joseph dans la cour de la Chartreuse quelque dix ans auparavant et qu'ils avaient partagée ensuite avec Christine puis Charlotte.

Parmi les rêves des Cretonoux, celui de poser un jour définitivement leurs valises en Haute-Loire ne paraissait pas une utopie depuis l'été précédent. Il avait pris corps au cours d'une conversation avec le couple de Partène deux mois avant le mariage. Basile avait en effet repris son travail au Crédit Lyonnais et pension chez le notaire et sa femme. À un rythme différent de celui des années précédentes. Sauf deux fois dans l'été où ses hôtes avaient dû s'absenter, l'employé de banque mangeait tous les midis avec eux.

– Non, c'est trop, avait protesté Basile. C'est très gentil de votre part, mais ça me gêne... et mes parents aussi. Je n'arriverai jamais à vous remercier de tout ce que vous faites pour moi.

– Attends, mon bonhomme, tu me déçois un peu. Intelligent comme tu es, tu pourrais comprendre sans que je sois obligé de te faire un dessin. En plus je suis nul en dessin, et Angèle pire encore.

– Alors, expliquez-moi sans dessin. J'essaierai de piger quand même.

– Écoute-moi bien donc. On est mariés depuis 23 ans, tu n'étais même pas né. Et on ne le regrette pas, hein, ma biche ?

Angèle ne répondit pas, mais Basile lut dans son regard tant de tendresse qu'il en fut bouleversé.

– Eh bien, vois-tu, poursuivit Charles de Partène, depuis tout ce temps, la plupart de nos repas, on les a pris en tête-à-tête, parce que jamais aucun babillage d'enfant n'est venu les troubler. Alors, tu imagines bien que si pendant quelques semaines on a la chance d'avoir un peu de jeunesse à notre table, c'est tellement merveilleux pour nous que c'est plutôt à nous de te remercier que l'inverse. On ne veut pas t'enlever à tes parents, rassure-toi, mais le temps d'un repas on a ainsi l'impression d'avoir un fils, tu comprends.

– Oui, je comprends et je suis très touché de votre gentillesse à mon égard. Mais, quand même, je vous suis très redevable pour tout ça.

– Moi aussi, je comprends que ça puisse te gêner. Alors, écoute, on va faire un marché. D'accord ?

– Avec vous, je ne crains pas de me faire avoir. C'est d'accord.

– Un de ces week-ends, c'est toi qui nous offriras un repas au restaurant et on sera quittes. Ça va ?

– Bien sûr que ça va.

– Il y a cependant une condition supplémentaire. Tu nous parles toujours de ta petite Charlotte, mais on ne l'a jamais vue. On se demande si tu ne nous as pas menés en bateau avec cette histoire...

– Je vous jure...

– C’est facile à dire “Je vous jure...”, mais on veut des preuves. Donc, le jour où tu nous offriras le repas, il faudra qu’elle y soit aussi. On a très envie de la connaître, Angèle et moi.

Le 30 juillet, en fin de matinée, Basile poussait le portail de la cour qu’il connaissait si bien, celle de la maison de Maître de Partène. A ses côtés, une jolie rousse aux yeux verts, la frimousse piquetée de taches de rousseur, le sourire enjôleur. Plus une jolie silhouette emballée dans un chemisier et un short blancs, tout juste séparés d’une ceinture du même vert que ses yeux.

– Vous voyez qu’elle existe bien, déclara le jeune Bellimontain. Je vous présente Charlotte.

– Enfin, il nous amène sa princesse, ce voyou, fit Charles. On a le droit de l’embrasser.

Mais il n’avait pas attendu la permission. Il avait ouvert ses bras ; elle s’était avancée ; il l’avait serrée contre lui :

– Charlotte, comme on est contents de te connaître. Mais dis-moi, tu es un véritable rayon de soleil.

Angèle, après avoir embrassé Basile, avait, elle aussi, pris la petite Lyonnaise contre son coeur.

– Nos repas du dimanche sont bien monotones d’habitude. Aujourd’hui, grâce à vous, mes enfants, ce sera un magnifique jour de fête.

Ils avaient jeté leur dévolu sur un restaurant de Sauvessanges, à quelques kilomètres de Craponne. C’est Maître de Partène qui avait retenu une table dans la semaine et réglé l’apéritif, le vin et le café que le restaurateur avait consigne d’oublier sur la note, sans faire aucun commentaire.

Ce repas amical aurait pu rester - et resta bien sûr - un moment merveilleux pour tous. Il fut bien plus que cela : un repas d’affaires qui ouvrit pour les jeunes gens des perspectives auxquelles ils n'auraient jamais osé croire. Avant de lancer sa proposition, le notaire avait, sans trop en avoir l'air, testé l'état d'esprit de Charlotte pour ne pas risquer de mettre Basile en porte-à-faux par rapport à ce qu'il avait imaginé.

– Comment trouves-tu notre région ? lui avait-il demandé.

La réponse avait dépassé ses espérances.

– On est tellement bien ici, s'était enflammée la jeune fille. C'est beau, on respire le bon air. Et puis je suis un peu d'ici aussi.

Cela, le notaire le savait. Il savait beaucoup de choses sur Charlotte et sa famille. Basile avait tellement confiance en cet homme et son épouse qu'il ne leur cachait pas grand-chose. Toutefois, il ne leur avait pas vraiment dit ce que voulait savoir Charles.

– Oui, c'est un bel endroit pour venir en vacances, tu as raison. Maintenant, si tu devais y vivre au mois de janvier, tu trouverais sans doute qu'on est mieux à Lyon.

– Sûrement pas. Si j'avais la chance de pouvoir habiter ici, je laisserais bien Lyon aux Lyonnais. Mais, faut avoir les pieds sur terre. Ça m'étonnerait que ce rêve puisse se réaliser un jour.

– Et pourquoi il ne serait pas réalisable ?

Là, sous leurs yeux émerveillés comme devant un conte de fées, il avait exposé son idée. Des établissements scolaires, il y en avait sur le plateau de Craponne. Des postes de profs, ça existait aussi par la même occasion. Pour cela, il ne pouvait faire grand-chose en faveur de Charlotte, encore qu'il eût un certain nombre de relations, faudrait voir. En ce qui concernait Basile, il avait en revanche une piste très intéressante. Un autre notaire de Craponne qui allait prendre sa retraite dans deux ans le sollicitait pour assurer la gérance de son étude à ce moment-là. Il aurait même vu d'un bon œil que Maître de Partène lui achetât son étude. Dans un premier temps, Charles, qui avait largement assez de travail et d'argent pour vivre, n'avait pas manifesté un grand intérêt. Puis il avait pensé à son protégé et avait repris langue avec son confrère.

– Mais je ne risque pas d'acheter une étude, protesta l'apprenti notaire. Je n'ai même pas 500 francs sur mon Livret de Caisse d'Épargne.

– Je le sais bien, mon cher Basile. Il n'est pas question que tu achètes cette étude. Je te dis ce qui me semblerait possible ; vous aurez du temps pour y réfléchir tous les deux. Quand Maître Pourtier s'en va, je prends la gérance de son étude, mais il me faudra de l'aide : toi, tu vas avoir deux ans de stage à faire, payés bien sûr.

– Oui, je sais.

– Tu viens faire ce stage chez moi. Puis, on fait le point au bout des deux ans. Tu seras notaire à ce moment-là...

– Attendez ! Ne vendez pas la peau de l'ours. Il faut réussir d'abord.

– Tu veux me faire rigoler, non ? Si, toi, tu ne réussis pas, je me fais moine.

– Manquerait plus que ça, intervint Angèle.

– Pas de danger, ma chérie, je sais qu'il réussira. Je suis informé, moi ; je sais de quoi je parle. Donc, quand tu es notaire, on peut continuer quelques années comme ça, en gérance. Mais on peut aussi s'associer et acheter l'étude ensemble.

– Vous êtes marrant : vous croyez que j'aurai fait tant d'économies que ça ?

– Tu n'as jamais entendu parler des banques ? demanda Charles avec un sourire taquin. Je te présenterai à un banquier que je connais. Il sait qu'avec une étude notariale, on gagne sa vie. Je lui dirai que tu es sérieux. Remarque, celui auquel je pense, il le sait déjà. Il te prêtera de l'argent.

– Et je connais aussi quelqu'un qui se fera un plaisir de t'en avancer un peu, s'enflamma Charlotte. Tu te rends compte, Basile, j'ai l'impression que je rêve.

Et elle se leva et partit déposer un baiser sur la joue du notaire.

– Oh, Maître, merci...

– J'aurais préféré "Charles", dit le notaire, dépité.

– Merci, Charles, merci, reprit-elle.

Puis elle embrassa Angèle avec la même chaleur.

Voilà les projets que les jeunes mariés lyonnais confiaient à leurs amis voreysiens en ce début d'année 1973. Si la chance voulait leur sourire, il leur restait une année universitaire à Lyon après celle en cours. Puis, ce pourrait être le retour au pays pour Basile et sur la terre de ses ancêtres pour Charlotte.

– Ce serait vraiment super, s'enthousiasma Christine. On croise les doigts pour que ça marche comme vous le souhaitez.

Charlotte obtint sa licence de Lettres en juin, Basile sa maîtrise de Droit privé. Pendant l'été, Maître de Partène leur trouva un minuscule meublé à Craponne, dans la rue des Dragons. Pour la quatrième année consécutive, Basile se transforma en banquier durant trois mois. Pendant qu'il s'affairait au guichet, Charlotte servait au bar du Grandgousier. Encore une fois, Charles de Partène n'était pas étranger à l'obtention de ce job.

Ils disposaient de leurs dimanches et lundis. Ils les passèrent entre Lyon et Bellevue, et Vorey souvent aussi, avec les Darne.

Ils retrouvèrent Lyon à l'automne avec un enthousiasme bien moyen. Toutefois l'espoir que ce fût leur dernière année en ville leur donna du courage et ils se remirent au travail, bien décidés à couronner cette étape de succès, comme les précédentes. En cours d'année, Charlotte effectua des démarches au Puy pour avoir un poste de Maître Auxiliaire à la rentrée. On ne put lui promettre un poste à l'année, mais on lui garantit qu'elle aurait des remplacements.

Charles de Partène mit ses plans à exécution en septembre 1974 ; il prit la gérance de l'étude de Maître Pourtier. Son stagiaire eut son compte de travail. Il aimait ça et maîtrisait très vite les dossiers, le vocabulaire et les tournures semi-barbares de la profession.

En 1975-1976, Charlotte obtint un poste à plein temps dans un collège d'Allègre. Au terme de son stage, Basile subit son grand oral devant un jury composé de hautes personnalités du Droit : procureur, juge, etc... Très concentré, il s'en sortit plutôt bien. Il présenta sa requête auprès du Garde des Sceaux pour obtenir sa nomination. Il était notaire.

Charles de Partène ne manqua pas l'occasion de se faire offrir un repas par son nouvel associé. Autour de la table, Angèle et lui, mais aussi Madame et Monsieur Bontemps, du Crédit Lyonnais, entouraient Charlotte et Basile dont le bonheur pétillait autant que le champagne qui termina la soirée. L'esprit de Charles aussi faisait des bulles. Un peu éméché, il déclara de son ton solennel de tribun :

– Maître Cretonoux vient de réussir un brillant parcours. Suivant en cela le bel exemple que je lui ai montré, n'est-ce pas ? J'espère cependant que, avec son épouse, il saura se montrer plus... performant que moi. Car nous sommes tous très impatients de faire sauter un nouveau bouchon en l'honneur d'un petit Cretonoux.

1977-1983

28

Sandra Cretonoux débarqua le 6 juin 1977. Très vite, tous ceux qui avaient le talent de décrypter les ressemblances confirmèrent la paternité de Basile. À voir la complicité amoureuse qui régnait dans ce couple, personne n'en doutait d'ailleurs. Et les gènes ne s'amusèrent pas à chahuter cette belle certitude. Au fil des mois, la fillette se révéla la copie conforme de sa tante Régine. Et elle ne louchait pas : Dieu sait si Basile avait invoqué le ciel pour qu'il en fût ainsi !

Les jeunes parents habitaient maintenant dans le bourg de Chomelix, ce qui permettait, en quelques minutes, de déposer l'enfant chez sa grand-mère à Bellevue. Charles et Clémentine jouaient leur rôle de grands-parents... comme tous les autres : ils étaient en adoration, bien au-delà du raisonnable, devant ce prodige qu'était leur petite-fille.

S'ils avaient donc la chance de l'avoir souvent, il n'en allait pas de même pour Sylvie et Claude Baylet. Ces derniers n'avaient pas vu partir leur fille pour la Haute-Loire de gaieté de coeur. C'était une partie de leur soleil qui s'éclipsait. Pourtant son désir d'aller vivre à la campagne ne les avait pas surpris. Ils se rappelaient les vacances à Malbost où elle était heureuse comme un poisson dans l'eau. Et son cafard aussi quand il fallait rentrer à Lyon. À cette première privation s'en ajoutait maintenant une autre ; celle de ne voir grandir que de loin la petite Sandra.

Du coup, ils vinrent plus souvent en Haute-Loire passer un week-end. Quelquefois, ils posaient leurs valises à Malbost et faisaient quelques allers et retours à Chomelix. Mais ils préféraient de loin aller séjourner chez Charlotte et Basile : plus à l'étroit sans doute, mais avec plus de confort quand même. Et surtout, ils voyaient les jeunes et leur petite poupée plus longtemps.

Jusqu'au premier anniversaire de la fillette, le jeune couple fit assez peu le déplacement à Lyon. Emmener un bébé, c'est toujours toute une expédition : la logistique est importante. Puis, progressivement, la fréquence de leurs visites augmenta pour atteindre un rythme de croisière d'une par mois environ.

C'est au début juillet 1981 - Sandra venait d'avoir quatre ans - que, lors d'un séjour à Lyon, le passé de Basile vint le percuter de façon inattendue.

Les jeunes époux aimaient tout particulièrement aller faire une promenade au Parc de la Tête d'Or. Ils y retrouvaient le parfum sucré de leur premier baiser. Quant à Sandra, elle aurait passé des heures entières dans le Parc Zoologique.

Ce jour-là, un samedi après-midi, ils entrèrent, comme à l'accoutumée par la Porte des Enfants du Rhône, passèrent devant la Roseraie et s'arrêtèrent un moment sur “leur” banc, au milieu de la pelouse des Ébats. Basile, qui avait eu une semaine très chargée, somnolait un peu.

– Tu pourrais faire un brin de sieste là pendant que j'emmène voir les éléphants et les girafes à la petite, proposa Charlotte.

– Si j'osais... Non, je ne vais quand même pas vous abandonner aux bêtes fauves pour roupiller sur un banc.

Elle lui sourit. Il ne se lassait pas de voir briller ses beaux yeux verts.

– Si. Repose-toi un moment. Ça te fera du bien.

Il s'allongea. La maman et sa fille s'en allèrent. Presque aussitôt, Basile s'endormit.

Une bonne sieste, tu le sais bien, ami lecteur, ne doit point trop durer. Dix minutes, un quart d'heure, c'est bien. Bon, vingt minutes si tu veux. Au-delà, au réveil, tu es tout "ensuqué", comme ils disent à Bellevue-la-Montagne. Quand Basile s'offrait cette fantaisie, il ne dépassait jamais les quinze minutes. Ce jour-là, son somme dura moins encore : quelque chose le réveilla.

Sans doute, le moelleux du matelas n'incitait pas à prolonger la séance, mais ce n'est pas ce qui tira Basile des bras de Morphée. On criait à côté de lui. Apparemment une maman qui grondait son enfant. Il se redressa en s'étirant et aperçut une jeune femme qui faisait ramasser une bouteille d'Orangina - vide - qu'un gamin d'une dizaine d'années avait jetée par terre.

Il n'y aurait pas prêté grande attention si, un bref instant, son regard n'avait croisé celui de cette mère qui se trouvait à trois mètres de lui tout au plus. Ces yeux ! Il crut rêver. Pourtant le doute n'était guère possible.

– Marielle ? murmura-t-il.

Elle parut se figer. Comme si elle venait d'apercevoir un extraterrestre.

– Basile !

Le jeune homme n'avait plus devant lui la superbe fille qui s'était volatilisée dix ans plus tôt. Sa silhouette s'était empâtée et se trouvait engoncée dans des vêtements qui n'en étaient pas à leur première saison. Les cernes sous les yeux révélaient une grande lassitude.

– Qu'est-ce que tu fais là ? demanda-t-elle.

– Je faisais la sieste, tu vois, et toi, que deviens-tu ?

– Oh... je survis, répondit-elle en baissant la tête.

– Allez, maman, on y va ! s'énerva le garçon.

– Attends, une seconde, Jérôme. Je veux parler à...

– Eh bien, moi, je vais voir les animaux.

– Tu me promets de faire attention ?
– Promis, maman.
– Et tu mets cette bouteille dans une poubelle.
– Oui, maman.

– Eh bien, pour une surprise, répétait Basile, c'est une surprise. Mais ça fait dix ans que je n'avais plus eu aucune nouvelle de toi. Quand on est rentrés en troisième année, personne ne savait où tu avais disparu.

– C'était aussi bien comme ça. Ma vie, ces dix dernières années n'a rien de très glorieux.

– Tu veux t'asseoir ?

– Si tu as un peu de temps à perdre avec une pauvre fille comme moi...

– Pourquoi ce serait du temps perdu ?

Elle ne dit rien et baissa la tête à nouveau.

– Marielle, je te retrouve après dix ans. On peut parler quelques minutes sans que ce soit du temps perdu. J'aimerais savoir ce que tu deviens et... pourquoi tu as l'air si... triste.

– Parce que c'est triste d'avoir trente ans et de savoir qu'on a gâché sa vie.

– Tu noircis peut-être le tableau. C'est donc si... difficile ?

Alors, elle laissa couler le flot de sa peine et raconta ce qu'avait été sa vie pendant les dix ans écoulés.

À la fin de l'année universitaire, en juin 1971, elle s'était rendu compte qu'elle était enceinte. Celui qui lui avait fait cet enfant prétexta qu'il n'était sûrement pas le seul à avoir couché avec elle et qu'il n'allait pas faire le “pigeon”. Marielle avait alors pensé à l'avortement. Il fallait alors se rendre en Angleterre ou en Hollande, dans des conditions sanitaires plus ou moins nettes. Mais le comble avait été l'attitude de sa famille. Ses parents avaient pignon sur rue à Bourg-en-Bresse. Leur honneur était en jeu : ils lui sacrifièrent leur fille. Depuis, elle ne les avait jamais revus.

Et il avait fallu vivre tant bien que mal, sans situation et avec un enfant sur les bras, le petit Jérôme. Forcément, il n'avait plus été question d'études. Elle vivotait avec des petits boulots, à droite à gauche. Il lui était arrivé de rencontrer des garçons et d'entamer avec eux une étape qui aurait pu ressembler à une histoire d'amour. Sans lendemain, jamais. Jérôme n'était pas un enfant toujours facile et vraisemblablement cela en avait dissuadé plus d'un.

– Un jour, Basile, j'ai été dégueulasse avec toi. Je t'ai fait très mal. Je l'ai vite compris, quand les effets de l'alcool se sont dissipés. En fait, je me suis fait aussi beaucoup de tort à moi-même. J'ai été trop stupide pour me laisser embobiner par une petite ordure. J'ai laissé passer la plus belle chance de ma vie à cause de lui.

– Tu veux parler de...

– ... de Fernet, oui.

– Et lui, tu sais ce qu'il est devenu ?

– Oui. Il est en prison.

– En prison ?

– Oui. Il a bien réussi. Il est devenu médecin. Mais l'an passé, il a été jugé pour plusieurs viols sur ses patientes. Tu n'en as pas entendu parler ?

Basile, pris par ses affaires sans doute, n'avait pas fait attention à ce fait divers. Il n'éprouva aucune commisération pour le dandy qui l'avait tant méprisé. En revanche, la confession de Marielle suscitait en lui une vive compassion.

– Tu n'as pas bien regardé Jérôme tout à l'heure, j'imagine.

– Pas vraiment, non. Excuse-moi. J'étais tellement...

– Surpris. Oui, je comprends. Tu aurais été frappé par son visage. Il ressemble beaucoup à son père. Est-ce que je devrai lui dire, un jour, que son père est un violeur ?

– Tu veux dire que c'est Fernet son père ? Tu en es sûre.

– Hélas, oui. Contrairement à ce qu'il a osé dire, je n'étais pas une Marie-couche-toi-là. Je sais, j'allumais un peu les garçons. J'avais eu de petits flirts. Mais jamais je n'avais vraiment couché avec un garçon. Si tu savais comme c'est dur de revoir ses traits quand je regarde mon propre enfant. Ça me ronge.

– Je comprends... Écoute, Marielle, peut-être tu vas trouver ça ridicule, mais je voudrais te répéter ce qu'un prêtre m'avait dit un jour quand j'étais au collège. C'était mon père spirituel, mon directeur de conscience. Il me voyait malheureux et plutôt désespéré car j'étais très complexé par mon œil de "bigleux"...

– Oh, Basile, n'emploie plus ce mot, je t'en prie. Un jour, je l'ai employé à ton égard, je t'ai fait très mal. Si tu savais comme, aujourd'hui, il me fait mal à moi.

– Bon, je ne l'emploierai plus, promis. Mais écoute ce que m'avait dit l'abbé Renaud : *"C'est vrai, Basile, que la nuit te paraît longue. Pourtant, il faut y croire, l'aurore se lève toujours après la nuit"*. Sur le coup, ça m'avait plutôt agacé : je trouvais ça trop facile. Au bout du compte, il avait quand même raison.

– J'aimerais tellement y croire, mais j'ai bien du mal à voir d'où pourrait venir la lumière. Mais on ne parle que de moi. Et toi ?

Basile raconta ses dix années, du ton le plus neutre possible. Il ne voulait surtout pas étaler son bonheur face à une telle détresse. Il ne s'en rendit pas vraiment compte, mais, tout en parlant de son travail de notaire, une idée avait germé dans son esprit et, tout à coup, il lui fit remarquer :

– Avant d’arrêter tes études, tu avais eu ton Diplôme d'études juridiques générales, enfin ce qu’on appelle le DEUG à l’heure actuelle.

– C’est vrai, oui. Mais ça me fait une belle jambe aujourd’hui.

– Sait-on jamais ? Tu aimais quand même assez le Droit.

– J’avais des rêves à l’époque. Je voulais devenir avocate.

– Je me rappelle, oui.

– Tu as vu la dégaine d’avocate que j’ai aujourd’hui ? C’est risible, non ?

– Marielle, arrête de te dévaloriser. Tu as trente ans. Ta vie n’est pas gâchée, comme tu dis. Seulement, il faut que tu te reprennes, que tu reprennes confiance en toi.

– Ce n’est pas d’avoir confiance en moi qui nourrira mon gamin. Ce serait trop facile.

– Pas directement, non. Pourtant, je suis sûr que ça peut y contribuer. Tu peux faire autre chose que du bouche-trou à droite et à gauche.

– Et quoi, par exemple ? Si tu as une bonne idée, réaliste de préférence, tu peux toujours la dire.

– Ça ne te plairait peut-être pas, mais il y a des pistes dans le domaine du notariat pour quelqu’un qui a l’équivalent d’un DEUG en Droit.

– Tu y crois vraiment ?

– Tu pourrais devenir clerc de notaire. Avec ton diplôme, tu peux être admise directement en Second Cycle dans une école de notariat. Tu en as pour deux ans.

– Mais, Basile, pendant deux ans, on mange quoi, Jérôme et moi ?

– Attends. Laisse-moi terminer. Tu serais rémunérée pendant ta formation : il faut trouver un notaire qui t’embauche et tu vas en cours un jour par semaine. Le reste du temps, tu travailles tout en te formant. L'idéal pour toi, ce serait de trouver un office notarial ici à Lyon. Ça ne te tenterait pas ?

– Quelle question ! Entre un vrai boulot, et qui m'intéresserait en plus c'est vrai, et ce que je fais depuis des années, bien sûr que ça me tenterait. Mais tu m'as regardée ; tu imagines un notaire embaucher une fille comme moi ?

Basile se tourna vers elle, la regarda de la tête aux pieds, puis sourit.

– C'est vrai que je t'ai connue plus... je ne sais pas comment dire, mais baste... Quand on ne croit plus en rien, on se laisse un peu aller, y compris dans sa façon de s'habiller. Par contre, le jour où tu te mettras dans la tête que tu as encore des beaux projets à réaliser, tu redeviendras la Marielle que tu étais.

– Tu es sympa, mais ça, je le sais depuis longtemps. Et mes conneries à ton égard me laissent d'autant plus de regrets. Enfin, la question n'est plus là... Donc, je me présente chez un notaire et je lui montre mon CV. Il va se précipiter, persuadé qu'il a mis la main sur la perle rare...

– Je n'ai pas dit que ça irait de soi d'en trouver un qui veuille bien te prendre. Ce sera difficile, c'est vrai.

– Tu vois bien : tu le reconnais toi-même.

– Il y a peut-être des moyens de t'aider aussi.

– Tu accepterais, toi, de... de me recommander à un de tes confrères d'ici.

– Moi ? Peuchère ! Je ne te serais pas d'un grand secours, mais mon ancien employeur, mon associé maintenant, Maître de Partène, doit pouvoir te donner un coup de main. Il connaît du monde, lui.

– Un noble en plus... De Partène... Mais pourquoi il m'aiderait ? Il ne m'a jamais vue.

– Je ne sais pas s'il est noble. C'est vrai qu'il a un nom avec une particule, mais ça doit être la dernière de ses préoccupations. Est-ce qu'il aurait une raison de t'aider ? Oui... Oui, parce que je le lui demanderais.

– Il ne serait pas obligé de le faire pour autant.

– Si. C'est un homme d'une bonté rare. Je lui expliquerais pourquoi il faut le faire. Après, je suis sûr qu'il essaierait tout ce qui est possible.

– Et toi, Basile, pourquoi tu ferais ça pour moi ? Je ne l'ai pas vraiment mérité, il me semble.

– Je n'ai pas oublié ce que j'ai souffert à cause de toi. Mais, sans ce qui s'est passé ce soir-là dans la rue, je n'aurais sûrement jamais rencontré Charlotte. J'ai donc finalement eu beaucoup plus de chance que toi dans cette affaire. Et puis...

– Et puis ? demanda-t-elle, le voyant hésitant.

– Le temps n'a pas effacé les autres souvenirs non plus, ceux d'avant, ceux de notre collaboration, de notre amitié. Pour moi, tu n'es pas une étudiante comme tant d'autres que j'ai croisées. Avec nos bons et nos mauvais moments, tu fais partie de mon histoire.

– Ça veut dire que tu es arrivé à me pardonner ?

– Il y a bien longtemps, oui.

– Te l'entendre dire me redonne le moral plus que n'importe quel discours. Je vais essayer de me remettre debout, grâce à toi, Basile, grâce à toi...

Et elle se mit à pleurer, laissant libre cours à l'émotion qui la submergeait.

Charlotte crut défaillir quand, s'approchant du banc de leur amour, elle y aperçut son mari, le bras passé autour du cou d'une jeune femme qu'il semblait consoler. Sandra, moins au fait de l'incongruité de la situation, se précipita vers Basile :

– Papa !

Basile se détacha de la femme qu'il avait prise sous son aile et attrapa au vol sa fille qui se jetait dans ses bras.

– Comme elle est belle, s'émerveilla Marielle. Et comme elle te ressemble.

– Il paraît, oui. Les gens le disent. Je te présente Sandra : elle a quatre ans. Et voici Charlotte... Charlotte, je te présente Marielle, une ancienne camarade de fac.

Madame Cretonoux serra la main sans grande chaleur, et en présentant un visage bien peu amène à celle qui était en train de s'abandonner entre les bras de son mari. Basile crut bon de donner au plus vite quelques explications :

– Ça fait dix ans que je n'avais pas revu Marielle. Sa situation n'est pas bien facile pour le moment. Mais elle va s'en sortir, j'en suis sûr. Elle m'a promis qu'elle allait se battre.

Marielle hocha la tête en signe d'acquiescement. Charlotte semblait se détendre. Basile ajouta :

– Tu as pu être surprise, chérie, de me voir si près d'une jeune femme, là, sur ce banc. C'est normal. Je t'expliquerai. Tu verras, Marielle a un lien étroit avec notre histoire. Sans elle, nous ne nous serions jamais connus.

Ces derniers mots méritaient une explication de textes. Elle eut lieu dans la chambre le soir quand Sandra se fut endormie. Basile révéla à sa femme cette partie de son histoire qu'il n'avait jamais confiée à personne.

Charlotte apprit donc ce soir-là ce que faisait le jeune étudiant bellimontain sur la passerelle Saint-Georges le 3 avril 1971. Elle en éprouva une grande frayeur rétrospective. Elle en aurait presque béni les agresseurs de son petit frère qui l'avaient obligé à hurler. Un appel dans la nuit qui avait sauvé Basile en arrêtant son terrible geste.

29

– Asseyez-vous, Messieurs dames, je vous en prie.

Les visiteurs s'abandonnèrent aux larges fauteuils face au bureau du clerc.

– Maître Barthélemy vous recevra dans un quart d'heure pour signer l'acte avec vous. En attendant, nous allons en faire la lecture ensemble ; je pense ne rien avoir omis dans la rédaction définitive. N'hésitez pas à me faire part de vos observations.

Le jeune couple, qui achetait la maison, et celui qui la leur vendait étaient un peu impressionnés par cette salle aux meubles cossus, ces archives qui occupaient tout un pan de mur, l'ambiance feutrée qui se dégageait de l'ensemble.

Contrastant avec le décor un peu suranné, le clerc de notaire affichait une jeunesse souriante. C'était une jeune femme qui pouvait avoir la trentaine, aux cheveux couleur de blé mûr, coupés au carré, au visage lisse et doux, qu'éclairaient de beaux yeux bleus. Dans cette ambiance assez solennelle, elle apportait une touche de simplicité qui mit très vite ses clients à l'aise.

À la voir ainsi, apparemment très professionnelle et détendue, ils auraient pu penser qu'elle avait déjà une longue expérience des actes notariés et autres subtilités juridiques. Ils n'auraient pas imaginé un seul instant que son patron venait de lui confier pour la première fois la mission d'accueillir des clients et répondre éventuellement à leurs questions.

Elle avait fait du chemin en quatre mois, Marielle Chaderneau. Déjà, avant même d'être embauchée, elle avait reparcouru ses cours de Droit de la Fac, mais surtout elle s'était plongée dans le Droit Notarial avec des livres que lui avait prêtés Basile. Elle se disait que, plus elle aurait acquis de notions dans ce domaine avant un éventuel entretien, plus elle mettrait de chances de son côté.

Certes, les premiers contacts n'avaient pas été encourageants et, pendant de longues semaines, Marielle avait douté de plus en plus au fil des jours de pouvoir retenir l'attention d'un notaire. Heureusement, Basile lui avait trouvé en Maître de Partène un allié de taille - façon de parler car, on s'en souvient, l'homme était pratiquement aussi large que haut. Sous ses dehors de gentil pépère, Charles savait faire preuve de beaucoup d'opiniâtreté. Il avait épousé la cause plaidée par Basile et, malgré de nombreuses démarches infructueuses auprès de ses confrères lyonnais, il avait persévéré. Finalement, son ami de longue date, Alfred Barthélemy, qui avait refusé dans un premier temps, avait fini par accepter de recevoir Marielle Chaderneau.

Celle-ci s'était présentée à lui en meilleure forme que lorsque Basile l'avait revue au Parc de la Tête d'Or. En surveillant mieux ce qu'elle grignotait, elle avait perdu trois kilos. Elle s'était fait couper les cheveux, avait retrouvé sa trousse de maquillage et une jolie robe qu'elle pouvait mettre à nouveau. Mais surtout elle était “mieux dans sa tête”. Sa rencontre avec Basile avait exorcisé quelques vieux démons ; elle reprenait goût à la vie. Le temps qui s'était écoulé avant que quelqu'un voulût bien lui ouvrir sa porte lui avait permis d'emmagasiner un certain nombre de connaissances.

Elle fit donc, lors de son rendez-vous avec lui, une excellente impression à Maître Barthélemy qui voulut bien la prendre à l'essai pour un mois. Et qui ne le regretta pas.

Pendant la première année où elle suivit des cours à l'École de Notariat, elle revit deux fois Basile. Ou plutôt Basile et Charlotte. La jeune Madame Cretonoux préférait accompagner son époux quand il rencontrait cette trop jolie blonde qui avait retrouvé son charme passé.

Ne ferais-tu pas la même chose, chère lectrice ? Elle sait bien, Charlotte, combien l'étudiante bressane avait tourneboulé son mari naguère. Certes l'eau a coulé sous les ponts depuis, mais, quand bien même, "prudence est mère de sûreté". À la voir ainsi veiller au grain, Basile peut éprouver au moins une satisfaction : lui qui, adolescent, était persuadé que son strabisme serait rédhibitoire dans la conquête des cœurs féminins, voilà que sa moitié le considère comme un dangereux séducteur. Cette dernière ne doute certes pas de ses sentiments pour elle mais, femme comme toi, elle connaît tout l'arsenal de charme que vous savez déployer pour faire chanceler les meilleures résolutions masculines.

Dans les conversations du trio, le passé et ses pleins sacs de nostalgie occupaient peu de place. Les propos étaient hautement juridiques. Charlotte, même si ce n'était pas sa tasse de thé, les écoutait parler de testament olographe, authentique ou mystique, voire même de bail emphytéotique, termes pour le moins hermétiques. Mais il était beaucoup mieux qu'ils fussent occupés à cela qu'à partager des regards magnétiques, regards que Basile aurait pu être tenté de laisser vagabonder sur la plastique de son ancienne camarade. Au risque de susciter même quelque dérive érotique.

Le jeune notaire et la candidate au poste de clerc ne poursuivirent pas ces échanges juridiques l'année suivante. Marielle volait de ses propres ailes. D'après ce qu'en savait Basile par Charles de Partène, Maître Barthélemy ne tarissait pas d'éloges sur le sérieux et la volonté de sa recrue. De plus, les Cretonoux avaient une autre raison de limiter les déplacements à Lyon : Charlotte était enceinte.

Leurs relations avec Marielle restèrent très cordiales mais se réduisirent à quelques coups de fil entre celle-ci et Basile, d'abord et avant tout pour des questions concrètes sur lesquelles la jeune femme souhaitait avoir un avis de Maître Cretonoux. Bien sûr, ils en profitaient pour prendre des nouvelles, lui de Jérôme, elle de Sandra et de la grossesse de Charlotte. De temps en temps, filtraient dans la conversation quelques paroles plus intimes, quelques relents de souvenirs du temps de la Fac. Basile faisait l'effort de ne pas s'attarder dans ce registre pour éviter que Marielle ne s'accrochât trop à lui et aussi par méfiance vis-à-vis de lui-même : à vingt ans, les yeux de la jolie Bressane l'avaient beaucoup troublé et il n'était pas certain d'y être suffisamment insensible douze ans plus tard. Or, il aimait trop sa Charlotte pour prendre le risque qu'une autre la lui fît oublier, si bref que pût être cet instant d'égarement.

Ce jeudi-là, 30 juin 1983, comme chaque jour, la secrétaire déposa sur son bureau le courrier adressé personnellement à Maître Cretonoux.

– Merci, Chantal, lui dit-il sans lever les yeux du dossier qu'il épluchait avec attention.

Il continua son travail, puis bâilla longuement. En guise de récréation, il prit la liasse déposée par la jeune fille et la feuilleta : c'était le lot habituel des courriers professionnels, mais une enveloppe carrée de couleur beige attira son attention. Il crut d'abord qu'il s'agissait d'un faire-part, mais l'épaisseur l'étonna.

Pourtant, il s'agissait bien d'un faire-part, avec les informations sommaires que contient ce genre de courrier. *"Marielle Chaderneau et Xavier Reboulin ont la joie de vous annoncer leur mariage qui sera célébré le samedi 20 août à 16 heures en l'église de Brignais"*. À cette information laconique, la future Madame Reboulin avait joint une longue lettre.

Cher Basile,

Il serait mieux sans doute de dire aussi "Chère Charlotte", mais tu es plus impliqué qu'elle dans les évolutions de ma vie d'aujourd'hui. Tu lui feras lire cette lettre cependant ; je ne veux pas t'écrire en douce, ce ne serait pas sympa pour elle.

Comme tu le vois, je vais me marier. Tu penseras peut-être qu'à 32 ans, il est grand temps. Tu sais bien, je te l'ai déjà dit, pendant toutes ces années, depuis que nous nous étions perdus de vue, les prétendants ne se sont pas bousculés à ma porte. Il est vrai que l'image que je pouvais leur donner de moi n'avait rien de très engageant. Et sûrement que cela n'aurait pas changé si je n'avais pas eu la chance que nos chemins se croisent à nouveau il y a deux ans.

Je te dirai qui est Xavier et comment nous nous sommes rencontrés, mais avant je veux te remercier. Si j'ai pu reconstruire cette espèce de champ de ruines qu'était ma vie, c'est parce que tu as su me redonner confiance et ensuite m'aider pour que mes projets ne soient pas que des rêves sans lendemain.

Cela m'a touchée d'autant plus que mon comportement avec toi, du temps de la Fac, ne méritait pas une telle générosité de ta part. Je veux t'écrire aujourd'hui ce que je t'ai déjà dit : l'attitude dévergondée et odieuse à ton égard que j'ai eue dans la rue près de Bellecour, je l'ai regrettée à en avoir la nausée. Nausée de m'être abandonnée au premier prétentieux venu qui m'a jetée comme un Kleenex après m'avoir fait un gamin. Afin d'abuser de moi, bien trop gourde pour m'en rendre compte, il m'a beaucoup fait boire. J'essaie de me consoler en me disant que si j'avais été dans mon état normal, j'aurais su résister à ses avances.

Mais j'avais surtout la nausée par rapport à la façon dont j'avais été capable de parler de toi. Dieu sait que, si quelqu'un ne méritait pas de ma part une telle vacherie, c'était bien toi. Tu m'avais beaucoup aidée et j'avais une singulière façon de te remercier. Peut-être tu ne me croiras pas, pourtant je peux t'affirmer que, dans la perception que j'avais de toi, jamais ton strabisme n'avait eu la moindre importance : cela n'enlevait rien à la grande admiration que j'avais pour toi, pour ton intelligence et ta gentillesse. Et je n'aurais jamais fait cette allusion insupportable ce soir-là si je n'avais pas été à moitié ivre et si l'autre salaud n'avait cessé de te ridiculiser avec ce mot toute la soirée. Je ne cherche pas des excuses - je n'en ai pas - je voudrais seulement que tu saches que ça a été de ma part de la sottise et non de la méchanceté. J'ai cru pouvoir recoller les morceaux après, mais, à l'époque tu étais trop meurtri d'une part, et d'autre part, même si je ne le savais pas, tu avais eu le bonheur de rencontrer Charlotte et finalement tu n'avais plus grand-chose à faire de mes états d'âme.

Ensuite, pour moi, ça a été la dégringolade. Et là, le poids de ma bêtise à ton égard a toujours pesé très lourd sur ma conscience. À la fois parce que j'avais honte et à la fois parce que j'avais perdu ton amitié.

Cela te permet de mieux mesurer l'incidence qu'ont eue sur ma vie nos retrouvailles au début juillet 1981. Tu as pu me dire ce jour-là que tu m'avais pardonnée. Ça a été pour moi l'occasion d'un nouveau départ ; je me suis vue moins minable et j'ai eu envie aussi de te le prouver. En deux ans, ma vie a changé grâce à ton aide, grâce à la compréhension de Charlotte, grâce à ce Monsieur de Partène que je n'ai jamais vu, grâce à Maître Barthélemy. On m'a fait confiance et ça m'a donné un coup de fouet incroyable.

Et puis j'ai rencontré Xavier. Il a quarante ans. Il est venu à l'étude en décembre passé pour vendre sa maison. J'avais face à moi un homme infiniment triste. Peu à peu, je ne sais pas pourquoi, il a eu besoin de se confier. Il m'a expliqué pourquoi il voulait vendre sa maison. Sa femme était morte deux ans plus tôt, à la suite d'un cancer. Il n'arrivait pas à reprendre pied dans la vie, même si la présence de ses deux enfants l'obligeait à ne pas baisser complètement les bras. Dans sa maison et son environnement, trop de souvenirs lui rappelaient son épouse. Il avait décidé de partir dans une autre région.

Il est venu plusieurs fois. Cela lui faisait du bien, au-delà des démarches pour lesquelles il était là, de pouvoir parler à quelqu'un. Puis, on s'est retrouvés en dehors du boulot. Je lui ai raconté mes années de galère. Je lui ai parlé de toi et je lui ai répété ce que t'avait dit ton abbé - j'ai oublié son nom - parce que ça m'avait beaucoup marqué. Je ne sais plus la phrase exacte, quelque chose comme "Même si la nuit est longue, l'aurore se lève toujours après". À l'époque, je t'avais répondu que je ne savais pas bien d'où pourrait venir la lumière. Finalement, c'est toi qui me l'as fait voir avec ta proposition d'un boulot de clerc de notaire (tiens, au fait, j'ai eu mon diplôme).

Quand j'ai dit ça à Xavier, il m'a regardée bizarrement et il m'a dit :

– Ce sera peut-être toi mon aurore.

– Ah non, erreur : moi, c'est Marielle.

C'est la première fois où on a ri. Et puis voilà. On a décidé de se marier. Il a un garçon qui a deux ans de plus que Jérôme ; ils s'entendent bien et, comme c'est un ado plutôt sage et posé, il a pour le moment une très bonne influence sur le mien. Sa fille a 10 ans. On va aller vivre dans le Midi, du côté d'Aubagne. Je regretterai mon travail ici. J'espère trouver très vite une étude notariale là-bas. Maître Barthélemy, que je regretterai aussi, m'a promis de m'aider.

Je suis heureuse aujourd'hui, Basile. Tu m'as aidée à me relever : ça n'a pas de prix.

Affectueusement.

Embrasse pour moi Charlotte, Sandra et Bénédicte.

Marielle

Quand Basile rentra à la maison, sa femme donnait le sein au bébé. Bénédicte avait trois semaines.

– Alors, quoi de neuf, Maître ? demanda Charlotte.

– Un mariage, entre autres, répondit-il. Tu liras cette lettre et me diras ce que tu en penses.

Le soir, sur l'oreiller, Madame Cretonoux glissa à son mari :

– Je suis très contente pour elle... et pour nous aussi. C'est bien qu'elle ait trouvé chaussure à son pied et qu'elle s'éloigne un peu. Elle a de trop beaux yeux bleus qui pourraient à nouveau troubler mon Basile.

– Ton Basile ? Tu es à côté de la plaque. Il est amoureux fou d'une jolie rousse aux yeux verts !

Craponne sur Arzon, le 21 janvier 2010

Remerciements

- À Nini Bégnier et Marie-Josèphe Vial qui ont torturé leur mémoire pour moi à la recherche de souvenirs de Bellevue-la-Montagne dans les années 50 à 70.

- À Maître Jean-Pierre Morgat, qui m'a permis d'entrer dans le secret feutré de son étude.

- À Anne-Marie Brès, Laetitia Carlone, Anne-Marie et Gaby Cubizolles, Xavier Dantony et Claudius Richard, qui, par leur relecture minutieuse, ont fait une guerre sans merci à mes fautes d'orthographe (*), mes répétitions, mes invraisemblances, mes longueurs et lourdeurs de style...etc.

*) ... *avec la marge de manoeuvre que laisse le Rapport du Conseil Supérieur de la Langue Française (J.O. du 6 décembre 1990) et que, donc, chacun d'eux - et moi avec - applique comme il l'entend.*

Bernard Lhoste
Bougernes, 43500 Craponne sur Arzon
04 71 03 32 11 - bernard.lhost@wanadoo.fr
www.bernard-lhoste.fr.nf

IMPRESSION, BROCHAGE

CHIRAT

42540 ST-JUST-LA-PENDUE
MARS 2010
DÉPÔT LÉGAL 2010
N° 201002.0352

IMPRIM'VERT

IMPRIMÉ EN FRANCE